新訂版

住居学入門

湯川聰子・井上洋子著

学芸出版社

はじめに

　この本は，住まいのことに関心のある人が，初めて手にする本として書かれました．住居学の専門家になるのではないが，住まいのことを学びたいという人にぴったりした本がほしい——というところから出発したのがこの本なのですが，住宅を専門とする人が，広い視野で全体を見渡したいという目的にもかなうのではないかと思います．住宅設計やインテリア・デザインを学ぶ人，家政系の女子大学，女子短大そして教育学部で住居学を学ぶ人，それから，もちろん，住まいのことに興味のある一般の方にも読んでいただきたいと思います．教科書として使われる場合は，1章分を1週と考え，指導方針に合わせて必要な章を選択していただければ幸いです．

　住居学は生活に密着した実学であり，生活する立場に立って住まいを考える学問です．現代の都市における住生活上の問題点にどう迫るかが，大きなテーマになっています．この本は，住宅計画学の最新の成果を踏まえながらも，学問の世界をただ圧縮して紹介するのではなく，若い女性にとって，今，住まいに関してどんな知識が必要かという観点から書いたつもりです．狭い住経験の中でだけ，住生活のことを考えるのではなく，知的に，エレガントに生きるために，これだけは知ってほしいというテーマを選択しました．

　住まいの勉強は誰にでもわかる，とっつきやすいものです．それでいて，奥が深く，とても楽しいものです．興味深い章から始めて，この本一冊を何とか読み通してみてください．そして「もっと何か読んでみたいな」と思った人は，各部末尾の読書案内を参照して，もう一冊，もう一冊と読み進めてください．大学の勉強は試験のためにするのではなく，興味のおもむくままに，未知の分野をさまよう贅沢が許されるものです．この本を通じて何か新しい興味が湧いてくるきっかけができれば，著者として，こんなにうれしいことはありません．

　親しみやすい本にするために，光華女子大4回生・漫研のエース石岡澄子嬢にイラストをお願いしました．無理な注文を期待以上の作品に仕上げてくださった努力には頭がさがります．学芸出版社の元社員である京極黎子さんの企画から出発したこの本は，同社編集部・前田裕資氏の御鞭撻と御協力がなかったら，でき上がらなかったことでしょう．改めて感謝いたします．

　　1988年3月

　　　　　　　　　　　　　　　　　　　　　　　　　　　　　　　　著　者

目次

第 I 部　日本の住まい

第 1 章　日本の住まいの特徴 …………………… 6
　　　　伝統的な特徴　6
　　　　伝統の変容と現代住宅　10

第 2 章　先史・古代の住まい …………………… 14
　　　　住居跡，出土品にみる住まいの原形　14
　　　　古代貴族の邸宅――寝殿造　18
　　　　平安京の庶民住宅　21

第 3 章　中世・近世の住まい …………………… 23
　　　　武家住宅――書院造の成立　23
　　　　農家住宅と各地方の「民家」　29
　　　　町家の発達と長屋　31

第 4 章　近代の住まい …………………………… 35
　　　　明治期洋風住宅　35
　　　　大正期中流市民住宅　37
　　　　昭和期戦前・戦後の住宅水準　40

第 II 部　みんなの部屋

第 5 章　間取り …………………………………… 46
　　　　間取りの考え方　46
　　　　間取りの色いろ　50

第 6 章　居間のインテリア ……………………… 54
　　　　機能・広さ・位置　54
　　　　居間のインテリア　56

第 7 章　L／D／Kのつながり ………………… 62
　　　　ダイニング・キッチン型　62
　　　　リビング・キッチン型　66
　　　　リビング・ダイニング型　66
　　　　茶の間型　69

第 8 章　キッチン ………………………………… 70
　　　　作業台スペースと高さ　70
　　　　収納スペース　72
　　　　家具配置　75
　　　　システム・キッチン　77

インテリアのページ ……………………………… I
　　　　基本スタイル　II
　　　　色彩計画　V
　　　　照明計画　VIII

第III部 わたしの部屋

第9章 夫婦の部屋 …………………………………82
　ベッド・ルーム　82
　夫の部屋・妻の部屋　86
　予備寝室　88
　サニタリー　88

第10章 子どもと住まい ……………………………90
　乳幼児期　90
　学童期　94
　青年期　96

第11章 高齢者の住まい ……………………………99
　高齢者のイメージ　99
　高齢者の特徴　100
　高齢者の住まい　102
　同居・近居　106
　身体障害者も住める住宅　108

第IV部 現代の住まい

第12章 住宅の選択 …………………………………112
　住環境　112
　持家と借家　114
　公共住宅　118

第13章 1戸建て住宅 ………………………………120
　在来工法の住宅　120
　プレハブ住宅　123

第14章 共同の住まい ………………………………128
　集合住宅のタイプ　128
　鉄筋コンクリート造の特徴　130
　集合住宅の住まい方　134
　マンション選び　135

第15章 高層居住 ……………………………………138
　高層の魅力　138
　高層居住の問題点　139
　どんな高層住宅なら安全か　144
　高層建築による環境破壊　146

第16章 高齢化時代の住政策 ………………………148
　高齢社会　148
　在宅ケアの体制　149
　高齢者施設　151

索引／付録：平成3年度より始まる第六期住宅建設5箇年計画の抜粋／図版出典一覧／新訂版によせて

第Ⅰ部
日本の住まい

奈良の町住まい

第1章
日本の住まいの特徴

現代の日本の住まいは，この40年間に，急テンポで変わってきた．いったい，今のわれわれにとって，欧米の住まいと，昔の日本人の住まいは，どちらが身近な存在なのだろうか．外人観光客と変わらない新鮮な驚きのまなざしで，昔の住まいを眺める若者もいるに違いない．

現代の日本の住まいを客観的にみると，どんな特徴があるのか，そして，それはどんな歴史的経過をたどってできあがったものかをみてみよう．住まいというものを，今までとは異なる角度から眺める楽しみを発見できるに違いない．

伝統的な特徴

戦前の日本の生活の中には，江戸時代や明治時代から引き継いだ伝統が，断絶することなく流れていた．その間の変化は非常にゆるやかなテンポで，現代人の目からみると，まるで何も変わっていないように思えるくらいである．とくに，国民の半数の暮らしを包んでいた農家の住生活は，江戸時代のそれと，いくらも違わないといってよいくらいである．住まいの歴史の詳細は，次章以下にゆずるとして，いったい，日本の住まいのもつ伝統的な特徴とはどんなものなのだろうか．おおまかにまとめると次のようになる．

1．木造であること

木の柱を建てることを基本にして，木，竹，紙，わら，いぐさ（蘭草），土という材料でつくられてきたのが日本の家である．豊富な森林資源を使い，自然と調和した繊細な住まいをつくりだしてきた．

木を扱う腕の良さにかけては，日本の大工技術は世界一といってよい（図1・4）．塗装をする場合もあるが，白木で木肌のまま愛用することが多い．

火事にあえば，ひとたまりもないが，材料を選び，しっかりした工事が行なわれた木造住宅は，案外に長もちする．手入れがよければ，構造体そのものは，50年，100年と生きるものである．

いたみやすい材料を使っているので，障子の貼り替え，畳替え，わら屋根のふき替えなどが年中行事化されていた．定期的に管理され，毎日の掃除によって，磨きこまれ，拭きこまれて，代々受け継がれてきたのである．

日本の木造の特徴は，全国津々浦々に同じ生産体制が完備していて，修理や補修が簡単にできるところにある．われわれ日本人は当然のように考えているが，柱や壁を簡単に移動して，小規模の増改築が自在にできるという構法は，なかなか得がたいシステムなのである．

図1・1 数寄屋風の伝統を踏まえた現代住宅 軒の出が深く、四季折々の樹木が建物と融和している（湯川利和・聡子設計「くずはの家」）

2．自然に親しむ開放性と融通性

　日本は気候温暖な国ではあるが，夏は高温多湿であるといわれてきた．伝統的な住まいは夏本位で，窓が大きく，すきまだらけで，天井もなく，床下の風通しがよいという開放的な構造が一般的であった．

　わが国の主要な都市の気候を外国と比較してみよう（表1・1）．たしかに夏のヨーロッパ諸国より暑いようだが湿度の方はそれほどでもない．むしろ冬の寒さの厳しい地方があることと，雨が多いことが目立つ特徴ではなかろうか．軒の出の深い屋根は日本の気象条件に適合したデザインというべきものであろう．室内が屋内空間として完結するのでなく，屋外空間へと延びていく．家と庭とのつながりをたいせつにして，四季折おりの自然に親しむ生活が営まれてきた（図1・1, 2）．寒気のきびしい北欧諸国で，家々のしっかりしめきった窓の内側に，グリーンを飾るのとは対照的であろう．

　めったに開き戸を使わず，引き違い戸を使って

表1・1　各地の気候（理科年表による　1971〜2000の平均値）

都市名	月平均気温℃ 最高月	最低月	夏期平均湿度％	年間降水量(mm)
旭　川	21.1(8月)	−7.8(1月)	78(8月)	1,074
札　幌	22.0(〃)	−4.1(〃)	77(〃)	1,127
仙　台	24.1(〃)	1.5(〃)	81(〃)	1,241
新　潟	26.2(〃)	2.5(2月)	74(〃)	1,775
松　本	24.3(〃)	−0.6(1月)	72(〃)	1,018
名古屋	27.3(〃)	4.3(〃)	73(〃)	1,564
東　京	27.1(〃)	5.8(〃)	72(〃)	1,466
京　都	27.8(〃)	4.6(〃)	68(〃)	1,545
岡　山	27.9(〃)	4.8(〃)	71(〃)	1,141
大　阪	28.4(〃)	5.8(〃)	67(〃)	1,306
福　岡	27.6(〃)	6.4(〃)	74(〃)	1,632
長　崎	27.6(〃)	6.8(〃)	76(〃)	1,959
徳　島	27.4(〃)	6.0(〃)	74(〃)	1,540
ストックホルム	17.4(7月)	−2.4(2月)	69(7月)	540
ロンドン	17.1(〃)	4.4(1月)	−	750
ローマ	24.0(8月)	8.4(〃)	73(8月)	716
モスクワ	18.4(7月)	−7.5(〃)	69(7月)	705
テヘラン	30.7(〃)	2.8(〃)	24(7月)	219
ソウル	25.5(8月)	−2.5(〃)	78(8月)	1,343
ペキン	26.3(7月)	−3.6(〃)	78(7月)	575
シャンハイ	27.9(〃)	4.3(〃)	−	1,155
バンコク	30.5(4月)	26.2(12月)	76(4月)	1,529
サンフランシスコ	18.0(9月)	9.8(1月)	71(9月)	500
ニューヨーク	25.0(7月)	0.3(〃)	64(7月)	1,122
メルボルン	20.8(2月)	10.3(7月)	−	659

図1・2（左上）　中庭のある京都の町家
図1・3（左下）　和室の装飾空間
図1・4（右）　軒裏の木組みが美しい

大きな開口部をつくる．4枚引き違いのふすま仕切りを取りはずせば，家中がワンルームと化す．おおかたの地方の夏の生活には向いているが，冬場は大変住みにくい．間取りのうえで，個人の私室空間をつくるという観念がない．真にプライバシーのある場所は，便所だけといわれたほどである．六畳の間，八畳の間，あるいは座敷といった室名呼称に表わされているように，へやの用途が，寝室とか，だれそれのへやというように特定されるのではなく，場面に応じて融通性に富んだ使い方をされた．

3．ユカザ様式

畳を敷きつめることが，日本風のめだった特徴である．イス，テーブル，ベッドといった家具を使わないで，畳の上でいっさいをすませる起居様式は，たいへんシンプルで簡素な室内を完成させた．和室というものは，床の間だけが飾りつけ空間となる（図1・3）．畳の黒い縁が直線を描くへやに，ざぶとん一枚ない，からっぽの状態が一番美しいといわれる．家具やカーペットの美しさを競う，欧米の室内とは対照的な美意識である．

畳が座る場所にもなれば，ふとんを敷いて寝る場所にもなり，畳の上に，じかに茶碗や道具を置いた，テーブルなしのセッティングも可能である．こうしたユカザ様式が前述のへやの融通性を生みだしたのであり，大きな家具でへやが性格づけされる欧米の住宅との違いがある．

4．上下足分離

日本の家は玄関で下足をぬいで，上へあがる．この方式は，外のほこりを内へ持ちこまず，たい

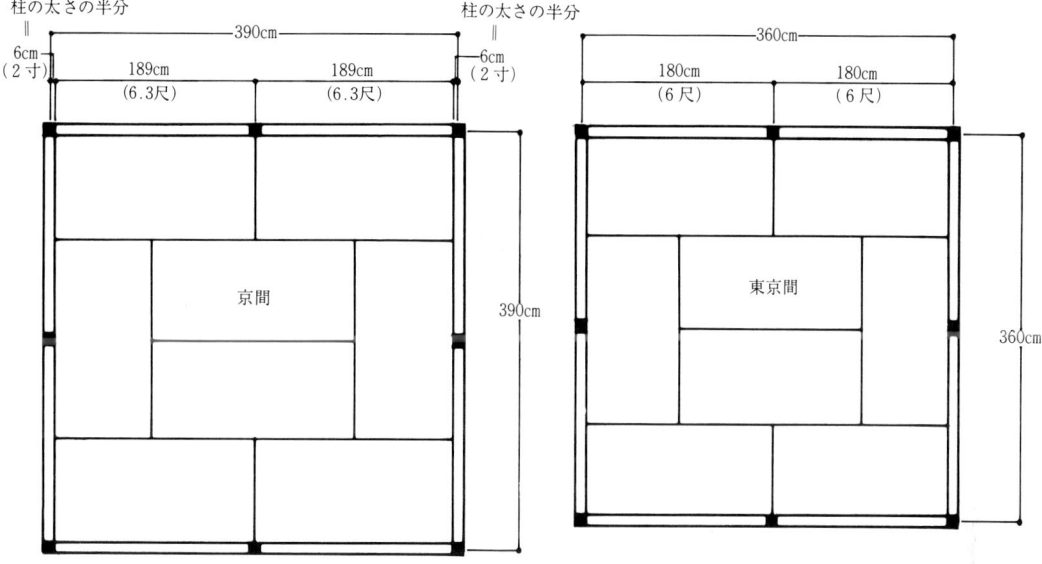

図 I・5 京間と東京間の寸法差（8畳間の例）

へん小ぎれいな生活が営める．欧風化が進む中で，この点だけは，今も伝統が生きている．畳のないへやでスリッパをはく習慣が定着して，新日本風が完成したといえる．

欧米人にはこれがなかなかのみこめない．日本式の玄関から靴のまま，ずかずかと上へあがりそうになる人が多い．ベッドに入る時以外は，人前で靴をぬがないのがエチケットだから，抵抗感は大きい．逆に日本人が欧米人の住宅に入ると，靴ばきのまま，ふわふわのラグなどに案内されて，とまどうものである．

5．半間の基準モデュールと規格化部品

ふだん身近にある畳の大きさが家の寸法の基準になって，これをいくつ並べるかで間取りができてしまう．こういう設計の基礎となる規格寸法の単位をモデュールというが，日本の家の場合，半間（約3尺）のモデュールで成り立っている．3尺の方眼に沿って壁を配置し，太さ10〜12cmの柱を建てて間取りができあがる．

この半間，1間の寸法は，おおざっぱに90cm，

> **京間・東京間**
> 京間とは，京都を中心とする近畿地方で用いられた基準尺で，畳の寸法を一定にする定め方である．基準となる寸法は数種あるが，畳の長辺を6尺3寸とするのが一般的である．畳がどこの家にも合う規格型で，家財道具のひとつと考えられていた時代の産物である．東京間は江戸間・田舎間ともいい，関東地方の町家で用いられた．柱心距離で測り，1間を6尺と定めるので，京間よりひと回り小さい．

180cmといえる．だが，正確にいうと，古くは全国統一規格ではなく，地方によって基準が異なっていたのである．京都ではやや大きい京間とよばれる基準があり，関東では関東間・江戸間あるいは東京間といわれるやや小さい基準があった（図1・5）．

日本の伝統構法のおもしろいところは，瓦，畳，建具，などの部品が，微調整のできる既製品として全国に出回っていることである．いちおうの規格材料があって，職人の手で製造され，それがさらに現場で微調整される．こうした規格化が住宅

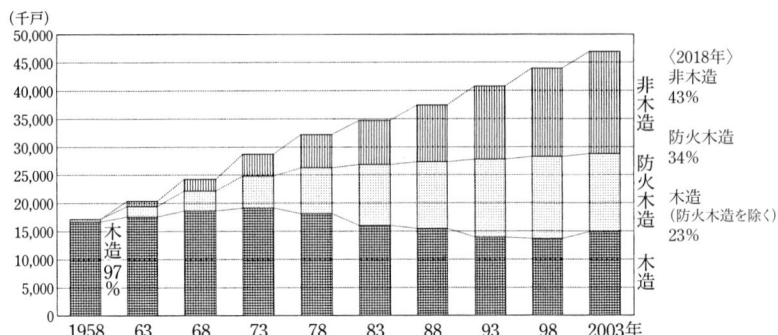

図1・6 住宅構造の推移（住宅・土地統計調査による）

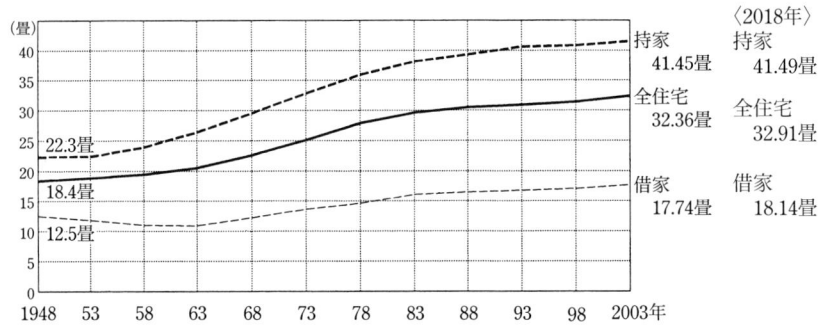

図1・7 1住宅当たり畳数の推移（住宅・土地統計調査・国勢調査による）

建築のシステムを支えて今日にいたっている．

6．接客本位

ハレとケということばがあるが，「ハレの時のために」ということが基本になっているのが，接客構えである．上は貴族の屋敷から下は農家にいたるまでが接客本位の構えであるが，上層ほどその傾向がはなはだしい．庭に面した，最上のへやが（ふつう，8畳か6畳であるが）座敷となる．このへやは，たとえ，家族の日常生活にスペースが足りなくて，不自由な場合でも，いざという時に備えて，とっておかれる．座敷には必ず床の間があるが，これとふすま仕切りで6畳か8畳を連続させて，続き和室とすることも多い．ふだんは使わない客用の玄関や便所のある家も多かった．

伝統の変容と現代住宅

以上に述べたような，伝統的な日本の住まいの特徴は，どのように変化しているのだろうか．そして今，日本の住まいはどんな特徴を持っているといえるのだろうか．

1．受け継がれる伝統

あらゆる建物が非木造化していく中で，住宅建築でも木造の比率は次第に低下する傾向にある（図1・6）．鉄骨プレハブ住宅やコンクリート住宅もふえてはいるが，個人住宅の場合は木造が好まれる．他の構造に比べて，まだまだ価格的に安くできるということや，大工が手なれた工法であるというのが，理由である．と同時に，一番身近な住まいを，木でつくることにこだわり続けている，日本人の木にたいする愛着が大きな理由であろう．

昔のままに，玄関で靴をぬぐ生活が続いている．建築家側から土足住宅が提案されたことはあったが，実生活には取り入れられなかった．むしろ，ゲタばきの炊事場などがなくなり，キッチンも上足のへやに昇格してしまった．この日本的習慣は当分続きそうである．

図 I・8 ユカザとイスザを自由に混ぜてくつろぐリビング

半間1間を基本として家をつくる習慣は、現代においても同様である。京間・東京間といえば、アルミサッシュの寸法にまで数種の異なる寸法体系の商品が売られているくらい根強いものである。しかしながら、1単位の寸法そのものは、だんだん大きく、ぜいたくになってきている。心々で95cmはふつうで、プレハブ住宅には1mというものもある。ただ、畳を敷く場合、天然のいぐさの寸法に限りがあるので、1mモデュールでは大きすぎて困るようである。

2. 私室の確立

伝統的な日本の住まいは開放的であった。しかし、家中があけっ放しでは、現代人の住まいとしては都合が悪い。プライバシーのある家をつくるため、壁仕切りで、私室（この場合、子どもべやであることが多いが）をつくることが、ふつうになった。庭を広くとるような敷地のゆとりがないこともあって、ますますへやのつくりは閉鎖的に、自然とのつながりは少なくなっている。

家族規模が縮小して核家族化していることが、住まいの形に影響をおよぼしている面も大きい。狭い家の中で、優先的に子どもべやや老人室を確保することによって、夫婦寝室のプライバシーが保たれているというのが日本的現状であろう。

3. ユカザとイスザの混用

昔のユカザ方式は、ざぶとんやふとんの出し入

日本の住まいの特徴 11

表1・2 住宅事情の国際比較（総務省；世界の統計・住宅・土地統計調査報告）

国　名	調査年	住宅設備の普及状況（％）			住宅一戸あたりの平均床面積（㎡）（調査年）
		屋内水道	風呂またはシャワー	水洗便所	
日　　本	2008	—	98.5	93.6	83.0 (2008)
アメリカ合衆国	2003	99.2	99.7	99.7	199.9 (2004)
スウェーデン	2004	100.0	100.0	100.0	101.0 (2004)
ロ　シ　ア	2002	74.0	70.0	—	85.4 (2003)
ポーランド	2004	95.0	86.2	87.4	107.5 (2004)

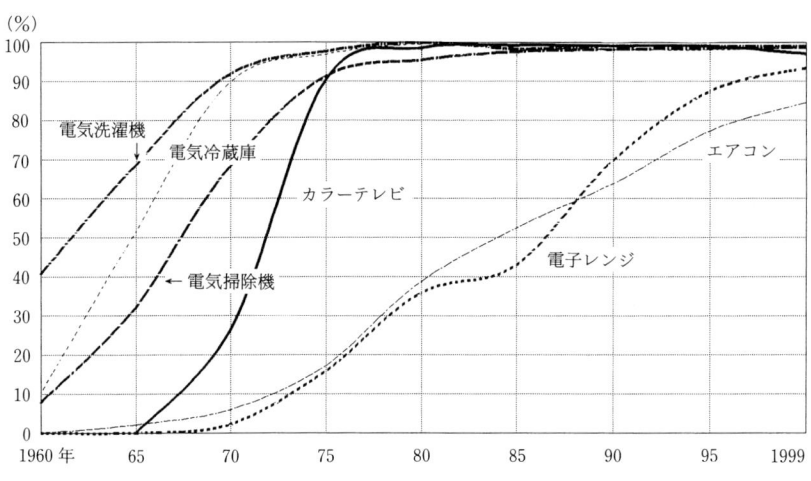

〈2019年世帯別普及率〉
カラーテレビ　96.7％
エアコン　90.6
温水洗浄便座　80.4
食器洗い器　33.8
パソコン　77.3
携帯電話　93.8

図1・9　一般世帯の家庭電化器具普及の状況（内閣府；消費動向調査より作成）

れ，場面転換のたびごとの掃除，さらに足を折り曲げて正座することの苦痛など，女性にとってはなかなかたいへんだった．非能率的で，不合理な日本的住まい様式に対する批判は，大正時代から盛んに行なわれてきた．そして，新しい住まい様式として，欧米の様式をモデルとしたイスザが提案され，しだいに一般化してきたのである．

今日，子どもべややや食卓はすっかりイスザ化され，居間もイスザがふえている．しかし，そこでのへやの使い方を観察すると，現代人は，イスザとユカザを同じへやで，抵抗なく共存させていることがわかる．来客の応対というような場合にはイスが必要だが，ユカに寝そべったり，座りこんだり，コタツを囲んだりする方が，くつろげると感じている．それは，学生同士のコンパには'和室が絶対いい'というのと，共通する感覚である．食事のイスザ化とともに，'女性は正座すべし'という行儀作法が消えてしまったことが，新しい混合様式とおおいに関係があろう．

現代住宅では，畳はたいへん座り心地のいい床材の一種として，扱われている場合がある．和風の雰囲気を象徴するものではなく，単なる床材としての機能に注目するならば，安くて良い材料として生き残るものとなろう（図1・10）．

4．設備の高度化と平準化

昔の住宅に比べて，現代の日本の住まいの設備水準は飛躍的に向上した．水道，電気，都市ガスやプロパンガスの普及に加えて，大半の台所にはステンレスの清潔な流しが普及した．それに加えて，高品質，低価格の家電製品の大量販売が，日本の住まいをたいへんスマートなものに変えた（図1・9）．

室内を明るく照らす蛍光灯，洗濯機，冷蔵庫，テレビ，そしてエアコンといった品々は，どこの家庭にも同じような規格品が入っている．広いか

図1・10　ふちなし畳でモダンな和室（「山本邸」，設計工房蒼生舎設計，新住宅社提供）

図1・11　吹き抜けのある広いリビング（「新井邸」，和新設計事務所設計，新住宅社提供）

狭いか，古いか新しいかの差はあっても，その中味にはたいした違いはない．画一的で個性がないといえばいえるのだが，これほどに平準化した，一億総中流化といえる状態は諸外国にはみられない現象である．現代日本の住まいを特徴づける点は，まさに，このような設備水準の高度化，平準化にあるといってよいだろう．

ただし，今もって，下水道の整備が追いつかず，水洗便所に関しては中進国である（表1・2）．住宅の広さも，着実に大きくなっており（図1・7），新しく建設されるものについては，かなり広くなってきたといえる（表1・2）．ただし，中に詰まっている物の多さを考えると，この程度の面積では，まだ当分，狭さの悩みから解放されないのが日本の住まいであろう．

5．住様式の多様化

戦後の住宅難を背景に，伝統的な接客構えよりは家族本位の住宅をという考え方がしだいに一般的になった．ダイニング・キッチンから始まって，より大きな洋風リビングへというモダン・リビング志向が拡がっている（図1・11）．日本的融通性の象徴のような和室も，モダンな家の中に，多目的室として生き残っている．地方の住宅では，今も，続き和室の形態が新築住宅に盛んに登場している．これらが盆や正月の親戚づきあいに活用されているのである．

狭いせまいといいながらも，ようやくゆとりの出てきた現在，さまざまな住まいかた，さまざまな住宅が登場しており，'日本の家はこうだ'というものを特定すること自体が困難になってきた．「何がいい住まいか」という価値観も多様である．自然への回帰や，古き良き時代のデザインの復活の動きなどは，むしろ若い世代の中にみられる新しい傾向である．豊かな時代に育った若者たちの手で，個性豊かな住まいづくりが始まるのは，これからのこととなろう．

第2章
先史・古代の住まい

日本人の祖先が定住生活を始めたころ，かれらはどういう住まいをつくっていただろうか．まず自然地形を利用して，岩陰や洞窟をねぐらとすることから始まり，やがて使いやすい材料を集め，動物のすみかなどをヒントに，人工的な住まいをつくりだしてきたに違いない．

材料としては草木類がいちばん豊富であったから，初期の住まいはこれらを組み合わせてつくりあげたであろう．残念ながらその当初の形態はまったくわからない．しかし考古学資料や，文献・絵画などによって，先史・古代の住居の姿がかなり明らかになってきたし，それらの中に，日本の住まいの特徴の原形を見いだすこともできる．これらによって，かつての住まいの形を考えてみよう．

住居跡，出土品にみる住まいの原形

1．竪穴住居

これまで全国各地で発見され，発掘されている先史時代（縄文時代・弥生時代・古墳時代）[(1)]の住居跡は，「竪穴住居」のタイプが圧倒的に多い．

これは地面を50 cmほど掘り下げて床面とし，そこに数本の柱を立てて屋根を架けただけの簡単なものであった（図2・1）．このタイプのほかにも，地面に敷石を並べ，そのまわりに柱を立てた「敷石住居」や，地面に直接柱を掘り立てた「平地住居」もあったのだが，これらは遺跡として残ることが少なかったために詳しいことはよくわからない．

竪穴住居にしても，残されているのは柱穴の跡や火を燃やしたところとみられる焼土跡などにすぎないが，出土する土器片その他を手がかりにして，当時の人びとの暮らしぶりを想いえがいてみることは可能である．

床面の形は，縄文時代（約1万年前〜紀元前3世紀）には直径5〜8 mぐらいの円形のものが多いが，弥生時代（紀元前3〜紀元後3世紀）のものは，短辺が2〜4 m，長辺が3〜5 mぐらいの方形（あるいは隅丸方形）をしたものが多くなる．床面全部を就寝空間とすれば，5〜10人は居住できる広さである．

図2・1　縄文時代の竪穴住居復元姿図（長野県尖石遺跡，堀口捨己博士復元）（平井聖による）　縄文時代中期のもので，地表面より深さ約1 m，底面は径4〜6 mの円形または隅丸方形で，中央部に炉址がある

図2・2 かまどを備えた竪穴住居跡（福岡県大曲遺跡） この遺跡では5世紀後半から7世紀初頭ごろの住居跡8戸分が発掘されたが，その中の5戸にかまどが備わっていた．いずれも粘土を用いて築いたもので，ほとんどが同じ北から西の方向に設けられており，かまど奥に煙出しがつけられていた

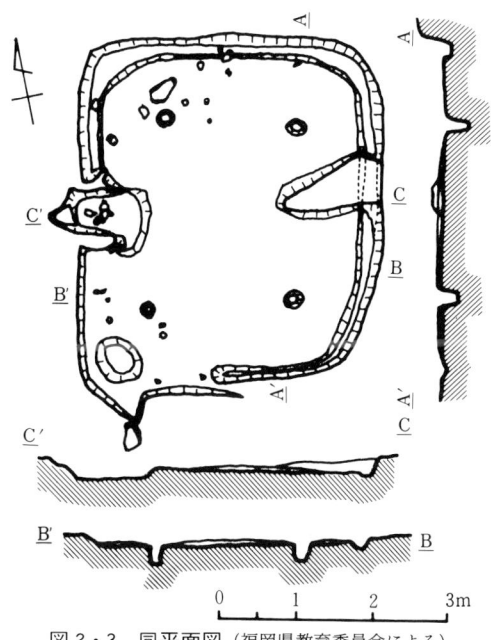

図2・3 同平面図（福岡県教育委員会による）

縄文時代には，柱の位置や数はまだ一定しておらず，床面の周辺に不規則に並んでいた．柱穴（直径15 cm 前後，深さ20〜30 cm）のほか，これより浅い穴が幾つもあるが，これはかめや壺を埋めておき，食物や酒などを貯蔵していたのであろう．

炉跡の位置は中心部にあるものが多く，1つの火を囲んで家族が団らんしていた情景が浮かんでくる．しかし煙をどのように排出していたのかは，屋根構造が明らかでないために，よくわかっていない．

弥生時代の住居跡では，10数戸の集落をなしているものが多くなる．近くに共同墓地が付属していたり，集落全体が溝で囲まれていたりする．弥生時代中期の登呂遺跡（静岡県）は広大な水田跡が発掘されたことで注目されたが，この付近の住居は，楕円形の床面で，まわりにドーナツ状の低い土堤のある平地住居であった．

住居内の柱穴は，しだいに床面の4つの隅に規則的に並ぶようになる．そして炉跡の位置は，長方形平面の1つの辺の中央部に移り，後期には石や土を築いてかまどを設けるものがあらわれる．かまどには煙を屋外に排出するための煙道もつけられていた．

また同じころ，「ベッドつき竪穴住居」といわれるような，床面の一部が他の部分より一段と高くなっている住居跡が各地にあらわれてくる．ベッドの位置は，方形の1つの辺に沿っているもの，2カ所あるもの，あるいは円形床面の周辺部にあるものなどさまざまである．

こうしてみると，かまどの周辺での調理と食事の空間に対し，やや高い床面の上に敷わらやむしろなどをおいて就寝空間をつくるという食寝分離の住まい方が，このころからもう始まっていたことがわかる．

さらに，住居内に間仕切壁があったとみられる竪穴住居跡も発見されている[2]．今後調査事例がふえてゆけば，まだまだ多様な住居の姿が現われるであろう．

2．家屋文鏡

古墳時代（4〜6世紀）に入ると，古墳周辺の出土品の中に，当時の住居形態を知るうえで，興味ある資料があらわれる．

その1つが，佐味田古墳（奈良県）から出土し

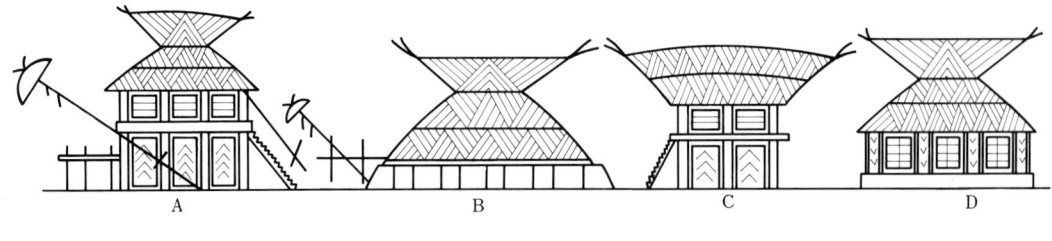
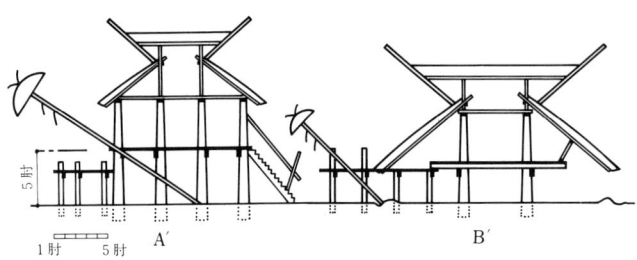

図2・5 家屋文の4つの建物と復元図（鳥越憲三郎・若林弘子による）
4棟については，A高殿，B高屋，C高倉，D殿舎と命名されている．A′，B′はそれぞれA，Bの断面図で，両者とも高床の建物であることがよくわかる．建てる際に人体寸法が使われ，その単位に肘尺（ヒジと指先の間隔約43cm）が用いられた

図2・4 家屋文鏡の背面（奈良県佐味田宝塚古墳）（宮内庁提供）

た「家屋文鏡」で，直径約23 cm の円形の青銅製鏡の背面に，4つのタイプの家屋が鋳出されているものである．4つの建物はいずれも転びの大きな（棟木が長く張り出した）屋根形式で，東南アジア系の様式を感じさせる．2つは高床の建物で階段がついており，その1つには露台も張りだしている（図2・5A）．そこに長柄の笠が立てられているのは，社会的地位が相当高い人物の館であることを物語っているが，住まいではなく宗教的な祭礼の儀場であったとされている[(3)]．

2つめの建物（図B）は入母屋造の大屋根を地面に伏せたような形で，左側には突き上げ戸らしいものも描かれており，竪穴住居であるとみなされていた．しかしこれもきぬ笠の立つ露台がみられ，高床住居であるという新しい説が出されている．

もう1つの高床建物は，これだけが切妻屋根で，おそらく倉庫であろう（図C）．高床倉庫は銅鐸（香川県出土と伝えられる）の文様にもよく似た建物が描かれているし，登呂遺跡でもその部材とみられる木片が出土している．弥生時代に水稲耕作が渡来したころから，穀物の収納庫として建てられていたのであろう．

4つめの建物（図D）は入母屋造の屋根をもつ平地住居とみなされていたが，A，Bと違って柱が基壇の上に立っていることなどから，これも住まいではなく，儀式などの公共的な建物ではないかとみる説がだされている．

いずれにしても，このようにタイプの異なる住居や施設をいくつも所有しているような豪族がおり，高床の住まいに居住していたことは注目に値する．

3．家形はにわ

セットになった家屋群として出土したものに，茶臼山古墳（群馬県）の家形はにわがある（図2・6）．これは約10個分の破片から8個の建物が復元されている．そのうち3個が平地住居で，4個は

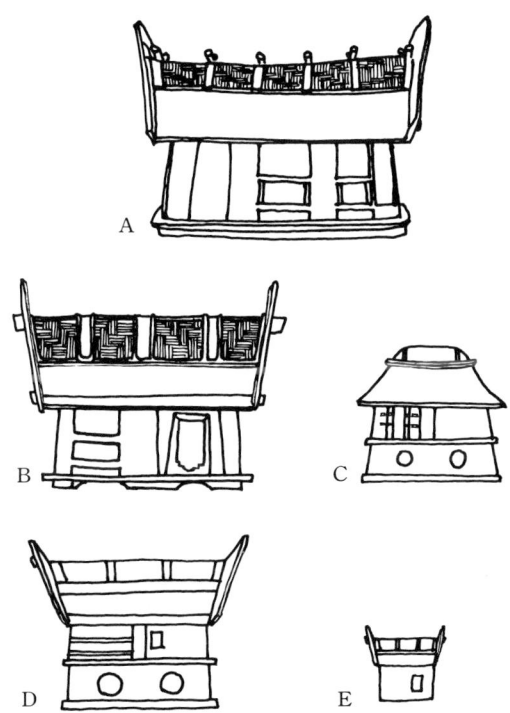

図2・6 セットで出土した家形はにわ（後藤守一による）

図2・7 「子持ち家」はにわ（宮崎県西都原古墳）
（東京国立博物館提供） 前後2棟の副屋は主屋と同じ入母屋造，左右の2棟は切妻造の屋根である．一族の住まいの中にも序列がつけられていたのかも知れない

A 主屋（1棟），B 副屋（2棟），C 倉庫（3棟），D 倉庫（1棟），E 納屋（1棟）．これらの配置は，一番奥に主屋，前方に副屋と倉庫が左右2列に並び，後方に納屋があったと推定されている

高床倉庫，そして1番小さな1個は納屋か小屋であるらしい．

住居はどれも転びの大きい切妻屋根をもち，妻にはりっぱな破風板がみられる．その1個は棟木にかつお木が飾られているので，これが豪族自身の住まい（主屋）で，他の2個はかれの一族が住む副屋であったのだろう．

'子持ち家' と名づけられている大小5個の建物でセットになったはにわ（宮崎県）も，中央の大きな破風板のついた切妻屋根が主屋で，前後左右の小型の家屋が副屋をあらわしているのであろう．この主屋は竪穴住居のようにみえる（図2・7）．

この他，奈良県，岡山県などからも家形はにわが出土しており，屋根形式は転びの大きい切妻造，入母屋造のほか寄棟造など各種のものがある．

柱の線が刻まれているのが多いので，これによっておよその規模は推定できる．柱間はけた行き3間梁間2間という形式がよくみられるが，1間を1.8mとすれば，約20㎡（約6坪）の広さとなる．

内部はどのようになっていただろうか．やはり竪穴住居と同じように，火を使う土間空間と，寝るための少し高い床上の空間とがあったと考えられるが，床上空間が1室なのか，さらに2室に分かれていたのかはよくわからない．

さまざまな屋根形式があらわれていることや，はにわ，家屋文に刻まれている文様などからみて，5～6世紀ごろの建築技術はかなり高い水準に達していたことがわかる．建築材料としては柱は木材，屋根には茅・藁などで葺いた上から網代の棟覆いをかぶせている．壁にも網代が用いられているが，このほか板壁・土壁もあり，また丸太材で校倉造の手法も使われている．床材には板・竹・むしろなどを使っていたであろう．

先史・古代の住まい 17

古代貴族の邸宅——寝殿造

古代国家の成立とともに，政治機構の中心がおかれる都が誕生する．初期の都城跡については現在調査の途上にあるものが多いが，8世紀の平城京，そして長岡京を経て造営された平安京は，その後約1,000年の間，首都となった．

1．寝殿造[(4)]

藤原氏を中心とする貴族階級が華やかな生活をくりひろげていた平安時代に，かれらが「寝殿造」と呼ばれる大規模な邸宅に生活していたことは，よく知られている．

この名称は江戸時代の『家屋雑考』（沢田名垂著）という本に用いられているもので，当時から住宅様式の名称として確立していたわけではない．しかし主人の寝所でもある主屋が「寝殿」と呼ばれ，これが敷地のほぼ中心部におかれていた（図2・9）．

敷地は1町四方（1町は約120 m）が標準の広さといわれ，その南半部は広い庭が占める．庭に南面して寝殿が設けられ，これを囲むように「対屋」と呼ばれる副屋が北側と東西に左右対称に配置されるのが基本形であった．寝殿と対屋の間は渡殿で連絡していたが，これには壁のない「透渡殿」と壁のある「渡殿」，「二棟廊」などがあった．東西の対屋から，庭の池をはさむように，南に向かって2つの廊がまっ直ぐのびており，その途中に

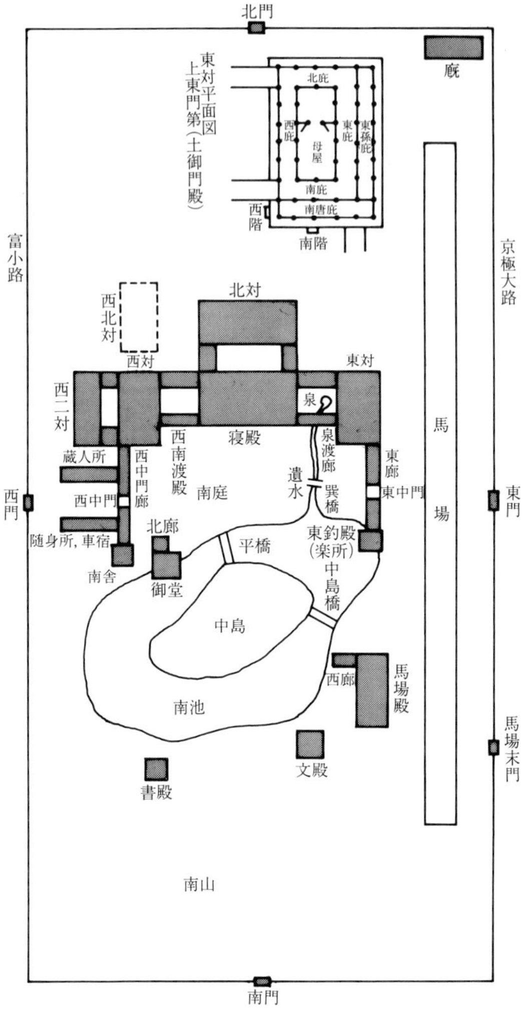

図2・8　寝殿造配置図（藤原道長土御門殿復原図）
（太田静六による）

図2・9　寝殿造鳥瞰図（法住寺殿復原図）（平井聖による）　寝殿造が原則通り左右対称の配置となる例は，実際にはほとんどなかった．道長邸は，当初の1町4方の敷地に南1町を加えて縦長の敷地となったもので，南庭が広く，東側に馬場もあった．しかし西門が表口であり，対屋その他の建物も西に多い．平安末期の法住寺殿も，西側の方に付属屋が集まっている

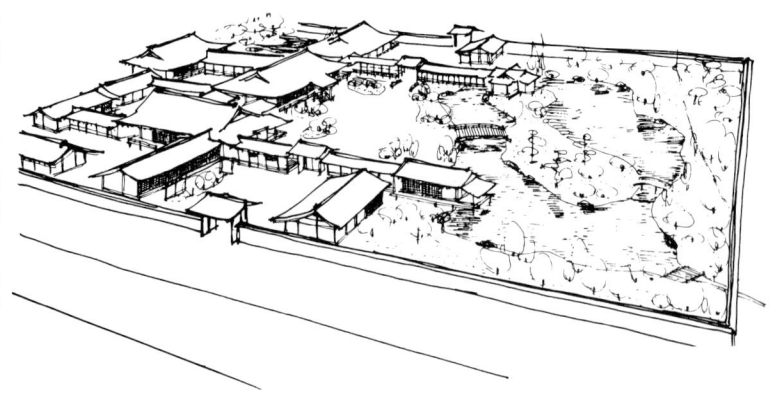

18　日本の住まい

図2・10 京都御所清涼殿東庇（宮内庁提供）

中門が開かれているので「中門廊」と呼ばれた。外部との出入りには，中門のさらに外側の位置にある，敷地を囲む築地塀に開かれた東西2カ所の門が主として用いられていた。訪問してきた客は，ここを入って中門の前で牛車を降り，庭を通って寝殿正面の階段に向かって進んだのである（図2・8）。

2. 寝殿内部

寝殿は高床（階段からみておそらく2m近い高さ）で，板敷の広い空間の中央部に丸柱が立ち並んでいた。その間隔は原則として柱間5間，奥行き2間で，この内部は母屋，母屋のまわりの空間は庇と呼ばれた。母屋の端部に1カ所だけ壁で囲まれた独立空間が設けられ，ここが寝所となる「塗籠」で「夜御殿」とも呼ばれた。

対屋も母屋と庇とで構成されており，寝殿と同じように，高床の広い板敷きに柱が並び立つという開放的な空間であった。

寝殿には主人夫妻とその従者が起居し，子どもやそのほかの家族は対屋にそれぞれ寝所をもっていた。寝所としては塗籠のほか，のちには帳台も用いられるようになった（図2・10）。

図2・11 寝殿の出入口（妻戸，簀子，階段）（「源氏物語絵巻」より）　源氏物語後半の部で，青年となった薫が女性の邸を訪れ，その東の戸口（階段）に腰をおろしている。入口（妻戸）は開かれているが，御簾とその内側の軟障によって中をみることはできない。室内からは数人の女房が好奇心一ぱいの顔をのぞかせている。ぬれ縁の部分を簀子と呼ぶ

図2・12 寝殿内の設い（「葉月物語絵巻」より）　板床の上に畳を数枚置き，男女が語らっている。背後に几帳，手前には屏風を立てて1つの小空間としている。几帳の左奥にはつい立と屏風がみえる。柱は丸柱で，長押には簾が巻き上げられている

先史・古代の住まい　19

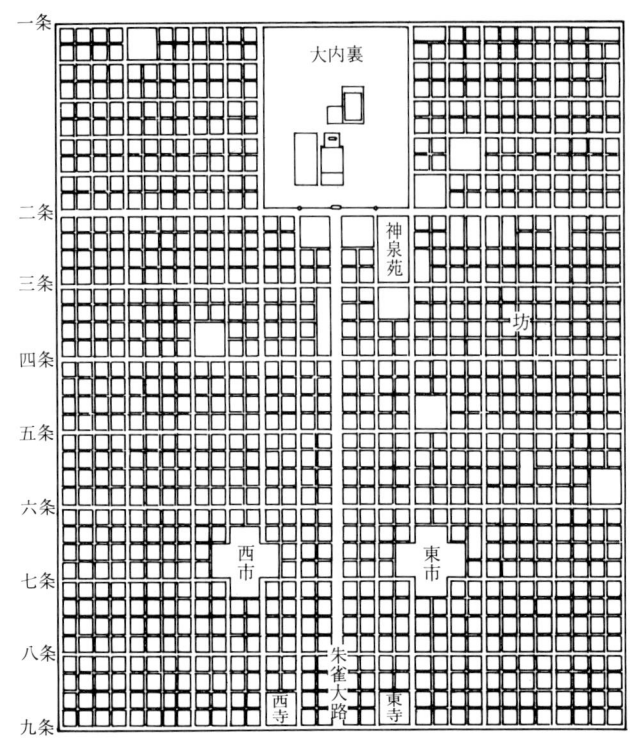
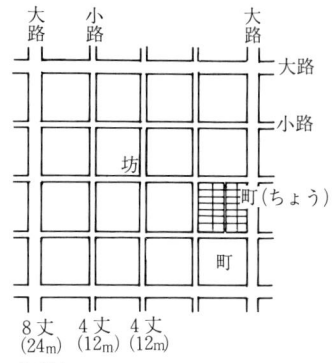

坊の町割り

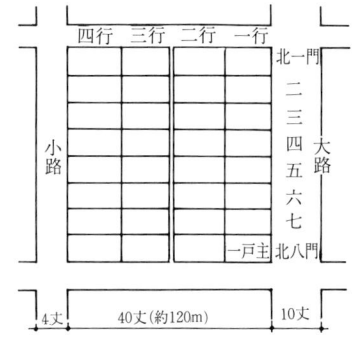

町の宅地割り(四行八門制)

図2・13　平安京の町割り・宅地割り（稲葉和也・中山繁信による）

3．家具・設備

母屋内部には固定された間仕切はなく，長押から軟障，簾が下げられるほかは，必要に応じてつい立て，屏風，几帳などを運ばせ，そのつど適当な広さの空間を仕切るようになっていた．つまり，集まる人数に応じて大広間としたり，2人だけで対座する小空間をつくったりするわけで，たいへんフレキシブルな間取りであった（図2・12）．

庇の外まわりには角柱が並び，その間に上下2枚ずつの蔀戸がはめ込まれ，夜間は寝殿全体が閉鎖されることになる．ただ出入口として，端の方に妻戸が入っている箇所が設けられていた．蔀戸は昼間はすべて開かれ，内側に吊されていた簾も必要な部分だけ巻き上げられた（図2・11）．

板床の上には人びとが座る場所にだけ円座や畳が敷き並べられた．調度品として文机，二階棚，厨子棚などが置かれ，燭台も欠かせないものであった．

4．生活様式

主人の日常生活は主に母屋と南庇で展開されたが，その大部分は公私にわたる儀式や行事と，それに伴う接客饗応で，寝殿には絶えず多くの人びとが出入りしていたと思われる．

行事や接客に必要な設いだけでなく，家族の食事や更衣など，日常生活に必要なサービス行為はすべて多数の使用人たちの手で行なわれていた．寝殿の主人が女性である場合も多かったが，家事的な作業は寝殿内ではなく，食事の調整は炊殿，釜殿などで行なわれ，渡殿の一部にあった台盤所で配膳されて，それぞれの主人のもとに運ばれていた．これらの家事空間の位置は，必ずしも一定していなかったようで，寝殿の北側や，対屋へ渡る渡殿のあたりに設けられていたようである．湯殿も必要に応じて，二棟廊などに設置されていた．

使用人たちは，貴族一家のごく身近に仕える数人を除いては，寝殿・対屋の庇，または渡殿の一部を帳で囲うなどした小べやで寝泊まりしていた．

図2・14 平安京付近の庶民住宅(「信貴山縁起絵巻」より) 街道に面した町家であるが畑も作っている．こうした風景はよくみられたであろう

このように寝殿造は，おおぜいの使用人の存在を不可欠とする邸宅であった．

平安後期になって貴族の勢力が低下するにつれ，このような大がかりな邸はしだいに姿を消してゆき，対屋が省略されて1つだけとなったり，対屋と中門廊の機能を兼ねた対代廊となるなど，小規模な寝殿造になっていった．そして結局，主屋としての寝殿と出入口である中門廊，それに炊事のための台所棟というのが，最小限の構成として残されたと考えられる．この縮小された寝殿造が，地方の有力者（長者などと呼ばれた）の住居としてとりこまれていったのである．

縮小したとはいえ，開放的な広間空間であった寝殿内部を建具によっていくつかのへやに分けて使う方式は，そのまま残っていた．これは，その建具を開けたりはずしたりして広い空間に復元し，「続き間」として使う方式で，後世に受け継がれてきたのである．

平安京の庶民住宅

1. 平安京の町割り

宏大な屋敷を囲む築地塀の中に，檜皮葺の高い屋根が見えがくれするあたりでは，華やかな貴族の乗り物や従者たちの往来で終日にぎわう風景がくり広げられていたことだろう．しかし平安京に住む一般の庶民たちはどのような住まいに生活していたのだろうか．

平城京，長岡京に次いで平安京も唐の都制に習った整然とした町割りが行なわれていた．まず大内裏を奥に望む幅28丈（約84m）の朱雀大路を中軸として左京（東）と右京（西）に分けられ，それぞれ南北に平行して走る8本の大路，そしてこれと直行して東西に走る一条から九条までの大路とで碁盤目状に区画された．

大路に囲まれた四辺形の1区画が坊，それを小路でさらに16に分けた1区画が町とよばれた．3位以上の官位をもつ貴族は1町以上の土地が与えられたが，庶民には，1町の32分の1を1戸主として分け与えられた．1戸主の土地は間口5丈（約15m）奥行10丈（約30m）の細長い形となり，間口の方がすべて道路に接していた（図2・13）．

この都市計画は壮大なものであったが，当初から全体が平均的に完成していったのではなく，実際には左京の方が発展し，全部で1,200町のうち半数以上が未完成のままだったといわれる．

2. 町家

平安京の町家の様子をうかがう資料として平安末期から鎌倉時代にかけて書かれた数かずの絵巻物がある．とくに『年中行事絵巻』は断片的ではあるが，かなり具体的な姿を伝えてくれる．

このなかに描かれた町家の場面は平安末期の大路の風景であるが，板葺の切妻屋根が連続している．大路に向かって入口と壁が交互に並んでおり，各戸ともだいたい同じ規模で間口2～3間，奥行

図2・15 平安京の町屋(「年中行事絵巻」より) 板葺の長屋建てで、のれんのみえる入口と窓のある網代壁とが交互に並んでいる。入口から裏の空地へは通りにわとなっており、その一部が台所でもあった

き3～4間ほどである。町割り当初の1戸主の広さならば、この程度の間口で2、3戸が並ぶほどの小規模な町家になっている。平安末期のころにはすでにこのような宅地の細分化、住居の密集化が進んでいたことがうかがえる(図2・15A)。

どの町家も壁の上部には窓が大きくあけられており、貴族住宅にみられるような半蔀(はじとみ)がとりつけられ、上方に突き上げられている。

柱は掘立のようだが、壁は網代壁、板壁などできちんと整えられており、屋根の上には押え木ものっている。

入口には人がしゃがみ込んでいたり、行事の模様を見物するために急ごしらえの台を置いてその上に座っている姿もあり、この部分が土間床であることがわかる。

窓からはいろいろの顔が、路上での出来事を珍しそうにみている。頭の高さからみて、この部分は床の高いへやであり、奥の方にもう1室があったとも考えられる(図2・15B)。

3. 平面の特色

町家の内部は、入口に続く土間部分と、床のある部分とが平行して並び、床上は1室または2室に分かれているという平面形式である。これがそのまま町家の平面の基本形として後世に受け継がれてきた。

土間は表の入口から裏の方へ通り抜ける通路でもあり、奥の方はかまどがある台所ともなっていた。これは、後世になって「通りにわ」型と呼ばれる町家特有の平面である。

平安時代には、まだ裏手の方には空地が広がっており、畑作をする町人も少なくなかったであろう。井戸や便所もこの空地にあり、近隣の人びとは共同で利用していた(図2・14)。

注
(1) 最近後期旧石器時代の竪穴住居も発見されているが、事例としてはまだ少数である(森浩一編『日本の古代4 縄文・弥生の生活』中央公論社参照)。
(2) 兵庫県洲本市柳学園内遺跡(森浩一編、前掲書参照)。
(3) 鳥越憲三郎・若林弘子『家屋文鏡が語る古代日本』(新人物往来社)による。
(4) 寝殿造については、主として次の文献による。太田静六『寝殿造の研究』(吉川弘文館)、太田博太郎『日本住宅史の研究』(岩波書店)、平井聖『図説日本住宅の歴史』(学芸出版社)。

第3章
中世・近世の住まい

　　武士階級が登場したこの時代には，寝殿造の流れをくむ書院造の武家住宅が成立する．後の和風住宅の特徴となる「畳の敷きつめ」と床の間，違い棚，そして書院窓をまとめて飾りつけた「座敷」が，この書院造の中から生まれたのである．

　　また，産業や交通の発展にともない，各地に町が発達した．町の人口が増大し，住居には2階屋，あるいは3階屋があらわれたり，連続した屋根に1戸ごとの境目を示す「卯建」がつけられたり，これまでにはみられなかった変化が現われる．

　　江戸時代になると，各藩の経済政策や，その土地の自然条件などの影響を受けながら，各地方独得の形式の農家住宅や町家がつくりだされた．これらの様子をみてみよう．

武家住宅――書院造の成立

1. 武士団の台頭

　古代末期衰退した貴族階級に代わり，政権をとったのが武士階級であった．武士階級はもともと各地の武士団として発生したもので，国司などとして地方に下った貴族や，土着の豪族などが中心（棟梁）となり，荘園農民らを部下にひき入れて成長したものだった．

　やがて頭角をあらわしたのが源氏と平氏で，かれらはいずれも中央の摂関政治や院政に結びつくことによって，急速に勢力をのばしていった．

　在地武士団の住まいは，堀や土塁に囲まれ，厩や矢倉などを備えた棟梁の館が目立つ存在で，下級武士たちは付近の農家とあまり変わらない小宅に住んでいたであろう．

　上級武士の館の主屋には，すでに京都の貴族邸宅の様式をとり入れたものもあった．

2. 在地武士の住居

　『法然上人絵伝』に描かれる美作国（岡山県）の漆間時国の館は，地方武士の住まいの一例である（図3・1）．垣で囲まれた屋敷の中央に，寝殿にあたる主屋があり，これに中門廊が前方に突き出している．これは平安時代末期の縮小した貴族邸宅，たとえば藤原定家邸の平面とほとんど同形式である．中門廊には従者が数人描かれており，ここが侍廊でもあることがわかる．左手には厩が設けられている．右手の建物は，武具を収納する倉庫，あるいは台所であろうか．

　ほぼ同時代に描かれた『一遍上人絵伝』の中にも信濃国（長野県）の大井太郎という武士の住まいがみられる．この主屋にも中門廊がついており，3棟の建物が付属している．その中の1棟は切妻屋根の上に小屋根があり，煙が立ち上がっているところから，台所であることがわかる．

3. 平清盛邸[1]

　武家でありながら太政大臣ともなった平清盛は，

中世・近世の住まい　23

図3・1 地方武士の住居（「法然上人絵伝」より） この場面は絵巻冒頭の，法然生誕前の部分で，中央主屋内の屏風奥に母が寝ている．製作年代は14世紀初めとされており，そのころの地方豪族の住居がモデルとされたであろう

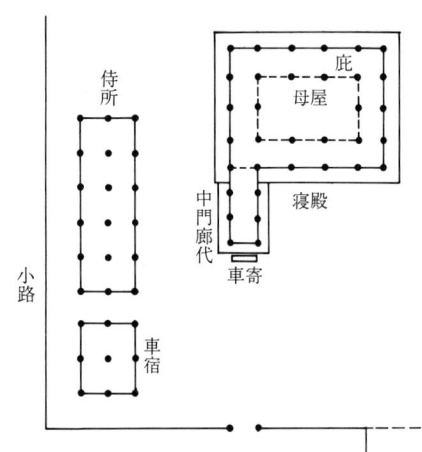

図3・2 小型化した寝殿造平面図（藤原定家邸復原図）（太田静六による） 藤原定家の晩年に建てた京極第で，嘉禄2（1226）年に完成した．寝殿母屋の柱間は10尺（約3m）であるが，全体としてはかなり小規模になっている

京都の五条賀茂川をはさむ六波羅に，20町余の土地を得，170にものぼる邸を建てさせて，そこに一門の者を住まわせた．

　彼自身の邸宅もその中にあり，泉殿とも呼ばれた．この邸も寝殿を中心とする形式であった（図3・3）．しかし東に泉廊，西に二棟廊がそれぞれ接続し，西側に中門廊が1つあるだけで，対屋も渡殿も備わっていない．寝殿の広さも，平安盛期の貴族邸宅に比べるとかなり小規模になっている．

　寝殿内部をみると，母屋の中央に並戸（両開きの戸）を立てて，南北の空間をはっきり分けた使い方がされている．また北庇の北側には，蔀ではなく「明障子」（白い紙障子）が使われている．これらの点は，寝殿の古代様式から一歩ぬけ出た，新しい住様式があらわれていることを物語っている．

4．源頼朝邸

　平氏を倒した源頼朝は，鎌倉御所と呼ばれる居館を営んでいるが，ほかに京都にも，上洛する際滞在するための邸を新築している．それは六波羅の，もと平頼盛の邸宅跡に建てたものであった．

　この両者いずれの邸も，寝殿造を基本とするものであったようだ．鎌倉大倉郷に建てた館には，寝殿，釣殿などのほかに，かなり規模の大きい侍廊や厩が設けられていた．侍廊は，長さが18間で，幅は家来たちが2列に並んで座るだけの広さをもっていた．その後あらたに設けた厩は，30頭の馬を収容する大規模なもので，棟梁の居館らしい特色をみせている．

5．主殿造

　14，15世紀，京都の室町に幕府をおいた足利氏

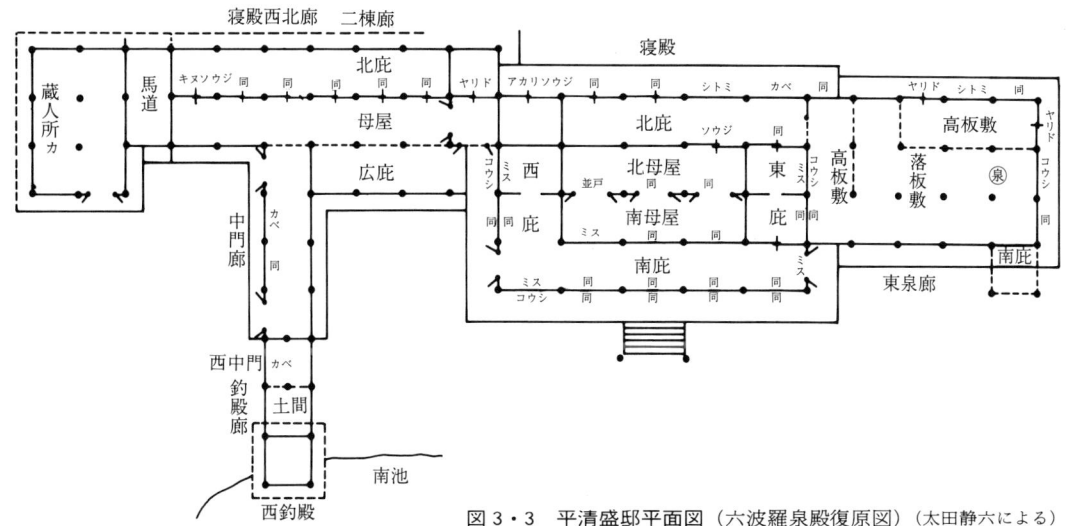

図3・3 平清盛邸平面図（六波羅泉殿復原図）（太田静六による）

は，公家風の生活を好んだ武家であった．しかし中世の上流住宅は，古代の寝殿造からみるとかなり変化していた．

この変化の重要な点は，平井聖氏によると次のようなものである．

① 主屋は，寝殿という呼び方がすたれ，しだいに主殿と呼ばれるようになっていた．
② 古代の寝殿造にあった対屋が姿を消し，かわって小寝殿・小御所などと呼ばれる建物があらわれるが，その配置は一定していない．
③ 主殿内部は，平面を南北に分けて，南半部を対面，接客の場に，北半部を居住空間へと機能的に二分された．
④ 対面の場を飾るために，床・違棚・付書院，さらに帳台構などが設けられる[(2)]．

これらの変化を通じて，'床の間のある座敷'が確立し，近代のいわゆる和風住宅のもっとも大きな特色が形づくられてゆくのである．

この過程を少し詳しくふりかえってみよう．

寝殿造の一部であった対屋の代わりに，あらたに小寝殿・小御所が登場したのは，古代から中世にかけての婚姻制の変化，それにともなう家族生

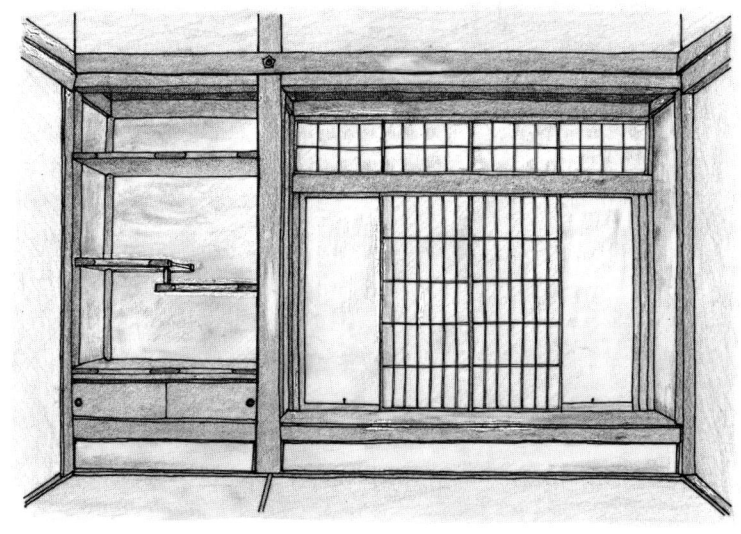

図3・4 中世末の違い棚と付書院
（東求堂同仁斉）

中世・近世の住まい　25

図3・5 中世僧庵にみる置き畳(「西行物語絵巻」より) 上級僧侶の居宅で、母屋内板床の置き畳のほか、両開きの妻戸、上にあげられた格子、奥には障子絵もみられる。13世紀後半に描かれた

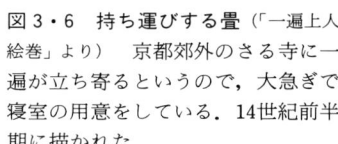

図3・6 持ち運びする畳(「一遍上人絵巻」より) 京都郊外のさる寺に一遍が立ち寄るというので、大急ぎで寝室の用意をしている。14世紀前半期に描かれた

活の変化と関わりがある．

　すなわち，古代における妻問婚は娘のもとに男性がかようことから婚姻生活が始まった．その娘夫婦の居住するところが対屋であった．古代末期には婿取婚となるが，中世にはしだいに夫方に嫁として入ってゆく嫁入婚があらわれる．とくに武家の嫡男には邸内に新居をもたせる場合が多くなり，それらが小寝殿・小御所と呼ばれるようになったのである．

6．へやの分化

　主殿内部が南北に二分されるのは，すでに清盛の邸でもみられたが，中世にはさらに間仕切がふえ，へやが分化していった．

　間仕切として用いられている建具は，襖障子・遣戸などである．襖障子は障子とだけいう場合もあり，これが現在のふすまにあたる．表面には大和絵が描かれたり，彩色の美しい文様が木版でつけたりされた．遣戸は引き違いにあける板戸で，両者とも寝殿造の一部ではすでに用いられていた．

　これらの建具を立てるために，柱の間に鴨居・敷居が入ることになり，柱も丸柱ではなく角柱となる．

　また外まわりに使われた簾・蔀戸にかわり，明障子と雨戸が登場してくる．明障子は採光の効果もあり，外見上もこれまでにないアクセントを加えたことであろう．しかし明障子が表側に用いられるのは中世も終わりごろからで，初期にはまず北側の居住空間に用いられた．

　間仕切によってへやが独立してくると，床全体に畳をしきつめるようになっていく．

　しかし必要な場所にだけ置き畳をする習慣も残っていたらしく，絵巻物にもそのような状態がよく描かれている（図3・5，6）．

　居住空間のへやの種類は，中世にはまだ塗籠，帳台など，寝室を示す名称しかみられない．三間（6畳），九間（18畳）など，広さを示す呼び方が多く，近世には上段，中段など，そのへやの格式をあらわす呼び方があらわれる．江戸時代の大名屋敷になると御居間，料理の間などの室名がふえる．

7. 座敷飾りの成立

　上下の身分・主従の秩序にきびしい武士階級にとって，自宅における接客・対面は重要な意味をもつ生活行為であった．

　この対面が行なわれる建物として主殿のほかに室町時代には会所や常御所が別に建てられるようになった．

　対面の場を飾る床や違棚・書院窓などは，たんに室内デザインとしてではなく，主人の身分や家柄の格式を正当に表現するために不可欠の要素となる．これらの要素が組み合わされ，座敷飾りとして成立するのは，15世紀ごろからとされるが，ひとつひとつの飾りは，それぞれの原形から発達したものである．

　まず床の起源については，鎌倉時代，中国(宋)から留学僧たちによって伝えられた書画を鑑賞する風がさかんになっていた．軸物として渡来したそれらの書画を，僧侶や上流武家の住宅で壁面に掛ける際に，その前に机をおき，花や香炉を並べることが行なわれたという．中世末期にはこの前机が壁面を後退させる形で，造りつけとなり，「押板」と呼ばれるようになった（図3・8）．

　またその一方で，すでに古代以来中国から導入されていた牀（台座）が再び注目されるところとなり，対面の場での上位の座にこれをあてるようになった．牀はやがて「床」とよばれるようになり，押板と同様壁面の奥に造りつけとなった．

　初期にはこの床の上が上位者の座るところであったが，しだいに床を背にしてその前に座ることが多くなる．この床の上に押板がつけられ，そこに三幅一対の絵などが飾られるようになったのである．

　このように押板が，上位の者が座る一段高い床に結びついたことによって，格式性を帯びることになり，床の間という空間が成立したのである(3)．

　違棚の場合は，従来使われていた二階棚が実用的なものから装飾的なものになり，壁面に固定され，デザインのうえでも工夫がこらされていったものであろう．

　書院窓は，当初は文字通り書斎の窓であった．

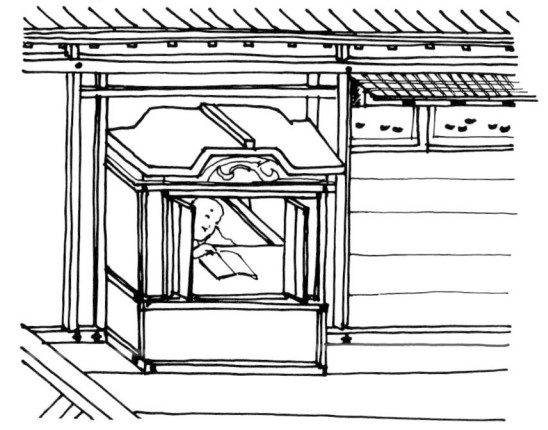

図3・7　出文机
（書院窓の前身）
（「法然上人絵伝」より）

図3・8　押板
（床の間の前身）
（「慕帰絵」より）
この場面は「慕帰絵」の中の室町時代に補筆された部分で，押板がつくりつけとなったのは15世紀後半であったことを示している

書斎などの独立したへやはまだなかったが，書物を読むための文机を出窓の前におくことが僧院などで行なわれていた．出文机と呼ばれていたもので，鎌倉時代の絵巻物によく描かれている（図3・7）．

　この窓と文机が接着して，机は文机から飾棚へと機能が変わってしまう．そして付書院という呼称のように，対面の場を飾るために付加された一つの要素として確立していった．

　室町時代中期に足利義政が造営した東山殿内の東求堂には，同仁斉と呼ばれるかれの私室があり，ここに付書院と違棚が並べて設けられている．座敷飾りのうち，2つだけの組み合わせとして，注目されるものである（図3・4）．

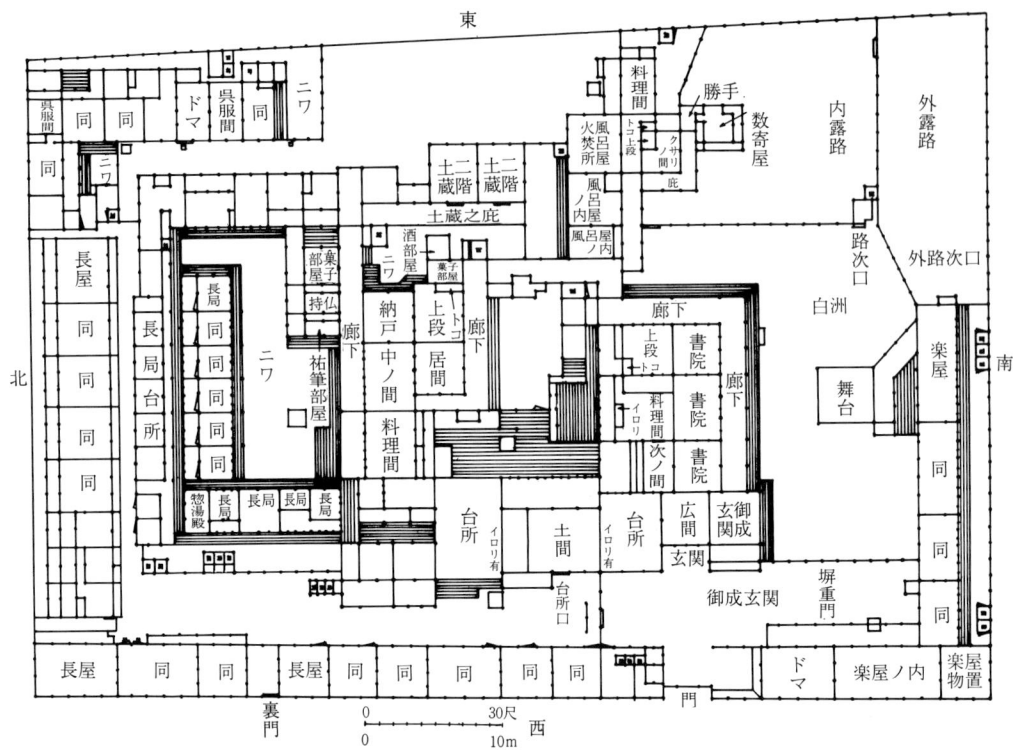

図3・9　近世の武家屋敷平面図（春日局邸）（太田博太郎による） 慶長9（1604）年家光の乳母となった春日局は、代官町に屋敷を賜ったとされるが、この図がそれであるかは不明．この邸は当時としては大きい方ではない

　近世になると、床・棚・書院の組み合わせの上にさらに帳台構が加わり、それらを背景とする上段の間を設けた大広間が出現する．

　帳台構は帳台、すなわち寝室（対面の場の隣りにある）への入口のかまえで、敷居の位置を高くし、鴨居の高さはいくらか下げられている．そのやや狭くなった開口部に、ふすま障子が4枚入る形がふつうで、このふすま絵が1つの装飾的要素として加わるのである．

8．書院造

　このような座敷飾りを備えた書院、あるいは広間をもつ邸宅が書院造と呼ばれるものである．書院造は江戸時代には各大名の居城や屋敷の居住部分にとり込まれてゆく．そして家臣の武家住宅にも、それぞれの身分に応じて、座敷飾りを設けることが認められていった．

　外観上もっとも目立つ門がまえや玄関に対しても、身分によって制限が設けられていた．このことは逆に、玄関や座敷だけは立派にしなくてはならない、という格式重視の考え方を生みだすことになったのである．

　春日局邸は、江戸時代初期の武家屋敷の一例である（図3・9）．屋敷まわりに長屋が並んでいるのがまず目につく．これは独立した住宅をもてない下級の家来たちの居住する侍長屋である．玄関の脇に将軍を迎えるときの御成玄関が別にある．

　来客は広間・書院から、上段の間に到る各室に身分に応じて迎えられる．庭に能舞台があるのは、中世以来の接客儀礼の1つである．裏門から入ったところに使用人たちが寝泊まりする長局があり、台所など家事空間になっている．その奥の方が家族の居住空間に連なっている．宏大な屋敷であるが、接客空間の占める割合がかなり大きいのがよくわかる．

図3・10 庶民の住居1（「絵師草紙」より） 14世紀前半の絵巻．落ちぶれた絵師家族の生活情景がリアルに描かれている

図3・11 庶民の住居2（「春日権現記絵巻」より）簾がかけられた母屋内の置き畳に女主人と従者が寝ており，下女は簀子でうたた寝をしている

農家住宅と各地方の「民家」

1．農民の住まい

近代にいたるどの時期にも，庶民階級の大部分を占めていたのは農民であった．奈良時代には，「曲げいお」「伏せいお」と万葉集に歌われたような竪穴住居に住み，租庸調などの負担にたえながら，農耕や日用品の製作に励んでいたであろう．

平安時代に入り荘園が発達すると，中央貴族から派遣された荘官や土地の有力な名主層が勢力を貯え，大きな居宅をかまえるものがふえていった．中世には，各地村落の一般農家でも，板葺屋根，遣戸，畳などをとり入れた整った住まいがみられるようになる．

2．中世の民家

13世紀の作とされる『粉河寺縁起絵巻』の中に，河内国のある長者の邸が描かれているが，板塀に囲まれた広い屋敷内に，いくつもの棟の建物が並び，渡廊でつながれている．その中の娘のへやは，畳が敷きつめられている．

同じ絵巻にみられる山村の猟師の住居は，柴垣に囲まれた一軒家であるが，板床のへやが少なくとも2室あり，一方には置き畳，他方の食事室には菅むしろを敷いている．

貧しい絵師の生活を描いた『絵師草紙』にも，中世の庶民住居の一端がみられる（図3・10）．板床の居間（兼仕事べや？）のほかに，ふすま障子を隔てた老母の寝室と，板戸の奥のもう1へやとの，少なくとも3室から成っている．置き畳が数枚しかないが，仕事用の道具類を並べた二階棚には，この絵師の羽振りがよかった頃の面影をしのばせるものがある．一方同じ頃の『春日権現記絵巻』にみえるある老尼の住まいには，女世帯らしい端正さが感じられる（図3・11）．

3．階層分化

近世に入ると，農民の間での階層分化がいちじるしく進み，富農層の成長に対し，下人，作人などと呼ばれる隷農層が増加してきた．それぞれの住居は，大小の格差がますます広がっていった．

17世紀半ばの長野県佐久地方の資料によると，裕福な本百姓の中には45坪もある本屋のほかに，座敷，そえ屋，蔵屋，雪隠，そして門屋の計6棟を持つ者がある．しかしこの村の29戸中，17戸は本屋が8〜15坪という小規模なものである．さらに下人などの住む門屋は村内に20棟あり，それらはもっと小規模の6〜8坪のものであった[4]．

このように，中小農層の住まいの水準が低迷する一方で，富農は武家支配層との結びつきを強める傾向が高まり，武士役人を迎えるために自宅に

A. 本棟造（長野県） 間口の広い切り妻の板葺屋根で、玄関口は妻入りである。「雀おどり」と呼ばれる破風飾りもひときわ目立っている

B. くど造（佐賀県） コ字型の中央部分にも傾斜のゆるい瓦屋根がつけられているのが普通で、平面形式は長方形となり、田字型が多い

図3・12　特色ある民家（川島宙次による）

書院造をとり入れ、座敷を設けるものもあらわれていたのである。

4. 近世の民家

江戸時代には、諸藩の大名はそれぞれ領国内の生産力向上をはかり、農民に質素、倹約をすすめる一方、産業の育成に努めた。その結果この時代を通じて、地方ごとに特色ある民家の形があらわれている。

東北南部藩では南部馬の飼育が盛んに行なわれたが、台所をはさんで厩と主屋がL字型に配置された「曲屋（まがりや）」が発生した。

飛驒白川郷の「合掌造」、甲府盆地の「やぐら造」、秩父の「かぶと造」などのように、屋根裏空間が2層以上ある高い造りで、さらに通風・採光用の小窓や小屋根がつけられたものは、養蚕室を設ける必要から生まれたものである。

合掌造の巨大な偉容は近年急速に数少なくなったものの、まだ残っている。厚さ1mを超える茅葺（かやぶき）屋根の葺替作業も、集落の人びと全員での協同作業によって行なわれている。「結（ゆい）」と呼ばれるこの協力体制は、どの地域にもみられたものであった。

また役宅を示すうえでの格式性を強調した住宅様式として、大和地方の「高塀造（たかべいづくり）」、信州松本地方の「本棟造（ほんむねづくり）」（図3・12A）などがある。

九州では、熊本以南、沖縄にかけて主屋と釜屋が別べつに平行に並んでいる「二棟造」がみられるが、これは台風の通過地帯にあるために火災を警戒したことによるのであろう。

佐賀県小城地方の「くど造」（図3・12B）は棟がコ字型に続いているものである。二棟造がつながったものではないかとも考えられるが、風に対する抵抗の強い型からという説、藩の建築規制で梁間が制限されていたという説などもある[5]。

5. 平面形式

このように、主に屋根型からみたさまざまな様式が、地方ごとに生みだされたが、居住空間の平面形式をみると、ほぼ2つのタイプにまとめられ

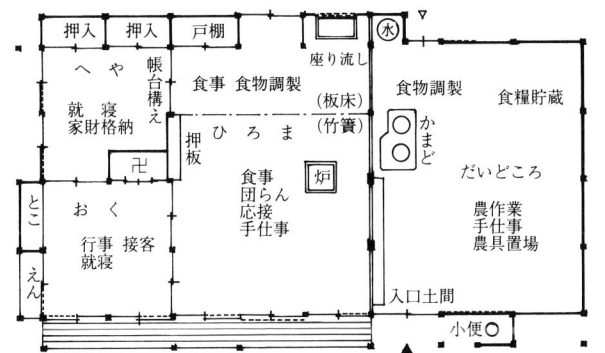

図3・13 広間型農家住宅平面図（川島宙次による） 神奈川県の北村家住宅．現在川崎市日本民家園に移築されている

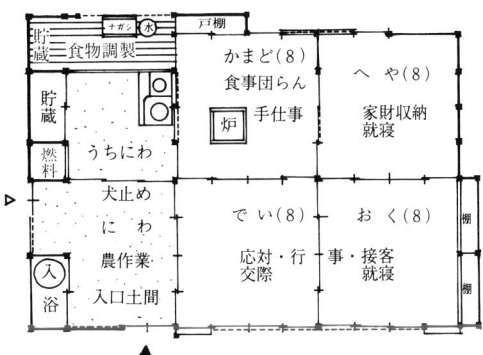

図3・14 田字型平面図（川島宙次による） 滋賀県の小椋家住宅．一般には農家住宅でも北側に裏口のある通りにわのタイプが多い

る．それは東日本に多い「広間型」と西日本に多い「田字型（または四間取り型）」とである．

広間型は「ひろま」「おえ」などと呼ばれる広い空間をもつ平面形式である．板床が多いが，藩政によって板敷を禁じられた地域では，わらやもみがらを厚さ30 cm ぐらいに敷きつめた上に，むしろなどを並べていた．広間の奥または脇に，2室またはそれ以上のへやが設けられている．広間には大きな「いろり」が切られていた（図3・13）．

田字型は床上部分がほぼ同じ広さの4つのへやで構成されている平面である．大きな農家ではさらにへや数はふえる．表の出入口にもっとも近いへやは「でい」「なかえ」などと呼ばれ，日常的な接客に使われる．「にわ」に接した奥のへやは板敷で，九州南部を除く地方ではここにいろりが掘られている．入口からもっとも遠い位置に「納戸」（帳台，ネマともいう）があり，主人夫婦の寝室になっていることが多い．納戸の南側が「ざしき」「おく」などと呼ばれる接客のへやである（図3・14）．

広間型，田字型のいずれにも共通しているのは，平面の約3分の1を「にわ」（土間）が占めていることである．この広い「にわ」は，農家にとっては重要な作業場であり，農作物の一時的な保管場所でもあり，また奥の方はかまどや流しが設けられ，台所ともなっていた．

このように土間が居住空間内に広い面積を占めているのは，竪穴住居を原形とする庶民住居の発展経路を物語るものといえよう．

近世末期になると，一般農家の中にも床の間を設けたり，あらたに座敷を建てるものがふえ，平面形式も多様に発達するようになった．

町家の発達と長屋

中世・近世を通じて商品生産が増大し，各地に人びとの集まる町が発達した．それは，港や宿場，社寺や市，あるいは行政上の拠点などを中心に，人びとの行き交う道筋がその軸をなしていた．したがって町人たちの住居は主要な道路沿いに並び集まるのが常であった．

1．京都の町家

16世紀初め頃の京都の町家は，『洛中洛外図屛風』の中に賑やかな人びとの往来とともに描かれている．平安京の頃と同様に，大路・小路に面して連続建ての町家が並び，さまざまな商いをしている（図3・15A，B）．

しかし平安期に比べると建築技術のうえでかなり進んだ点がみうけられる．その1つは隣家との境に屋根を区切る卯建が設けられているものが多いことである．その成因についてはいくつかの説があるが，1戸ずつの境界をはっきりとさせ，平板な家並みにアクセントの効果を与えている．

また2階屋が多いことである．ただ厨子2階と呼ばれるような，天井の低い，物置や使用人の居

B. 2階建てが連続し，居室となっているのもあり，階下は開放的な店がまえが多くなっている．この絵にはないが，慶長のころ（17世紀初）から瓦葺屋根もふえ，棟高も高くなったといわれる

A. 長屋建ての町家8～10戸で1つのブロックをつくり，裏側の空き地を共有している状況がわかる．この裏庭には高い土蔵がみえる

図3・15　近世京都の町家（「洛中洛外図」より）

室に使われるようなものであった．また一部には3階倉が建つのもみられる．

屋根は板葺で，「曽木板の上に竹を井字形に組み，その上に石を置く」という手法である．入口の長のれんには家紋や大柄な図柄が染め出されたものがみえる．窓にも細い千本格子が入っているなど，平安期の頃に比べ洗練されたデザインがみられる（図3・15A）．

住居の規模は，それほど変わっておらず，これらの絵でみる範囲では，間口は2間または3間のものがほとんどで，奥行きもその程度である．床上部分が前後2室に分かれている点も，以前と変わっていない．しかし畳敷きのへやがふえているようである．

土間（にわ）は出入口であり，裏側へ通り抜ける通路であり，また奥の方はかまどが築かれた台所空間でもあった．食事や寝室にはおそらく奥の方の「おうえ」「ざしき」などと呼ばれた1室が使われ，表側の「みせ」が商売と接客のためのへやであった（図3・15B）．

道路に面した表側には，ほとんど隙間なく建物が続くが，後方には建物に囲まれた空き地がまだ残っている．そこに共同便所や井戸が設けられているのがみられ，町に住む人びとの生活が，数戸ずつのまとまりをもっていたことをうかがわせている．

2. 江戸の町家

江戸の町家については，江戸時代初期の『江戸図屏風』が参考になる（図3・16）．京の町家と同様連続建てで，卯建によって区切られた屋根が続いている．しかしほとんどの家の「みせ」の部分は，軒下から全面が開口部となっている．

江戸末期に書かれた喜多川守貞『近世風俗志』という本では，町家を巨戸，中戸，小戸の3種に分けて，説明している．

巨戸としては「奥行き20間，間口10間」という平面が図示されている．道路に向かって見世，見世庭，小見世が並ぶ表の棟と，その奥に座敷，台所のある棟と2棟あり，表には2階があるとしている．座敷の裏手には前栽と空地，その奥に土蔵が2棟もある大規模な町家である．

中戸は間口が4～5間の場合で，片側に通り庭があり，奥の空地に通じている．これに沿って見世，中の間，座敷の3室が1列に並び，表の2室に2階がある．

図3・16 近世江戸の町家(「江戸図屏風」より) 京都の町家にくらべ間口が広く,全面が開放されている

小戸は間口2間以下のものだとし,通り庭を設けず,代わりに隣家との間に「路地(ろじ)」がある。へやは,やはり見世,中の間,座敷の3室だが,いずれも中戸に比べて,ずっと小室である。路地の奥には,両側に長屋が建ち,1室か2室の,さらに狭小な住居が並んでいる。これらの平面図は,京阪の町家であるが,江戸の町家もそれほど差異はなかったと思われる。

3. 借 家

表通りに向かって店を開いている町家は,店の主人の持ち家であったと思われるが,自分の住居を持つことのできない人びとも,大勢町に集まっていた。かれらは有力な町人のもとを頼ってゆき,その屋敷内の空地に建てられた小屋,または数戸建ての長屋に借家住まいをするのがふつうであった。いわゆる「大家(おおや)」に対する「店子(たなこ)」となるのである。

上に述べた小戸の路次奥の長屋は,典型的な借家であるが,中戸あるいは土蔵つきの町家でも,

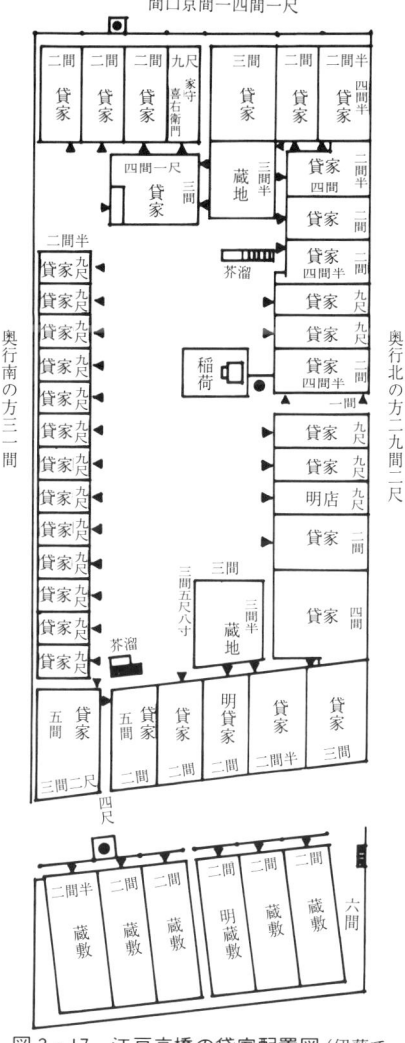

図3・17 江戸京橋の貸家配置図(伊藤ていじによる) 伊勢の呉服商富山家の経営する貸家団地である

借家とする場合もあった。

やがて貸家を目的として敷地を買い取り,長屋を建てる家主もあらわれ,江戸中期には,貸家経営は「大金持ちになる一番手っとり早い方法」と井原西鶴が書くほどとなった。そして京でも町家の半数以上,大阪では3分の2が借家であるという状態になるのである。

長屋の1戸の規模は,いわゆる「九尺二間」の広さ(4畳半のへやに半坪の土間がついた程度)が大半であるが,一部には間口4間奥行き4間半

図3・18 奈良今井町の町家（今西家住宅） 今井町でも一番古い慶安3（1650）年の棟札をもつ．町の惣年寄りという役宅でもあり，白壁に定紋がつけられ，飾り格子や屋根の形などに独特の風格をみせている

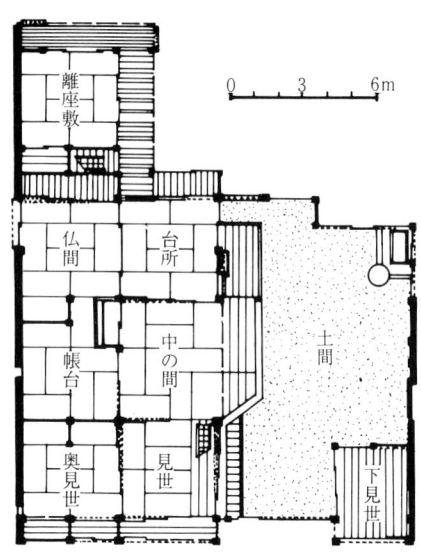

図3・19 今西家平面図（伊藤ていじによる）

図3・20 筑後柳川の町家（北原白秋生家復原住宅） 代々「油屋」の屋号で柳河藩御用達を勤めた商家で，白秋の父の代は酒造業を営んでいた．明治初期の形態を復元した町家であるが，表側格子戸の内側に2枚のしとみ戸，正面大戸口から裏口へ続く広い通りにわ，土蔵造の低い2階など，近世町家の伝統的特徴をよく残している

というような広いものもあった（図3・17）．

各地の城下町では，町人だけではなく武士もそれぞれの身分に応じて，「侍長屋」に居住するものが多かった．江戸の各大名屋敷では，藩主の住居である御殿の周辺に家老長屋，中間長屋，足軽長屋などが並んでいた．

彦根藩江戸上屋敷の場合は，上級武士は床の間のある座敷や公私2通りの出入口などを備え，室数も多く間口が5間以上ある．また間口4間で広い土間と5室からなる住居には4～5人の家来，召使を同居させたというが，いずれも長屋建てであった[6]．

注
(1) 平清盛邸，源頼朝邸については太田静六『寝殿造の研究』（吉川弘文館）による．
(2) 平井聖『日本住宅の歴史』（日本放送出版協会）．
(3) 床の起源については，太田静六（前掲書）による．
(4) 桑原稔『住居の歴史』（現代工学社）．
(5) 各地の民家については，川島宙次『滅びゆく民家』（主婦と生活社），伊藤ていじ『民家』（平凡社）による．
(6) 西山夘三『日本のすまいⅠ』（勁草書房）．

第4章
近代の住まい

　　　　長い鎖国時代ののち「文明開化」政策があらわれた中で，住居の近代化は，まず洋風化という方向で進んできた．

　　　　それは最初上流住宅に和洋折衷様式を誕生させ，ついで中流住宅に，洋風の応接間や中廊下をもたらした．

　　　　しかし住生活の面では，あい変わらず畳に座る姿勢が基本で，食事をする茶の間と，かまど・七輪を使う土間台所の間を行き来する家事作業は不便なものであったし，接客本位・座敷重視の武家住宅以来の伝統も，ひきつづき生きていた．

　　　　快適な家族生活を容れる器として，住居のあるべき姿が求められるようになるのは，大きな犠牲を払った戦争後をまたなければならなかった．

明治期洋風住宅

1．居留地の外人住宅[1]

　日本人が西欧住宅にはじめて接したのは，幕末の開港にともない居留地内に外国人が居住するようになってからである．(17世紀中頃の長崎出島にオランダ商館が設けられてはいたが，一般人の往来はほとんどなかった．)居留地には，外国の貿易商，外交官，宣教師たちが，かれらの母国あるいは植民地での建築様式，技術を用いて，住宅その他の建築を行なった．

　外人建築家の指導を受けて，日本人の大工たちがこれらの施工にあたっていた．それまでまったく知られなかった煉瓦や石による組積造の工法をはじめ，西欧建築の様式や技術に接することによって，当時の人びとが受けた衝撃は大きなものであったに違いない．

　居留地の外人住宅の遺構が現在なお残っているのは長崎と神戸であるが，長崎では美しい湾内を見おろす山手の高台に建てられた旧グラバー邸，旧オルト邸などが，明治初期の洋風住宅の代表例として注目される．

　旧グラバー邸は木造平屋建て，クローバー型の平面で，庭に面する部分にはベランダがめぐり，そこから海を見渡せる絶好の場所にある．内部の間取りやへやの種類からみて，一般の家族向住宅というより，保養と接客を兼ねた別荘という性格がうかがえる．

　旧オルト邸は，隣地の旧リンガー邸とともに石造の平屋建てで，いずれにも石柱の並ぶベランダが前面を飾っている．この建物には建築時に書かれたと思われる平面図が残っており，それには尺寸法による数値が毛筆で書きこまれている．おそらく外国人建築家（またはこの屋敷の施主）から図面を受け取った棟梁が，大工を指揮して施工したのであろう．この平面は接客用の広い空間を表側に，バスルームがそれぞれにつけられた寝室4室を，中廊下をはさんでその背後にまとめたコンパクトな間取りである．

近代の住まい　35

図4・1 明治初期洋風住宅(旧西郷従道邸，明治村) 明治10年代，フランス人技師レスカスの設計によるものと推定されている

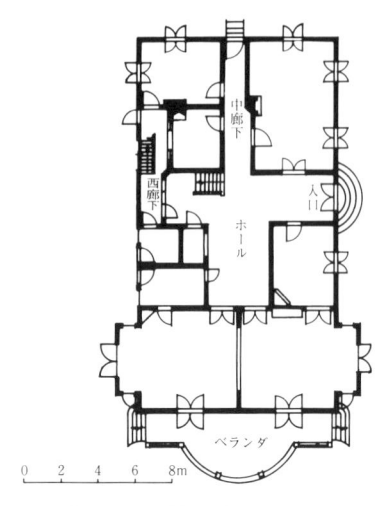

図4・2 同平面図 (明治村提供)

　神戸の場合は明治後期のものがほとんどである．傾斜地にあり，そのほとんどが2階建てで，1階に接客用の数室，2階に3～4室の寝室という間取りが基本で，半地下階を台所としたり，2階の目立たない廊下脇に，使用人のへやが設けられたりしている．いずれにも共通しているのは，ベランダが設けられていることで，居留地の外人住宅が，東南アジア植民地のコロニアル様式と，共通の様式であったことを示している．

2. 初期洋風住宅

　美しい柱列や手すりが飾るベランダ，鎧戸(よろいど)つきのフランス窓，屋根に立つ煙突など，外観だけでも日本の伝統的住宅とは全く異質の様式を，早速自邸にとり入れた人びともあった．
　兵庫県三田の九鬼邸や大阪市の住友家別邸などはその早い例である．また京都の新島襄邸はアメリカの宣教医テーラー師の助言を受けつつ，彼自身が設計したものである．これは，明治11年という早い時期にもかかわらず，単に外見や間取りをそのままとり入れたのではなく，日本住宅の伝統的な性格を残しながら，各へやの独立性，ガラス戸と鎧戸，腰掛式便器などの西欧住宅の合理的な特色を巧みにとり入れたとされている[2]．
　明治20年代になると，大規模な洋風邸宅が次つぎに建てられた．華族や高級官僚，豪商たちのもので，その様式は欧米の建築様式をそのまま採用した本格的なものであった．しかしそのほとんどは接客用の別館として建てられ，本館の方は書院造を基本とする和風住宅で，和洋2館の間を廊下で連結しているという形式がとられていた．
　洋館部は多くの場合2階建てで，玄関から入ってすぐの広いホールに，装飾的な手すりをつけた階段が設けられていた．ホールから食宴室，さらに応接間へと連続する接客空間の構成は，英仏の近世上流住宅にみられる様式をそのままとり入れたものである．インテリアにしても，シャンデリアの下がる天井，縦長形の上下窓に2重のカーテン，装飾的な壁暖炉，じゅうたん，そしてテーブルにイス，ソファなどの家具に至るまで，すべて欧米の一定の様式にまとめられていた．
　北九州市に現存する旧松本家住宅は，明治40年代に竣工した和洋折衷様式の邸宅である（図4・3）．向かって右手の和館部と洋館部はほぼ同規模の建物で，渡廊下でつながっている．洋館部は木造2階建てで，1階を大壁造，2階をハーフティンバーにみせる美しい外観である．室内装飾や家具のデザインは，すべてアールヌーボー様式にまとめられている．
　こうしてみると，この時期の大邸宅の洋館部は，

図4・3　明治後期洋風住宅（旧松本邸，現在西日本工業倶楽部）

その主人の経済力と，外国知識や教養の高さなどを客に印象づけるための不可欠な空間という機能を果たしていたといえよう．

洋風接客空間のこのような特色は，のちに中流住宅にも，非常に縮小した形で引き継がれてゆく．

大正期中流市民住宅

1．中流住宅論

明治期後半から大正期にかけての資本主義のめざましい発展を基盤に，都市サラリーマン層の経済力も上昇し，狭いながらも独立した「わが家」を求める気運が高まってきた．

一方建築家の間にも中流住宅論が現われ始めたが，それはまず和風住宅に洋風をとり入れて「和洋折衷住家」とすべしという提言となった．しかしその具体的な形は，「旧体の日本家に1，2の西洋室を加味」するというもので，日常生活はひき続き和風住宅内で行なわれ，接客用の洋風の一室が和風の座敷に加えられただけのものであった．

しかしこのような「和洋折衷」住宅が中流紳士階級には広く受け入れられ，その後戦争期にいたるまで，代表的な住宅様式の1つとして存在したのである．

他方，在来の和風住宅に対する批判論も盛んに出されていた．明治末期ごろの主な論点は，①住宅構造，衛生設備，②プライバシーと主婦労働の軽減，③座方式，などであった[3]．

この中でプライバシーについては，「自他の居室の区別」を明らかにするために「間仕切」を用いることが提案された．また「主婦の仕事は実に容易なるものにあらず」だと指摘され，これを軽くすべきことが主張されている．座方式については立式へ移行すべきことが論じられているが，この時点では具体策はまだみられない．

このように，新時代にふさわしい中流住宅の必要性については多くの識者が認めていた．しかし具体的な住宅像としては，上流邸宅の和洋館併立(へいりつ)様式を縮小したものにすぎず，和風住空間の近代化を含め，もう一歩進んだ平面形式が成立するの

近代の住まい　37

図4・4 座式の流しを備えた台所 （鈴木啓之による） 煙突をつけた「文化かまど」と四角形のコンロとは板張りの床に並んでいるが，「流し」はまだ下の土間のスノコの上にある．ここに座り込んで洗い物をし，まな板を使っていた．床をあげ板として収納場所にするなど，合理的になっている部分もあるが，昭和前期までこうした座式の流しが使われていた

は，大正期に入ってからのことであった．

2．中廊下形住宅

　大正4（1915）年と同6年に相ついで行なわれた住宅設計競技において，1位から3位までを独占したのが，いずれも中廊下形式の住宅であった．これは東西に長い長方形の平面のやや北寄りに，東西方向に中廊下を設け，その南側に洋風応接室，座敷と次の間などの和風接客室が並び，それらの南側に縁側がつけられる．中廊下の北側には女中べやや，台所，風呂場などの家事空間が配置されるというのが一般的な形であった（図4・8）．

　この平面は，続き間が多く，各室がすべてふすまや障子などの間仕切で相接していたこれまでの和風住宅の平面に，中廊下をとり入れたことにより，他室の「通り抜け」をしないですむようになったことが，まず大きな変化であった．さらに，洋風応接間を主人の居室として兼用することもできたので，南側の和室を家族の食事室や居間として使えるようになったこと，また女中室が廊下を隔てたところにあるので，家族対使用人の間のプライバシーは守られるようになったことなどで，それまでの住宅から一歩前進したものとなっていた．

　しかしながら家族1人1人の個室は確保されていないし，全室数5～7室のうち約半分が接客室で，それも南側に配置されているという点などは，武家住宅の接客・格式重視の原則をそのまま受け継いでいた．

　また家事労働については女中の存在を前提としているため，台所などの家事空間が北側にあっても何ら支障を感じないものとされていた．

　この中廊下形住宅様式は，洋間を必ず1室加えていること，縁側のほかに廊下をとり入れていることなどによって大正期の中流市民層の洋風化志向を満足させ，合わせて接客重視の伝統も残存させたことから，この階層の人びとに根強く支持されたのであった．

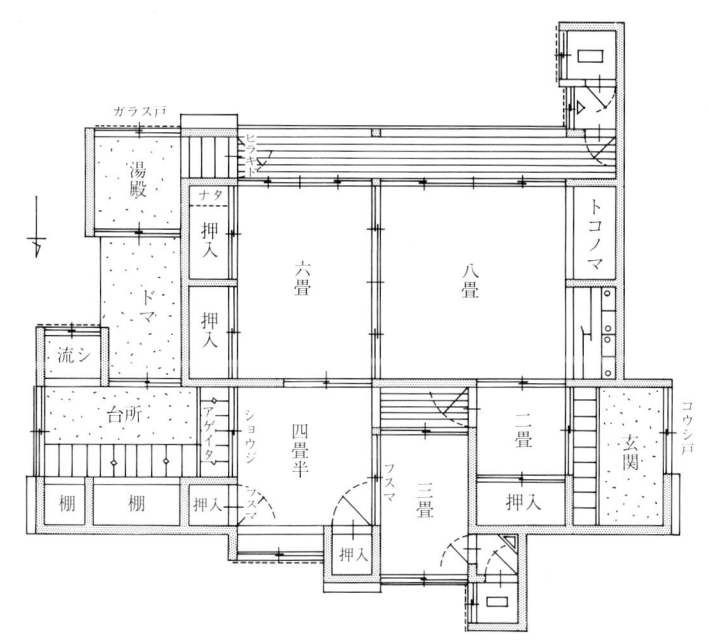

図4・5 続き間の多い小住宅（遠藤於菟による） 大正時代の中流市民向け木造住宅の典型的な間取りといえる．へやが5室ある中で一番広い8畳は座敷，その隣の6畳が家族の寝室，4畳半が茶の間，そして3畳は女中べやで，家族用とは別の便所がついている．全部続き間で，間仕切の建具はふすまである．台所は土間なので下足をはかねばならないが，湯殿もついており，南側に日当りのよい縁側がとられるなど，新しさもみられる

3．住宅改良運動

大正期はいわゆる「大正デモクラシー」の社会風潮を背景に，女性の社会進出がめざましい時代でもあった．知識階級の女性たちの中から，婦人雑誌などに住宅改良論を展開する人びとも現われ，台所の改良や，主婦室，子ども室そして一家団らんのための居間の確立などが主張されていた．

台所は，当時は床の上に座って作業する形式がまだ一般的であった．流し台が農家や町家の場合は土間におかれ，都市住宅の場合はまな板と共に板張りの床上におかれたが，いずれもしゃがむ姿勢で仕事をしていた（図4・4）．これを立式に改めることが改良の第一歩で，ついで七輪・文化かまどなど新式の設備の便利な配置が，ガス・水道の利用とともに徐々に普及したのである．

こうした住宅近代化への指導的役割を担っていたのが，「住宅改良会」および「生活改善同盟会」である．

前者は大正5（1916）年に，アメリカから帰国した建築家，橋口信助が中心となって設立された民間団体である．機関誌『住宅』を通して，アメリカ住宅の合理性に学び外観の洋風化にとどまらず，台所の改善のほか寝室の独立化や客間を排して家族の居間を重視するなど，先駆的な住宅平面を紹介した．

また「同盟会」は，大正8年に行なわれた文部省主催の生活改善展覧会を契機に誕生した団体で，大正10年住宅部会が「生活改善の方針」6項目を発表した．その中でとくに平面計画に関連するのが，「将来の住宅は漸次イス式に改めること」と「間取り設備を接客本位から家族本位に改めること」の2項目であった．

4．居間中心形住宅

この方針に沿ったモデル住宅が，早速大正11（1922）年に行なわれた平和記念博覧会に14棟出品された（図4・6～7）．そのほとんどが洋風イス座の居間を平面の中心においた居間中心形であった．

またそれから半年後，大阪で開かれた同盟会主催の住宅展示会でも，十数棟の出品の大部分を居間中心形が占めていた．

しかしこの平面形式は実際にはほとんど普及しなかった．それはイス座の家具を一通り揃えるだけの経済力が当時の中流市民層にまだ備わっていなかったこともある．しかし何といっても彼らの

図4・6　生活改善同盟モデル住宅外観
（大正11年東京平和博覧会出品作品）

上野公園竹の台会場の一部に文化村と名づけられた住宅展示場が設けられたが，これは建築学会が一定の希望条件を示し，それに合った住宅の出品を促したものである．条件の内容は，およそ20坪前後，家族団らんのへや，お客を通すへやはイス式とする，窓と入口にはガラス戸を入れ，とくに入口は戸締りのできる開き戸とする，門や塀は不経済なので廃止する，などであった．

同盟会が出品したこの住宅は，6室から成る25坪余りで，14棟の中では平均より大きい規模である．中央の居間は約12畳の広さがあり，その他のへやも含め，全部イス式となっている

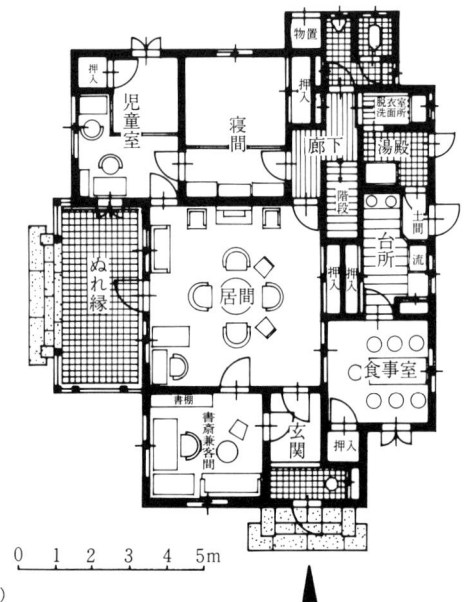

図4・7　同平面図（『建築雑誌』427号より）

生活意識が「家族中心」にはほど遠く，家長中心，接客本位の生活を変えていなかったことによるものといえよう．

5．同潤会

大正12年の関東大震災によって，東京，横浜が潰滅的被害を受けた後，国民の義援金を基金として同潤会が設立された．

この会は被害者に対する仮住宅を手はじめに，普通住宅のほか，わが国で最初の鉄筋コンクリート造集合住宅の建設・経営，さらに不良住宅の改良，分譲住宅事業など幅広い活動を行ない，昭和16年に住宅営団へ引き継がれた[4]．この中で勤め人向け分譲住宅として中流市民層を対象とする1戸建て木造住宅が，昭和3年から約10年間に500戸余り建設された．この平面形に中廊下形が主に採用されたことも，当時の一般の小住宅の平面計画に，決定的影響を与えたといえよう（図4・8）．

昭和期戦前・戦後の住宅水準

1．文化住宅

大正期に登場した都市郊外地の小住宅は，「文化住宅」などとも呼ばれ，中流市民層の一部に歓迎された．これらの住宅には明治期に小学校などからまず採用されたガラス窓がふんだんにとり入れられており，台所でも従来の土間式かまどから，立って働ける流し台の脇に並んだ「文化かまど」

A. 昭和5年D型 「勤め人向け分譲住宅」として建てられた中では，平屋建て4室型がもっとも多く，その1例である．中廊下はあるものの，角の居間には直接通れない．客間南の広縁は，屋内と庭との中間帯となるベランダとして，子どもの遊び場，家族団らんの場に利用する目的でとり入れたものであった

B. 昭和11年川崎ち型 分譲住宅ではやや規模の大きい平面5室からなる例．中廊下北側に女中べやが独立しているが，これはのちに，間借り人や下宿人をおくのに好都合となった．南側の和室は3室ともふすまによる間仕切りで続いており，独立性はない．居間に広縁（ベランダ）がつけられている

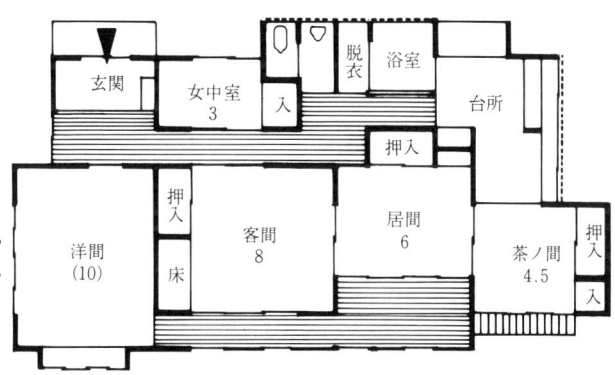

図4・8 同潤会分譲住宅平面図（1/200）（木村徳国による）

が使われ始めるなど，明るさと新しい生活様式をもたらした．

また「子ども室」を設ける家庭もすでにあらわれていた．

しかしこのような快適な住居，家族重視の住生活を実現してゆくだけのゆとりをもたない，大多数の一般庶民の場合はどうであったろうか．

2．昭和前期の住宅水準

昭和初期の住宅統計からみる状況では，大半の住居規模は江戸時代末期の様相とほとんど変わらず，むしろ低下しているのではないかとさえ思えるのである．

昭和5（1930）年の国勢調査をもとにした「居住室数別世帯数」のグラフをみると，この時期の住居水準について次のようなことが読みとれる（図4・9）．

まず圧倒的に，といってよいほど郡部（農村）の世帯数が多い．そしてその大部分の世帯が2室～4室住宅に住んでいる．1室だけというのも100万世帯を上回わっており，農村の住居水準がきわめて貧しかったことを物語っている．

一方都市部でも2室がもっとも多く，3室がこれにつづき，3番目の4室までで全体の約3分の2を占めている．先に述べた中廊下形住宅は5室以上が普通であるが，それに相当するものは，都市ではごくわずかにしかすぎないことがわかる．

3．戦前期の都市住宅

これより10年後の昭和16（1941）年に厚生省による24大都市住宅調査が行なわれている．その結果次のようなことがわかっている．

① アパート・下宿屋など，集合住宅は都市住宅の中で約6％だけである．

② 非集合住宅のうち，専用住宅は75％で，残りは併用住宅である．

③ 専用住宅のうち持家は22％，借家は76％強である．

近代の住まい 41

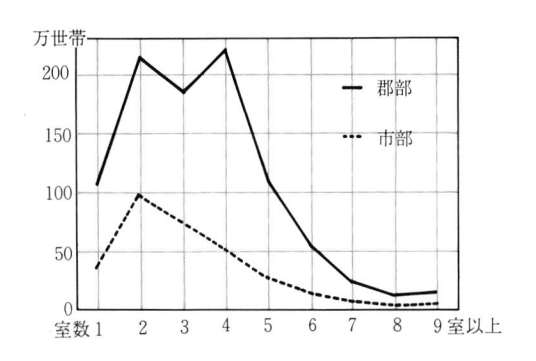

図4・9 昭和初期の住宅規模（「国勢住宅調査」昭5より居住室数別世帯数）

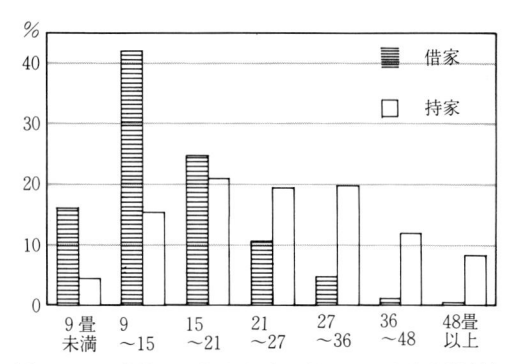

図4・10 戦前期の都市住宅規模（「大都市住宅調査統計表」昭16による）

（借家は6大都市ではもっと高い比率となり，とくに大阪では89％にのぼっている．）(5)

この時期の住居規模はどうであっただろうか．居住室畳数のグラフをみてゆくと，持家の場合は15～36畳（3～6室程度）のあたりに山があるものの，15畳未満もかなり多い．

都市住宅の大半を占める借家は，約半数が15畳以下である（図4・10）．

4．戦前期の農家住宅

質的な水準では，農家は都市住宅よりもさらに低かった．昭和4（1929）年の調査によると，まず建築年の古いものが多く，経過年数50年以上というものが3分の1を占めている．

住宅内には農作業場の延長ともいえる土間にわが広い面積を占め，その奥におかれたかまどには，ほとんど煙突がついていないので家中がすすで汚されている．天井のない室が総室数の57％，まったく天井のない農家が3割という状態であった．

こうした状態を改善するために，
・居住者1人当り1坪以内のときは増築
・床高は45cm以上
・天井は2.12m以上とし，居住部分は天井をはる
・便所は井戸との距離5.5m以下のときは移築
などの最低基準が出された．しかしこれらは保安と保健のためのもので，居住や営農の快適性・利便性までは，とてもおよばなかった．

昭和11（1936）年には，東北地方の農山漁村住宅調査が行なわれ，同潤会によって改善の具体的な提案がまとめられた．このなかには営農や保健衛生上の課題のほか，「教養文化」の問題もとりあげられており，子どもの勉強場，押入，客座敷重視より家族本位の利用といったことまで細かく指摘されている．

こうした指導者たちの提案に対し，ごく少ないながら実際に住宅改善をすすめた地方もみられた．とくに台所改善では，戦後各地に広がった改善運動の先駆的な役割を果たした地域もあった(6)．

しかしながら，このような農家住宅改善への小さな芽生えも，都市市民住宅における「家族本位」の近代的住宅像をめざす建築家たちの努力も，日中戦争にはじまる戦時体制下，あらゆることが軍事優先となったため，すべて中断されてしまった．

5．戦争による被害

戦災による住宅損失は大きなものであった．首都東京を含む全国主要都市では空襲のため210万戸の住宅が焼失したうえ，強制疎開のために取り壊しをされた住宅が55万戸以上にものぼった．

これらを合わせると，開戦当時（昭和16年）における全国の住宅1,400万戸の19％にも相当する．

さらに終戦時には外地からの引揚者用の67万戸，戦争中の供給不足などを加え，420万戸の住宅不足と算定されていた(7)．

これらの絶対的な不足を補うため，まず「質より量」重視の政策がとられたものの，戦前の住宅水準に戻るまでには長い道のりを要した．

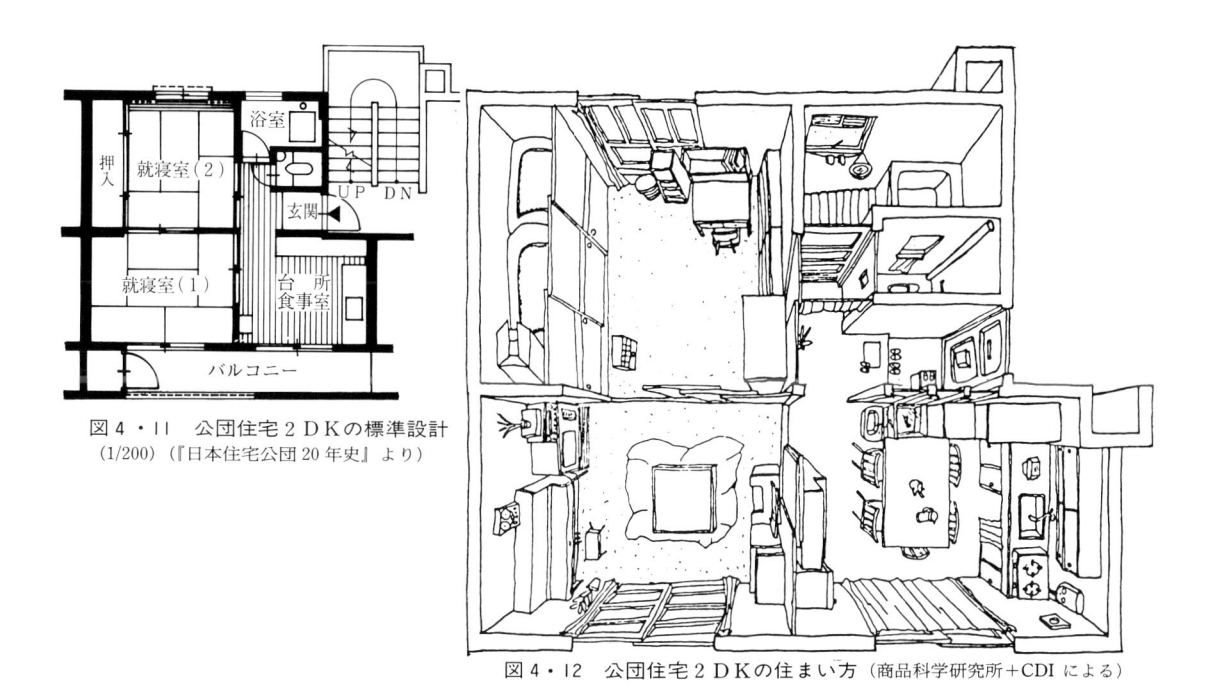

図4・11 公団住宅2DKの標準設計
(1/200)（『日本住宅公団20年史』より）

図4・12 公団住宅2DKの住まい方（商品科学研究所＋CDIによる）

6．住宅政策の再出発

戦後に新しく現われた住宅政策の中心となったのが，住宅金融公庫の発足（昭和25年），公営住宅法の施行（昭和26年），そして日本住宅公団の発足（昭和30年）である．

この中でもいわゆる「公団住宅」の出現は，ダイニングキッチンという新しい住空間を定着させ，シリンダー錠1つによるプライバシーの確立をもたらし，団地族という流行語を生みだすなど，都市サラリーマン層の住様式のうえに数かずの改革をもたらすきっかけとなったのである．

しかし，その後持家推進政策が強調され，公庫の融資額は年々急上昇してきたものの，公共住宅の供給はあまり伸びなかった（第12章参照）．

農村では戦争による直接の被害は少なかったものの，戦後間もなく行なわれた土地改革をはじめ，新しい変化が次々にあらわれた．

昭和23年から農林省に生活改善課が設けられ，全国に生活改良普及員とその専門技術員が配置されることになった．これらの人々の熱心な指導と，農家の主婦たちによるグループ活動とがうまく軌道に乗った地方から，かまどの改善，土間台所からダイニングキッチンへの改造，ついでふろばや便所の改築などが実現していった．

1960年代には，新築農家も急速にふえたが，そこには子どもの勉強べやや，洋風の居間など，都市住宅と共通する生活空間が登場した．その一方で，座敷を続き間にして接客に備える点など，むかしと変わらない部分も残っている．

都市に比べて敷地の広さの点では恵まれている農村においては，農家住宅の特性を保ちながら新しい住様式がつくり出されることがこれからの課題といえよう．

注
(1) 坂本勝比古『明治の異人館』（朝日新聞社）．
(2) 同「上流洋風邸宅」（太田博太郎編『住宅近代史』（雄山閣）所収）．
(3) 木村徳国「大正から昭和へ」（太田博太郎，前掲書所収）．
(4) 西山夘三『日本のすまいⅡ』（勁草書房）．
(5) 木村徳国，前掲論文．
(6) 西山夘三『日本のすまいⅢ』（勁草書房）．
(7) 上野洋『日本の住宅政策』（彰国社）．

演習問題

1. 日本の住まいの特徴を5項目あげて説明せよ。

2. 竪穴住居の内部や周辺には、生活施設としてどのようなものが設けられていたか、わかっているものについて時代順に説明せよ。

3. 先史時代の高床建物の形式を表現、または継承しているものは、次の中のどれか。
   A. 東大寺正倉院
   B. 子持ち家はにわ
   C. 京都御所清涼殿
   D. 出雲大社本殿
   E. 登呂遺跡住居跡
   F. 香川県出土と伝えられる銅鐸の描画

4. 寝殿造の住様式の中で、後世の日本の住まいに影響を及ぼしたと思われるのは次の中のどれか。
   A. 左右対称の建物配置
   B. 開放的な室内空間
   C. 接客空間に面した庭園配置
   D. 家族（親子）別々の生活空間
   E. 板床・置き畳のユカザ生活

5. 絵巻物に描かれた寝殿造邸宅（「源氏物語絵巻」など）と中世僧侶住居（「法然上人絵伝」「西行物語絵巻」など）の中の家具・建具の使われ方を比較せよ。

6. 次の語句を用いて、上流武士住宅に座敷飾りが成立してゆく過程を述べよ。
   床の間、違い棚、書院窓、対面の場、日宋貿易、上段の間、押し板、出文机、帳台構、格式性

7. 次にあげた特色ある民家について、それぞれの特色が生まれた理由を考察せよ。
   合掌造、くど造、本棟造、曲屋、中門造※、蔵造※、かぶと造、別棟型※の民家
   （※印については読書案内2, 3を参照すること）

8. 民家村、明治村、その他で近世住居や洋風住宅の復元家屋を見学する機会をつくり、次の点から調べよ。
   A. いつ頃、どんな階層の人が住んだか。
   B. 全体の規模と平面構成
   C. 家具・道具の種類（調理用、衣類収納用、接客用に分けて列挙せよ）

9. 図4・8 Bの中廊下形住宅に、夫婦、子ども（小学生男女各1人）、老人、女中の計6人家族が住む場合、どのように就寝したと考えられるか。略図をかいて説明せよ。

読書案内

1（A）『図説日本住宅の歴史』平井聖（学芸出版社）
2（A）『建築の絵本　日本人のすまい』稲葉和也・中山繁信（彰国社）
3（A）『民家ウオッチング事典』吉田桂二（東京堂出版）
4（B）『日本人のすまい』平井聖（市ヶ谷出版社）
5（B）『住宅近代史』太田博太郎編（雄山閣）
6（B）『室内と家具の歴史』小泉和子（中央公論社）
7（B）『日本生活文化史（全10冊）』（河出書房新社）
8（C）『高床式建物の源流』若林弘子（弘文堂）
9（C）『中世住居史』伊藤鄭爾（東京大学出版会）
10（C）『日本のすまい　Ⅰ～Ⅲ』西山夘三（勁草書房）

（A：気楽な読物、B：一般書、C：専門書）

第Ⅱ部 みんなの部屋

(撮影・木寺安彦)

第5章
間取り

　伝統的な日本住宅の間取りは，農家，町家，武家屋敷という封建時代のパターンによって型がきまっており，各地方ごとの特徴ある形ができ上がっていた．大正期以後，都市では洋風の生活スタイルを取り入れたサラリーマン住宅が建てられていくが，近代的な家族本位の間取りがつくられていくのは，戦争で大量に古い住宅が焼失した戦後のことである．

　戦後40数年たった今も，伝統様式は地方を中心として根強い人気を保ってはいるが，その中でも，設備や間取りの面の要求が大きく変わってしまった．日常生活の場は，プライバシーを重視した個室群と家族が集まるへやを組み合わせた洋風化指向が進んでいるといえよう．

間取りの考え方

　現代においては，ついに住宅までもが企業ペースでファッション産業化され，巧みな宣伝力によって売り込まれる時代になってきた．お金を持っていなくても，そして，買いたいと思っていなくても，銀行ローンと組み合わせた売り込みに乗って，思いもよらない住宅を買わされる場合も出てくる．それぞれの家庭の固有の要求や，経済計画に合わせた住まいを求めていたはずなのに，ふと気づくと，無我夢中で条件の合わない住まいを手にしていた，ということになってはつまらない．ここでまず家づくりの前に（借家探し，マンション探しの前にといってもよいが），間取りについて，考えておくべき基本的な条件をまとめておこう．

1．必要な室数と規模の決定

　家族数やその家庭の固有の条件によってどれだけのへや数が必要か，またどれだけの広さが必要かを決める．当然，第一段階では予算を度外視した理想プランが出てくるだろう．そこで何を切り詰めることが可能か，またどんな機能は重複してもよいかを検討して理想案を現実に近づけていかなければならない．そこで考えるべきこととして，どんな機能が重ねられ，何が重複できないかという問題が出てくる．一般論としては次のようにいうことができる．

① 重複できる機能
・同性のきょうだいの個室
・客間と居間
・客間と和風の夫婦寝室
・和風の寝室とアイロン・ミシンかけ
・キッチン・食堂・居間（詳しくは第7章参照）
・書斎と居間
・書斎と客間
・書斎と寝室

② 重複したくない機能
・食事と就寝（食寝分離）

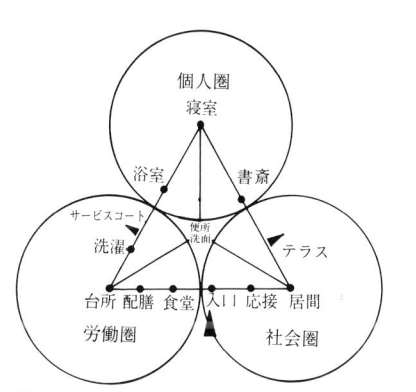

図 5・1　池辺陽の住居基本組織図（昭和29年）

・夫婦寝室と小学生以上の寝室（就寝分離）
・小学校上級以上の異性のきょうだいの個室
　（就寝分離）
・団らんと就寝

　このほかにもその家によって異なるへやの組み合わせがあるだろうから，独自の事情に応じて検討することが必要である．

2．起居様式の決定（和風・洋風の選択）

　各室をイス式にするのか，ユカザ式にするのかを考える．これは前述の機能の重ね合わせと関係してたいせつなことである．ベッドで育った若い世代は何の疑問もなく夫婦寝室を洋風にと考えてしまうが，洋室にベッドを入れてしまうと，ほかには着替えのため以外には使い道がない．

　和室であれば昼間の客間やアイロンかけ，衣類整理のへや，子どもの遊べる広いスペース，あるいはおけいこごとのへやにとさまざまに融通のきいた使い方ができる．子どもべやもベッドでなくてはならないと考えることはない．畳の床面を広くあけておけば幼児の昼間の遊び場としては理想的である．というわけで，スペースが窮屈な場合はとくに和風様式の省スペース性を活用して，無理のない選択をする．

3．室配列のしかた

　間取りをつくっていく際にどのようなへや同

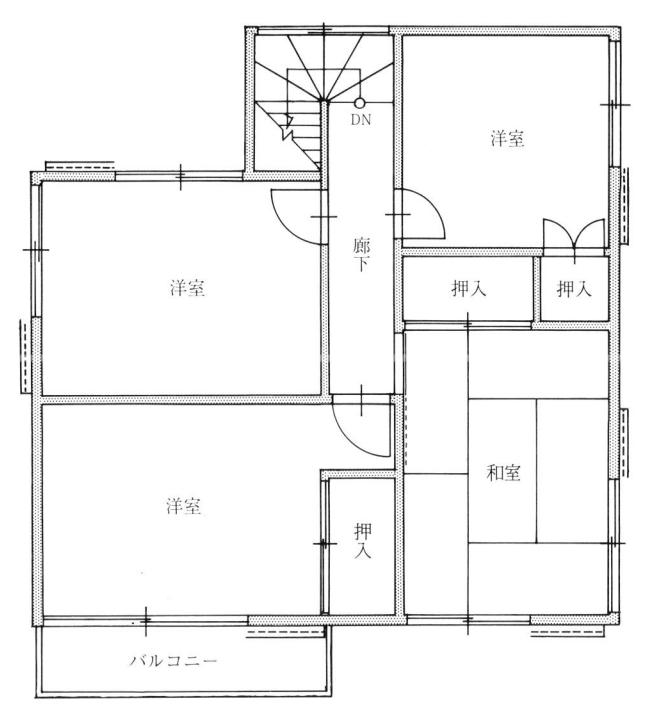

2階

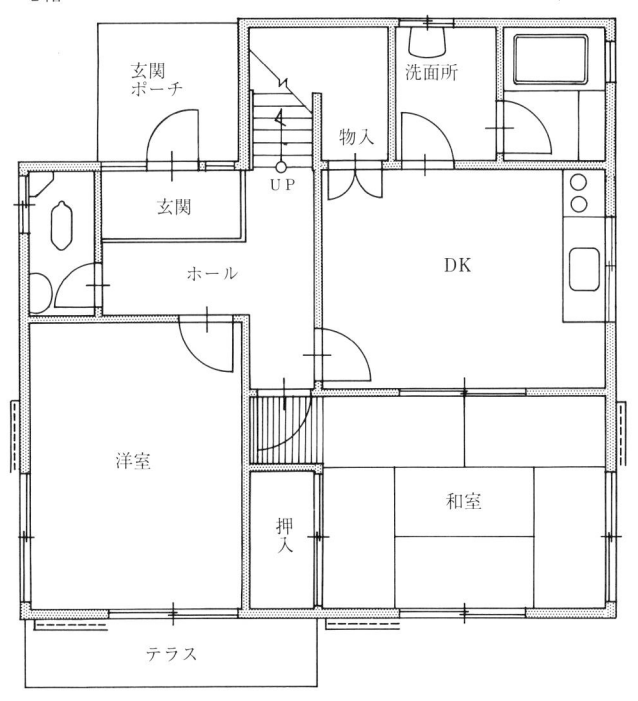

1階
図 5・2　上下に私室群・公室群を分けた家（1/100）　典型的な公私室分離の手法としてよくあるタイプ

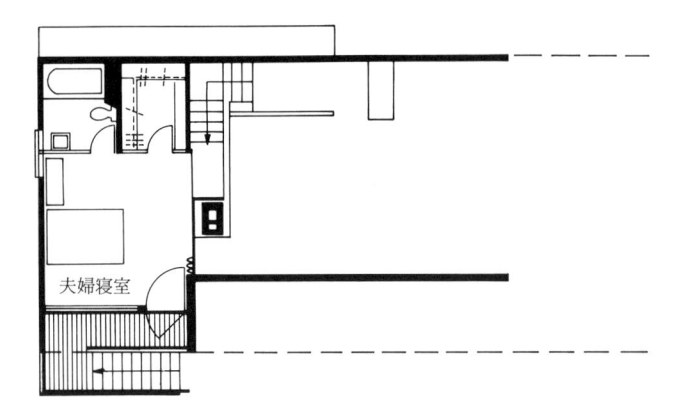

2階（増築後）

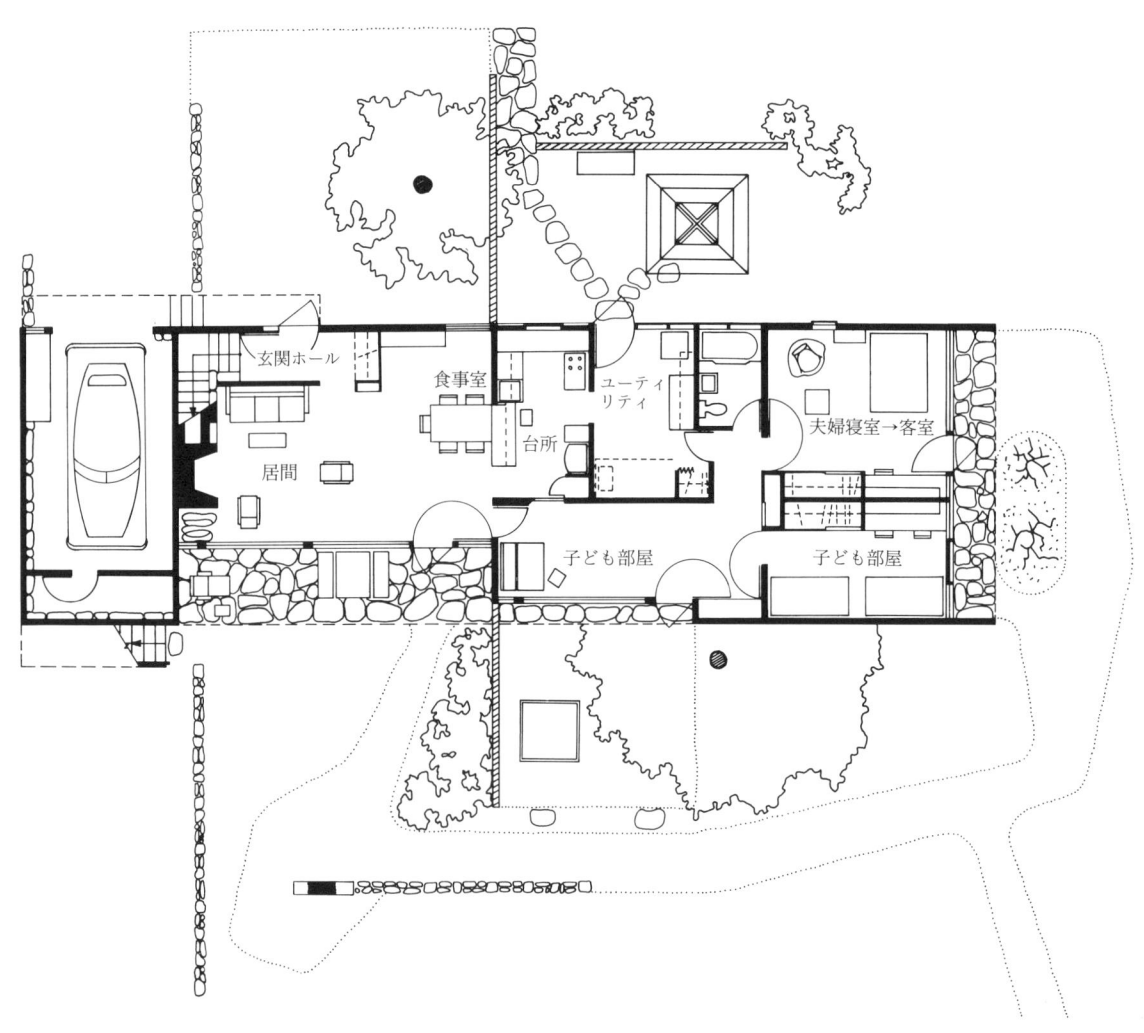

図5・3　成長する家　（1/200，設計／Marcel Breuer，『建築設計資料集成（昭和35年版）A』より）　子どもが幼い時期には子ども部屋の隣に夫婦寝室を置くが，子どもが成長してくると，自動車車庫の上に寝室を増築して分離する

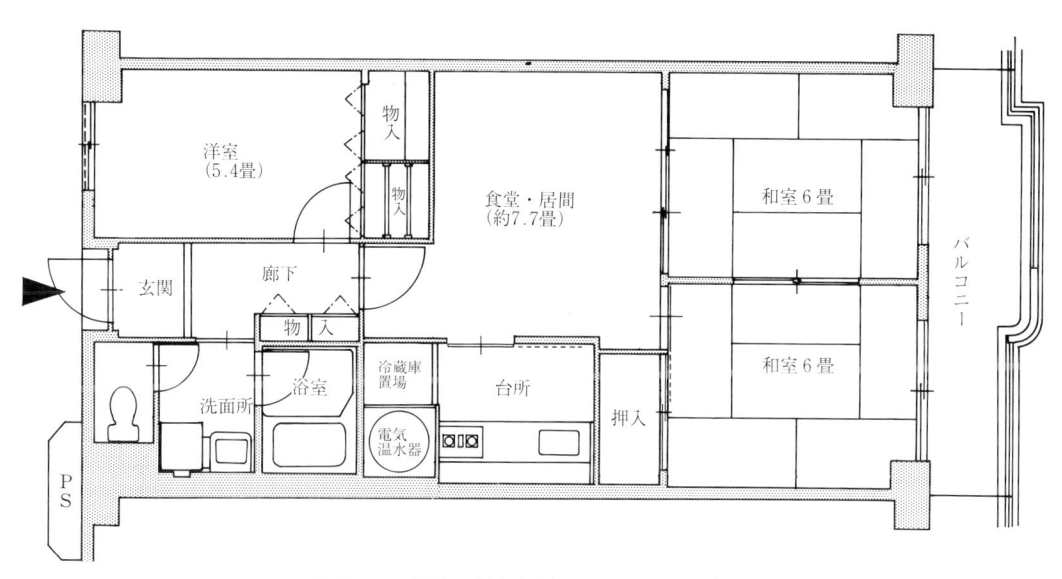

図5・4　リビング中心型のマンション（1/100）

士をまとめるかという原則については，いろいろな考えかたがある．たとえば，図5・1は昭和29年に池辺陽が，彼の機能主義的住居論を述べた『すまい』の中で，提示したものである．キッチンの役割評価が高いことや，便所の位置に特徴がある．当時の建築家に大きな影響を与え，これに基づいた住宅が数多く設計されているが，一般的に受け入れられるには至らなかった．

現代において，ごく一般的な間取りづくりの際の考え方としては，次の2通りが考えられ，Aの原則をとるかBの原則をとるかでへやの配列が変わってくる．

A．公室系と個室系の分離
B．親の領域・子の領域の分離

欧米風の住宅づくりの典型的なパターンがA型である（図5・2）．昼の生活領域と夜の生活領域がきれいに分けられすっきりしたプランニングになる．2階建ての場合，上下に分けると面積がほぼ等分に配分され，総2階としてうまくまとめやすい．敷地の狭い最近の1戸建てやタウンハウスでは多い間取りである．A型の間取りは整然としていてわかりやすいのだが，子どもが成長してきて親子の間のプライバシーがほしいと考える場合には，あまり適切なプランニングではない．この場合はむしろB型の方がふさわしい（図5・3，9・6B，10・7，10・9）．若夫婦と老人の同居の場合などもこの原則が当てはまる．

機能分離の手法としては次のようなものがある．
① 2階と1階に分ける——昔の町家の手法がこれで，使用人や倉庫を2階においていた．公私室分離にも親子の分離にも有効である．
② 中庭で距離を置く——昔の家の離れ屋の考え方である．老人室などがよくこのような手法で分離されていたが，現代にも通用する．老人室や客室，騒音を発する音楽室，書斎など．
③ 公室を中にはさみ，個室群を両端に分ける．
④ 浴室・便所・キッチンまたは押入・納戸などを間にはさむ．

マンションなどでは③④の手法しかないのでへやの配列のよしあしが住みやすさを大きく左右してくる．

4．結合すべき機能・連絡よくしたい機能

どこの家庭にもほぼ共通する原則的な機能の結びつきをあげれば次のようになろう．
① 結合すべき機能
・キッチンと食事スペース．
・食事スペースと団らんスペース．
・浴室・便所・洗面所．
② 近接もしくは連絡をよくしたい機能

図5・5 総2階住宅の概観 バルコニーや玄関庇, 突出部のタイル壁が立面に変化をつけている (図5・8の概観)

- 出入り口とキッチン.
- 出入り口と居間.
- 出入り口と客間.
- 出入り口と子どもべや.
- キッチンと洗濯場.
- 浴室と洗濯場.
- キッチンと乳幼児の遊び場.
- 寝室と便所

　以上のように出入り口と各室とのつながりが非常にたいせつなことがわかる. 間口が狭く, 奥行きの深い高層住宅タイプの間取りではこの出入り口との関係が上手につくりにくいため, 間取りとして具合の悪いものになりやすい. その点, 1戸建ての場合は自由度が大きくなる.

　間取りは必要な室数とその結びつけ方と位置, それぞれのへやの面積, また, 起居様式をどうするかということなどの総合的判断で決まってくる. 最近の新しい住宅としてどんな間取りがつくられているのかを次にみていきたい.

間取りの色いろ

　最近の新しい住宅の間取りをみるとどれもよく似たつくり方で, ただ広いか, 狭いかだけの違いのようにみえる. しかし, くわしくみていくと, 断面でみた時のつくり方の違い, へやの結びつけ方, あるいは集まりべやのつくり方の違いなどで色いろなタイプに分けることができる. 一般の住宅の中に多くみられる型の特徴を図と対照しながら述べていきたい.

1. 断面の違いによる分類

平屋（フラット型, 図5・4, 10・5）　住宅の規準となる型が平屋である. 面積の小さな家やアパートのフラットにみられる. 家中が同一平面にあるコンパクトな設計はとても住みやすく便利なのだが, 敷地が狭くなってきた現在, 一般の住宅としては珍しい型になりつつある. 階段に無駄な面積を取られることがないし, 狭いスペースが上下に二分されることもないので, 面積の割に家が広く感じられるのも良い点である. 老人や身体障害者のための住まいとしてはたいへん好都合である. ただ, 老人同居や大きな子どものいる家庭で領域を分離したい場合などには都合が悪い.

2・3階建て　日本の多くの1戸建ておよび長屋建ての住まいが2階建てである. 昔ながらの和

風住宅は一部2階が多いが，近年の型には総2階となるものが多い．また，2階の一部の屋根裏をはしごを利用して上がる物置や小室に使う設計もよくみかけるようになった．これは容積率制限の厳しい地域に建つ場合，公称床面積を減らして実質面積をふやす手段として人気が出たものである．

吹き抜けのある型（図5・6，8，1・11） 玄関や居間の天井を2階分の高さにした型がふえている．狭い面積の場合には天井が高くなりすぎると井戸の底にいるような感じになって逆効果であるが，ある程度，広いへやでは，天井も釣り合いの取れた高さがほしい．今まで狭い住宅に住んでいた反動で，人気が出ている．新しく家を求めるなら1戸建てらしい空間の広がりのある吹き抜けがほしいということなのだろう．へやの広さに対して高さのプロポーションをどのようにするかというセンスが必要となる．

吹き抜けにすると高窓や天窓がとれるのでへやが明るくなるメリットがある．また，天井の形に変化をつけたり，上からシャンデリア風に電燈をぶら下げたり，植物や装飾品を吊り下げるなどの試みを楽しめる．一方，暖気が上に抜けてしまって，冬期は，非常に寒いへやになるので，床暖房を取り入れるなど暖房についてよく計画する必要がある．また，2階との音響的なつながりが強くなり，家中一室のような遮音性の低い住宅になりかねないので取り入れ方には注意が必要である．

中2階のある型（スキップ・フロア型，図5・6） 半階食い違いの断面をもつ型で，1階から2階へ室機能を分離しつつ，つないでいく面白さがある．中2階の下に当たる部分は天井が低いので，車庫やピロティになったり，傾斜地に建つ場合によい．

2．へやの連結方法の違いによる分類

リビング中心型（図5・4） 洋風のリビング・ルームをプランの中心において，家中の動線がここを通っていく形．廊下の役割を兼ねたへやになるため，住宅の面積が節約されて広いへやをつくりだせるし，中心的な集まりべやが家の文字通り中心にあるということで，マンションによく使わ

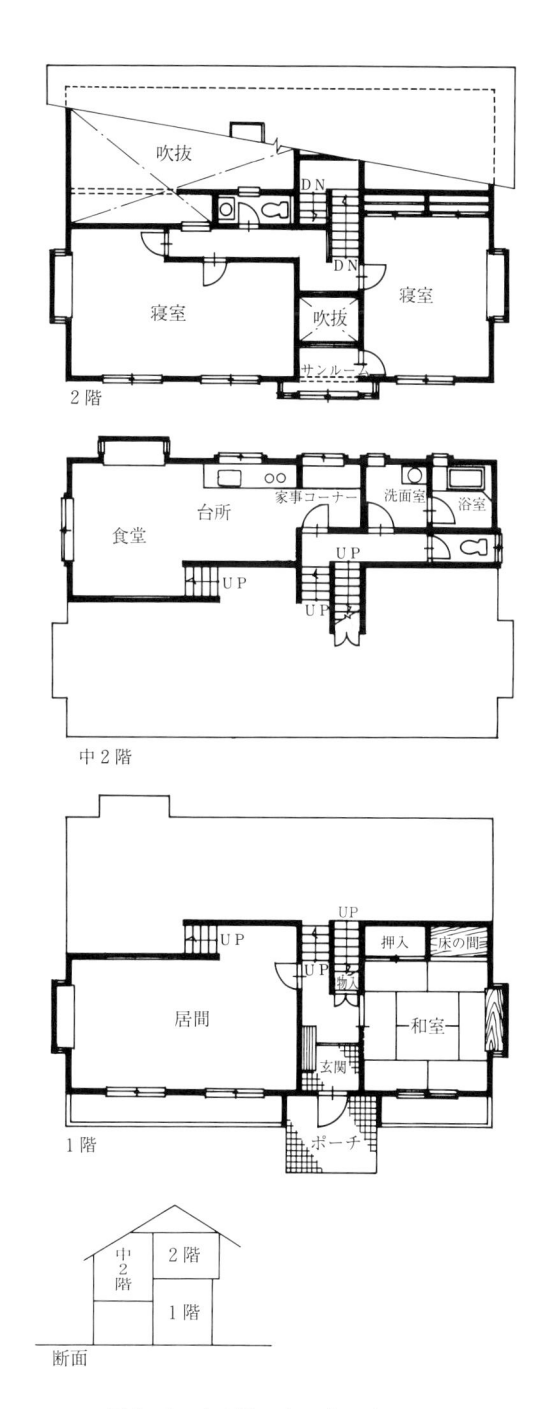

図5・6　中2階のある家（1/200）

れる間取りタイプである．動線が錯綜して，リビングにまとまった団らんスペースが取れず，落ち着かないへやになりかねない．家具を置いて，住んでいる状態を想定してみる必要がある．

図5・7 ホームパーティのできる家 広いリビングは女性に人気がある

廊下型 廊下に動線を集中させて，各へやの独立性をたいせつにする型．中廊下型や片廊下型がある．昭和の初めに流行した中廊下型住宅がその典型であるが，空間が細分されて狭くなり陰気臭く，風通しが悪くなる欠点がある．どうしても必要な所に最小限度の廊下をつくるのがよいだろう．

階段ホール型（図5・8） 2階建てや3階建ての場合，通路面積にスペースを取られて設計がむずかしいものである．このタイプは家の中央に玄関ホールと階段部分をもってきて，通路部分を最小面積にして，各室へアプローチできるスタイルになっている．

3．集まりべやのタイプによる分類

洋風リビング型（図5・4，6，8，他） 洋風のリビング・ルームが集まりべやになっているタイプで，新しい住宅ではもっとも多いスタイルである．食事スペースやキッチンとのつながり方でいくつかのタイプに分かれる（第6章および第7章

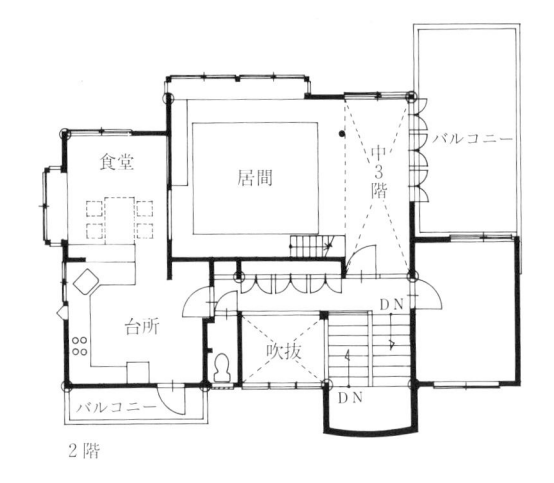

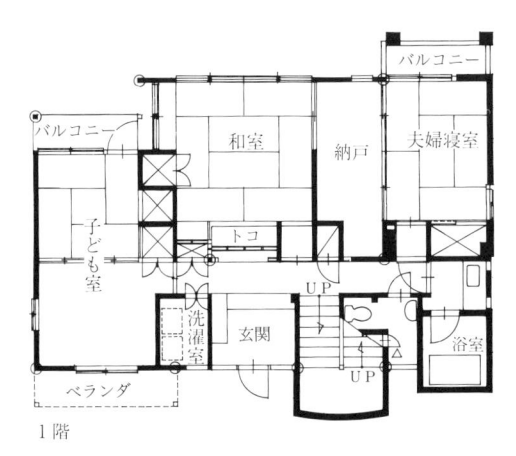

図5・8 2階リビングの家（1/200） 玄関が下階にあり，ゆるやかな階段で上階と結ぶ（設計：湯川利和・聰子）

参照）．完全な洋間として独立したへやになっている場合は少なくて，板ふすま1枚で和室と連結し，ワンルーム化して，ひろがりを出そうというプランニングが多い．和室と一体感のあるリビングにするためには壁や天井の仕上げに共通性をもたせたナチュラルな雰囲気のインテリアが向いている．洋間として完成されたインテリア・デザインを追求したければ，和室とつながらない方が成功するだろう．

茶の間型（図5・2） 2DK，3DKに代表される食寝分離型住宅のタイプは現在でも多い型である．しかしながら，DKプラス個室という方式ばかりでなくて，その一室が茶の間として，夕食

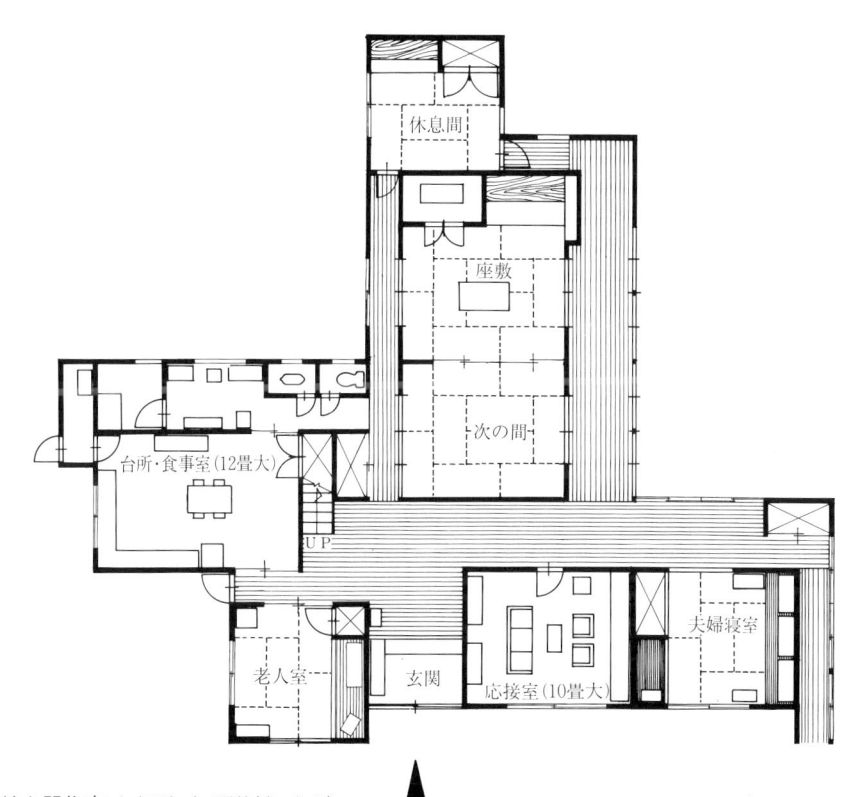

図5・9 福井地方の広大な続き間住宅(1/200)(玉置伸悟による)

およびだんらんの場となる使い方がよく見受けられる。また、茶の間での夕食・団らんを求める家庭の多くは、当初からダイニング・キッチンとの組み合わせで設計された住宅を求めることが多い。

　和室続き間型(図5・9)　伝統指向の強い地方都市や農村では、経済事情が許す限り、昔ながらの続き間和室のある住宅をつくりたいとする傾向がある[1]。これは、盆正月に故郷への帰省で家族が集まり、泊り込む場合にとくに威力を発揮する。ふすまをはずすと一室につながる座敷と次の間に広縁や立派な玄関が組み合わされているものである。自宅を建て替える時にもこういう型は衰えることなく登場しているし、大都市の建売住宅においても、一定の人気を保っている。1階に続き間を設け、座敷は客間となり、次の間は老人室や夫婦室として使われることが普通のようである。

　2階リビング型(図5・8)　都市の敷地が狭小化するとともに、1戸建ての設計方針が従来の郊外住宅とは異なってくるのも当然である。その典型的な例がこのタイプで、キッチン、食事スペース、リビングを2階にあげて、寝室を1階にするというものである。従来、庭とのつながりをたいせつにする日本の住宅にはなかったが、北欧の住宅にはこのようなタイプがみられる。庭続きの魅力はなくなるが、昼間の生活を過ごすへやが明るく、日当たりや見晴らしのいいところに配置できるという長所がある。ただし、敷地の高低差などがあって、玄関が居間と同じフロアに配置される場合以外は、色いろな不都合が生じることも予想される。敷地の条件と自分の家族の生活実体をよく検討してみて、採用できる案かどうかを考える必要がある。庭が見えなくなるリビングのために、ベランダを十分に取って補う必要がある。

引用文献
(1) 住田昌二他『現代住宅の地方性』(勁草書房, 昭58)

第6章
居間のインテリア

応接間だけが洋間だった家の中に，家族の団らんのための広い洋間が登場してきた．昔からある応接間ならわかりやすい．しかし，家族の集まりべやとしての，今風の洋間をつくるにはどうしたらいいのだろうか．形の上では似ているので，純然たるファミリールームとして，つくられている洋間を指して応接間とよぶ家も多い．だれもがあこがれるへやなのだが，居心地のよいへやをつくりだすのは，なかなかむずかしい．一定の型のある座敷や機能優先で定まってくるキッチンなどとは異なり，一番わかりにくいへやなのではないだろうか．和風のよさも視野に入れながら，よい居間をつくるための条件を考えてみよう．

機能・広さ・位置

1．居間の機能

居間というのは何をするへやなのだろうか．住まいの基本になる食べるところと寝るところ，それに快適な生活を支える設備があればほかに何がいるのだろうか．いうなれば，このへやは最低限度の住宅の機能がある程度満足された後に，求められるゆとりの空間なのである．最低限住宅から脱却したプラス・アルファの部分が居間であり，文化的な要素の大きいへやといえよう．となるとこのへやで何をするのかということ，どのようにしつらえるかということも画一的には語れない．各家庭の個性が出るところであり，千差万別の居間があってよい．

とりあえず，一般論としてどこの家庭の居間ででも行なわれる基本的な活動を，次のように想定して考えてみるのも無駄ではないだろう．すなわち，家族の会話・ＴＶの視聴・子どもの遊び・新聞を読む・読書・ラジオを聞く・ステレオをかける・ゲームを楽しむ・ピアノを弾く・おやつや酒類の飲食・喫煙・つくろい程度の針仕事・編物・簡単な手紙書き‥‥．

何かをするということについて，基本的な活動を列挙した．しかしもうひとつ忘れてはならないことは，何もしないでいるへや，としての機能である．およそ30年前，アメリカの R. W. Kennedy は *THE HOUSE* [1] という書物で，居間における活動のひとつとして DOING NOTHING ということをいっている．すなわち「多くの人にとって，特別に何もしないときに，優雅にきちんとしているのはなかなかむずかしいことである．そのための必要条件は会話の場合のそれに似ている．‥‥」何もしないときというと，われわれはすぐに'ごろ寝'というイメージで扱うのだが，別の形もあることを知らされる．

もうひとつ重要な居間の機能としては，来客の応接がある．来客をどこでもてなすかということは，日本人にとって家を考える時の重要なテーマ

図6・1 L字型にソファを配置した居間

である．とくに来客の多い家でないかぎり，客の応接（接客）は居間で兼用するのが通例である．家中で一番広い，一番いいへやをつくるのだから，来客もそこでもてなそうというのが当然の成り行きである．

しかし，来客の多い職業や，家族人数の多い家庭の場合には，応接室を別に確保した方がいい．わが家の特殊事情を無視してしまってはよくないし，ワンルームにするのが新しいのだとばかりもいえない．無理に広いスペースをとったものの，いつも来客に占領されていて，家族はいるところがない，という情けないことになりかねない．また，家庭によっては，気楽な仲間が集まってパーティをしたり，ダンスをしたり，ミニ・コンサートを開いたりということもあろう．このような場合には，いわゆる応接間という重々しいへやでなく，家族的な居間と兼用した広い空間が，その目的にピッタリするだろう．

2．十分な広さがあること

現代日本人は驚くほどたくさんの物を持っている．そして，洋風の居間に置かれる家具とそこに集まる人数を考えると，とても広いスペースがいりそうである．イスザ方式ではユカザ方式の茶の間とくらべて，2倍くらいのスペースがないと同じ値うちのへやにはならない．すなわち食事スペースが別にある場合でも，イスザなら8畳でもなお狭く感じるといってよい．6畳しかとれない場合は，家具で埋まってしまうから，客の応接専用のへやならともかく，家族の集まりべやとしては無理である．応接室専用の従来の洋間より，床面を広くあけて，多面的利用ができるように考えたいからである．広さが不十分なら，イス式をあきらめて，茶の間風に考え直した方がいい．

8畳の場合もできるだけイスを少なくして，配置を工夫する必要があろう．何もないガランとした新築の家をみて，広い洋間だと感じても，いざ引越してみると，それほどゆったりしていないということになるので，注意したい．

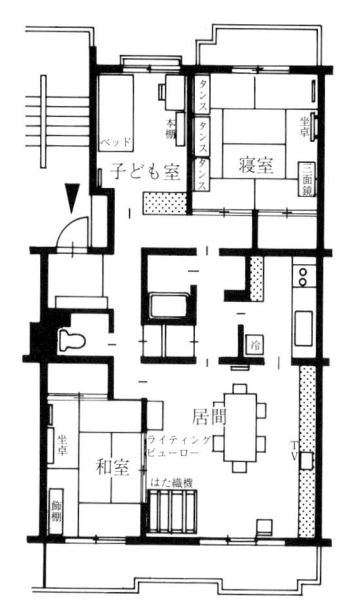

図6・2 和室と連続させて広く使うリビング (1/200)（初見学による）ソファは置かずに，大きな食卓を団らんの中心にする

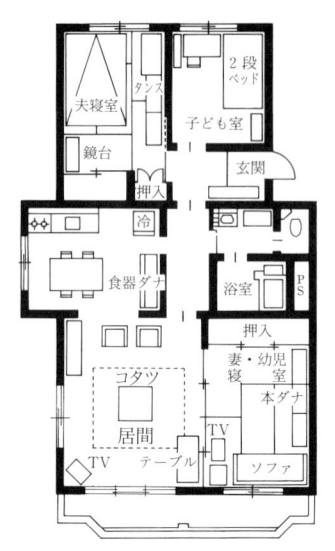

図6・3 洋間にこたつをおいた団らん空間 (1/200)
（江上徹による）

3．へやの位置と動線計画

一番中心になるへやだから，家の真ん中にもってきて，みんながスッと集まれるようにするのがいい，というのは早計である．今風の，廊下をなるべく省いて直接居間に入ろうとするプランでは，居間を真ん中にとると，四方あけっぱなしで，壁面の極端に少ない，落ち着きの悪いへやができあがる．上手に設計された居間は，意識的に出入り口の数をしぼっている．へやを通り抜ける動線が，団らんスペースを横切ることのないような袋状のへやにする．となると，家のどちらか一方の端に寄せてつくる方が，住み心地のよい居間になりやすい．

そのほかのプランニング上のポイントとして，玄関からほかのへやを通らず，直接入れること（応接間を兼ねる時はとくにたいせつ）や，食事スペースやキッチンと近いことが必要である．位置的には，家中で一番自然条件のよい南側を与えられるのが常識であり，できれば外の眺め，風通し，日当り，それに採光がよい位置にもっていきたい．狭い敷地の1戸建てでは，2階を居間にすることも真剣に考えてみたい（図5・8）．アパート生活に馴染んだ家庭なら，庭がなくてもベランダを広くして，鉢物で園芸を楽しむことを知っている．日本的に庭に続いた居間というのは魅力だが，それよりも，2階でしか得られない明るさや見晴らしをたいせつにしたい場合もあろう．この場合，キッチンやダイニング，玄関をも2階にもっていくのかどうか，よく考える必要がある．

居間のインテリア

1．室内構成

広いへやであり，住みごこちよくということを考えると，へやの2面に窓をとり，通風，採光をよくしたい．そのうち1面はバルコニーか庭に面して大きな開口部となることが望ましい．天井高はマンションなどでは低めにきめられているが，へやの広さにふさわしい高さがほしい．吹き抜けをつくったり天窓をとったりすると，いっそう魅力的な明るいへやができる．もちろん天井高が高くなると暖冷房の費用は高くつく．吹き抜けをつくって天井高が1.5倍になると，室内の空気を温める方式では，暖房費も1.5倍の覚悟が必要である．

図6・4 L字型配置の隅部分に照明を強調して温かな雰囲気をつくる
(デリク・フィリップス設計,自邸)

> **冷房温度**
> 冷房温度は暑い気候にからだに無理のない範囲に設定する必要がある.外気温との差を5〜7℃以内におさえ,26〜28℃を目安にするとよい.

こうしたケースでは,床そのものを温めて,輻射熱を出す床暖房と組み合わせるのが合理的である.すぐに床暖房といっても実現不可能だという場合,個別暖房器具を使うことになるが,このような広いへや,天井の高いへやでは,大きな暖房器1個というのでなく,室内の要所要所に分散して数個の器具を使うと失敗がない.

居間には,押入のようなつくりつけの大きな物入れはいらない.それよりもまとまった壁面をとって,大きな家具(ピアノ,ソファ,リビング戸棚,ステレオセットなど)を置いたり,絵を飾る場所にしたい.仰ぎょうしい暖炉や,床の間のようなものはよほど広いへやでないとマッチしないかもしれないが,装飾品を置いたり,絵をかけたりする空間を,意識的につくりだすようにする.TVは現代の家庭の団らんの核ともいえる.あらかじめTVを見やすい位置に設定して,団らんスペースをまとめる.

2. イスの配置

対談型とL字型 団らんのためのイスが何脚か必要になるが,配置のしかたには,3通りくらい考えられる.ひとつはへやのあちこちにパラパラと散らすというやり方である.これはへやが広い場合は可能だが,日本的狭さの中では散らかった感じになってしまって,雰囲気がよいとはいえないだろう.

次に,家具屋さんでセットをまとめて売っている時のように,きちんと数脚を向かい合わせに置く方式が考えられる.この対談型配置は昔の応接室では常識となっていたし,何か用件をオフィシャルに話しあう場合なら,ぴったりの配置である.対談型というよりは商談型といった方がふさわしいくらいである.しかし,親しい家族がなんとなくたむろする居間の場合,真正面から顔を見合わせて対談するのでなく,ひとへやに集いながら,各自別べつのことをしたり,TVをみたりという過ごしかたになる.対談型配置ではそぐわないし,家具ばかりが目立って場所をとりすぎる.

居間の団らんのためには,へやの隅を利用して壁2面にイスの背を沿わせたL字型配置がよい.小さなサイドテーブルをイスに連続させていくつか配置するだけにすれば,真ん中のテーブルなしですませられる.こうすると中央部に広い床面が

図6・5　いろいろなイスを取り合わせてインテリアを楽しむ居間

あいて，同じスペースでもずいぶん広く感じられる．

新感覚のリビング・チェアとして，1人分ずつのピースに分かれたソファが出ている．セットでなくて必要な分だけ買えるので便利だし，配置を変えて並べることができるので，狭いへやを工夫して住むには向いている．ただし，ヤング向けのこの種のイスは，目方の軽い物が多く，長イス風につないだつもりでも，いつのまにか動いてバラバラになってしまう，といった不都合がある．寝そべることが目的ならソファか寝イス，カウチといったものが必要であろう．

欧米人の住まいを訪ねると，その質素な服装からは想像もつかないほど，立派なイスを持っているのに驚かされる．日本人は服装のぜいたくさでは世界一だが，イスではまだまだ遅れている，といわざるを得ない．

住宅の中で一番ぜいたくをしたいところが，居間の床とイスではないだろうか．一度にすっかりそろえようとしないで年次計画をたててゆっくり買いととのえるとよい．セットで家具を買わず，全体のインテリアを頭に置きながら，調和のよい家具を買い足していく．これが長くイスの生活を続けてきた西洋人のやり方である．ブラウス，スカート，セーターそれにバッグと別べつに買って組み合わせるのに慣れた若い女性には，けっしてむずかしいことではないだろう．女主人の趣味のみせどころとなるのが居間のインテリアである．

3．床材料

先にもあげた *THE HOUSE* という本の続きには，何もしないでいる時のへやのしつらいとして次のような文章が続いている．「‥‥室内環境の美しさ，外の眺め，快適なイスにエンドテーブルと室内アクセサリー，暖炉の火，陰影のある暗い照明，花，絵などがそれぞれたいせつな手助けをしてくれるし，とりわけ，美しい床材が重要である．後者について，つまり，いい床が快適さを増してくれるのは，戸外や上方をみるより，下に目をやることが多いからである．壁や天井そしてお

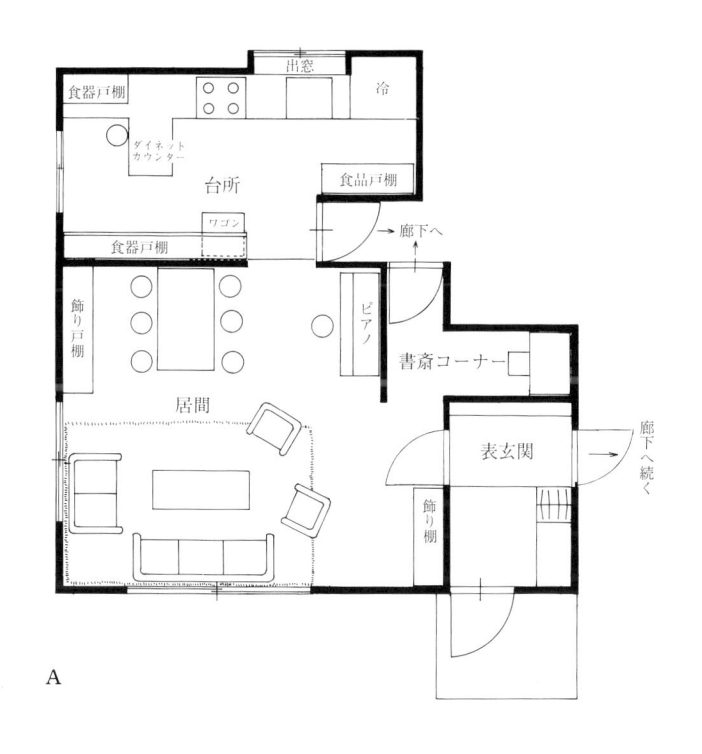

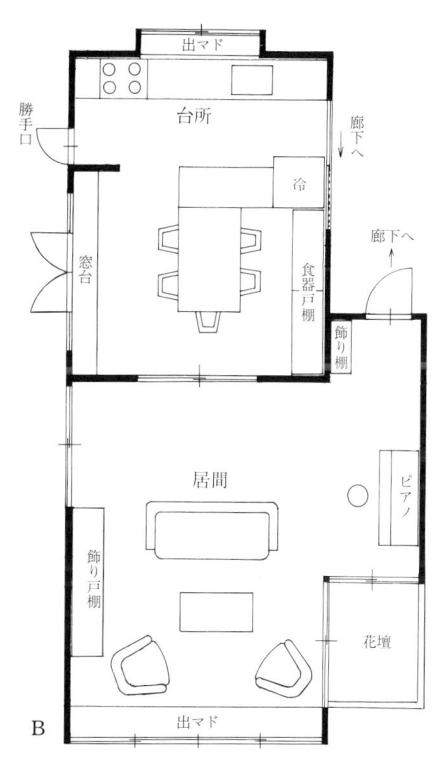

図6・6 居間の平面構成（1/100） 同じスペースでの限られた中でも，いくとおりかのバリエーションが考えられる

そらくは外の眺めよりもずっと効果的に，床の色，感触，仕上材料は雰囲気をつくりだしてくれるだろう」．床に直接座らないアメリカ人であるのに，床がへやの雰囲気づくりのために，とてもたいせつだと考えているところがおもしろい．

われわれ日本人は，さらに，床は座り込んだり，寝そべったりして，ゆったり自由にくつろぐスペースである，ということを知っている．イスをL字に配置して，真ん中を広くあけたいのも床面のこうした使い方を意識してのことである．この床の材料の選択は，クツばき・イスザの欧米人よりも，ずっと真剣に考えるべき問題だといえよう．

もっとも普通に使われるのは，カーペット敷である．しかし，リビングの床材を何にするかは家族構成や使い方も含めて，もっとよく考えなくてはならない．厚みのあるカーペット敷はインテリアに色彩豊かな表情をつけてくれるし，吸音性，保温力，軟らかな感触，滑らないことなど，団らんの場として最高の材質である．カーペットの敷き方として，敷詰め方式（wall to wall）はへやを広く見せてスマートで，そのうえ下地に直貼りするので安上がりでもある．

しかし，湿気の多い梅雨期や夏季にはとても感触が悪い．クーラーを多用することによって，いくらかカバーできるにしても，季節感がなくなってしまうことは否定できない．また，通路部分だけがひどく汚れたり，擦れて傷んだりということで長持ちしない．板貼りの上に必要な個所だけ部分敷にして，夏場は取り外して板敷のままとしたり，籐網代敷などで季節感をだしたりする方式が安心である．しかし，これも端がめくれたり，つまずいたりする欠点がある．いずれにせよ居間のカーペットは寝室などと異なり，費用がかかっても，すりきれや汚れに強くみた目にも美しい良質のウール・カーペットを使うのが理想的である．

洋室に和室を連続させた和洋折衷方式の居間をよくみかける．居間の床材料としての畳を考えてみよう．夏場の素足に触れるさわやかな感触，水拭きで汚れがとれること，掃除機のかけやすさ（カーペットは掃除機をかける以外にどうにもならな

図6・7 シャギー・カーペットを部分敷にした居間（M. ハウイット設計，自邸）

いが，掃除機のかけにくさにもこれまたイライラさせられる），カーペットに比較しても優れた保温力，防音性，傷んだ場合の部分取替えの簡単さなどとあげていくと私たちの住生活から簡単に消えてほしくない，素晴らしい床材である．せっかく畳敷になっているへやに，大安売りの化繊のカーペットなどを敷き込んで，わざわざ住み心地を悪くする必要はない．合理的に考えればそうなのだが，私たちのそれぞれの家をみると，畳にカーペット方式は案外多いことに気がつく．何とか洋風のインテリアらしくしたいという気持ちが，この奇妙な選択を導きだしているのだろう．

畳はあの濃い色の縁が特色であり，それによって日本的なきっかりとした端正さがつくられる．そのため，どうにも洋家具とはそぐわない雰囲気になってしまう．最近，新しい感覚で使われる縁なし畳をみかけるようになった．昔，あまり上等でない田舎家の畳として使われていたもので，現代の品物も畳としては，けっして上等ではないようだが，普通の縁つき畳よりずっと洋間向きであ

る．さらに一歩進めて畳表の色も，ウール・カーペットにみられるようなアース・カラーが何色かそろうと，もっと使いやすいように思われる．

完全に和室として整った茶の間を好む場合もあるだろう．和洋連続型の居間は，インテリアの感じをナチュラルな色調で，穏やかな和風にまとめると成功する．障子やふすまが似合うし，無地に近いアースカラーのクロスやカーテン，北欧調のモダン・デザインの家具などは，上品にマッチする．しかしながら，デコラティブなクラシック・スタイルを好むなら，和室とは縁を切った設計でないとおかしなものになる．

4．団らんとユカザ

居間を語る最後に，ユカザということを問題にしたい．よく女子学生のコンパの場合，洋間がいいか，和室の店を選ぶかの相談になると，きまって和室がいい，親しみがわくし，くつろげるという意見が優勢となる．畳のへやなら正座をしなくては，と考える昔風の年配者は，あぐらをかく男

図6・8 ユカにくつろぐ新しい洋風ユカザ

性ならともかく，妙齢のお嬢さんが和室とはと不思議がられるかもしれない．しかし，仲間うちの場合，裾の広いスカートが投げ出した足を優雅にカバーしてくれるのだから，どうやってしびれを防ぐかという悩みなどは縁がない．家族でくつろぐ居間の場合もまったく同じで，女性だからユカザは困るということはない．現代の若者は一昔前の世代より，行儀作法をしつけられていないだけに，素直にユカザの魅力を取り入れている．

洋風感覚のインテリアや，今人気のアラブ風エスニック・ムードでクッションを座ぶとん代わりに使うことが流行している．ユカに腰をおろしたり，寝そべったりと自由な姿勢がとれるし，イスを揃えなくても雰囲気が出せる．また，冬季はコタツを中心にするのも，家庭的でいい．ユカザな

ら和室というのでなく，完全に洋間でありながら，イスだけに頼らず，ユカザを自由に取り入れるスタイルがふえている．

コタツは，スペースがたくさんとられ，へやいっぱいにふとんがあるような，散らかった感じになりやすいので嫌う人もある．もちろん，デザイン的にも和風に統一された，茶の間を好む人も多いだろう．冬のコタツがかさばること，ＴＶが大型化していること，夕食がここでとられる場合が多いこと，などを考えると，一般には，6畳より8畳の広さがほしいものである．

引用文献

(1) KENNEDY, *THE HOUSE*, Reinhold Publishing Co.,1953

第7章

L／D／K のつながり

　　　　現代のわが国の住宅は，地域の特性よりは，むしろ，その時どきの流行に大きく支配されている．建設年代によるワンパターン化の傾向さえみられ，近年は，キッチン・団らん・食事の3スペースをすべて独立させる型よりも，いずれかの組み合わせで結合させる手法が多くなっている．それぞれの組み合わせの得失を理解したうえで，その家族の要求にもっともピッタリしたタイプを選択できるようになりたい．この章ではいろいろな組み合わせパターンの特質を考察して，住宅型選択のための知識を提供することにしたい．

　L（団らんのスペース），D（食事のスペース）とK（キッチン）の3つは密接なつながりのある個所である．これらのスペースをどのようにつなぐか，あるいは分離するかについては次のようないくつかのパターンがある．
　　L／D／K　各室独立型　キッチンと食事室が別室となり，団らんのへやも独立しているもの．
　　L／DK　ダイニング・キッチン型　キッチンと食事スペースが一室にあり，団らんスペースは別室にあるもの．
　　LDK　リビング・キッチン型　キッチンと食事スペースと団らんスペースがひとつづきのワンルームになっているもの．
　　LD／K　リビング・ダイニング型　キッチンが独立し，食事スペースと団らんスペースが一室になっているもの．

ダイニング・キッチン型

　キッチンと食事スペースが一室となっているもののことであるが，その実情は，キッチンの中で食事をするといった方が正確である．現在，標準的日本人の家庭ではこの型がもっともポピュラーなスタイルといってよい．団らんスペースは別室にある場合と，食事スペースが団らんスペースも兼ねているケースがある．室名のうえではダイニング・キッチンといっていても，実質的には極小リビング・キッチンである場合がある．この型の利点と欠点をまとめてみよう．

1．利　点
① 面積が少なくてすむ．
　省スペース，省エネルギー効果があるため，経済的である．
② サービス動線が短い．
　このため，食事の支度や後片づけに要する時間とエネルギーが節約できるうえに，できたての料理を食膳に供することができる．
③ 家族の平等感がでる．
　サービスする側とされる側という差別がなくな

り，子どもや男性が気軽に家事に参加できて，格式ばらない庶民的な家庭の雰囲気をつくりだす．武士的伝統の家庭では「男子厨房に入らず」という言葉があったが，ダイニング・キッチンでは厨房に入らなければ食事ができない空間構成なので，封建的な家風を変えざるをえない効果を生みだす．
④ 主婦の団らん参加．

　料理や食事の後片づけが，台所にひきこもって行なう家事という性格から，家族とおしゃべりしたり，テレビをみたりしながら（正確には音を聞きながら）行なう，ながら料理，ながら片づけの性格をもつようになる．多忙な共働き家庭の場合なら，短い時間に家族間のコミュニケーションを望むだろうし，このことはダイニング・キッチン型の大きな利点となろう．
⑤ キッチンの美化効果

　台所設備のデザイン性が考慮され，手入れも行届くようになる．つまり台所まわりがきれいになる．常時，家族の目に触れる所にあるため，キッチン設備にも費用をかけることになるし，掃除や後片づけにも手をかけるようになる．戦前の薄暗い，湿った台所を知っている世代の主婦にとっては，このことは住宅革命といってもよいほどの大きな変革である．

　ダイニング・キッチンは戦後の台所改善の重点目標であった．しかし今では思いもよらぬ高額の出費を強いられること，手入れに時間をとられて機能性よりもデザイン性が重視されることがあることから，欠点として意識されることもある．システム・キッチン出現後はとくにその傾向が強い．

2．欠　点

　次にこの型の欠点をみてみよう．
① 食事スペースからキッチンが丸見えになる．

　とくに料理の後片づけが終わらない状態で食卓につく場合，その自然な席順からいってサービスする側からは散らかりがみえず，される側からは乱雑なキッチンを眺めながら食事をする，というスタイルになりやすい．主婦の立場からは絶大な支持のあるダイニング・キッチンも，食事の雰囲

図7・1　どこにでもあるＤＫ風景
調理台の狭さを食卓が補っている

気を落ち着いたものにしたいと期待する夫側の席から，快適とはいえない光景が見えるため，不満が出るということもあろう．
② 臭いや煙がこもりやすい．

　最近のキッチンでは，料理の過程で発生する臭いや煙は，換気ファンを使って室外に排出されることになっている．しかし，ファンの位置やその能力，あるいはフードの有無などによっては，十分な排気機能が発揮されているとはいえないケースも多い．極端な場合，隙間風を嫌う老人家庭などでは，まったく換気ファンが使われていないことさえある．こうなると，昔の隙間だらけの家と異なり，密閉度の高い現代住宅では，食物の臭いは残るし，湿度が上がってカビが発生したり，壁が汚れるという不愉快な家になってしまう．
③ 騒音の発生．

　台所は家中でもっとも騒音の多い場所である．水の音，ファンの音，湯沸し器の音，冷蔵庫の音などのほか，料理自身もさまざまな音を発する．

図7・2 マンションのDK（6畳）よほど持物を少なく暮らす必要がある（撮影・木寺安彦）

これにテレビの音が加わると，騒然とした雰囲気ができあがる．狭い室内でこれらの騒音を防ぐことは無理である．ある程度の広さがあればいくらかましであるが，基本的には，1室になっている状態で，静寂を望むことは無理であろう．

以上のような得失を考えると，DKタイプがどんな家族に適しているかということは，自ずから明らかになってくる．小人数の家族，共働き家族，幼児のいる若い家族などに適しており，古い生活習慣を変えたくない老人家族や，畳のうえで晩酌をやらないとくつろがない向きには不適当であろう．また，洋風生活を指向する家族でも，食事の雰囲気をたいせつに考えたいという場合には，やはり嫌われるスタイルである．ダイニング・キッチンの利点を残しながらも，あまりキッチン部分が丸見えにならないようにするには，いくつかの工夫が考えられる．しかしその場合，面積節約の点や，動線節約の利点がある程度犠牲になることはやむをえない．

3．キッチン部分をかくす工夫の代表例
① カーテン，アコーディオン・カーテン

小さなダイニング・キッチンで，あまり面積をとらずに食事時や来客時など，どうしても隠したい時だけキッチン部分を隠すという目的には，カーテンやアコーディオン・カーテンの利用が向いている．また，キッチン利用の頻度の低い単身者向けワンルームの場合などには，キッチン全体が押入の中に納ったような扉つきキチネットもある．

② ハッチつき食器戸棚を使う

キッチン部分と食事スペースの間に食器戸棚をはさんで，目隠しの役目をさせる場合である．この場合，食卓が配膳スペースの役割を果たすというダイニング・キッチンの簡便さは失われる．十分な配膳スペースをとり，サービス動線がスムーズになるように大きなハッチを設けて食卓を連続させるとよい．

③ キッチン部分をアルコーブにする

キッチン・セットの真ん前に食卓を置くのでなく（つまり正方形に近いへやの一面をキッチンとして中央に食卓を据えるのでなく），キッチン・セ

図7・3 対面式オープン・キッチン　前のカウンターが狭すぎると使いにくい

ットの位置が食卓から直接見えないように入り込み（アルコーブ）にする方法である．

④　オープン・キッチン（対面型）

　最新型システム・キッチンでオープン・キッチンというのが，宣伝されている．これはキッチン部分で作業する人の顔が，食卓の方を向くように作業台を配置したものである．流しの立ち上り部分の高さを工夫することによって，食卓側からは流し元やレンジ面はみえないが，作業する人と食卓にいる人の視線が合うし，サービス動線も短くできる点が好まれる．従来のダイニング・キッチンでは作業中は家族に背中を向けていることになるが，このスタイルなら家族の様子をみながら料理ができる．これは幼児の世話が必要な年代にはとくに喜ばれよう．また，キッチン部分に幼児が入り込まないようにすることも可能なので，安全面からも好都合である．

　ただ，ダイニング・スペースがカウンター風に1列にキッチンに向かった形は，朝食用かおやつ用と考えて，メイン・テーブルは別に用意すべきであろう．配膳カウンターが狭い場合はウエイター役が必要となり，サービス係がひとりだけなら，少々使いにくい．母と子，夫と妻がカウンターの両側にいて，食事の前後のコミュニケーションを楽しみながら共同作業をするという雰囲気に合う．こうした雰囲気には，作業台の上がオープンな感じの方がよいから，ここの上にあまり重い戸棚を取ることは避けたい．

図7・4 吊り戸棚でキッチンと境をつける　キッチン部分は見えかくれするが，見切りをつける効果がある

　ダイニング・キッチン型ではキッチンがみえることをいとわなければ，かなり省スペース的に設計できるが，3〜4人の家族向けには6畳では狭すぎる．冷蔵庫や食器戸棚のスペースを考えると，8畳が最低限度のダイニング・キッチンといえよう．

リビング・キッチン型

　わが国の住宅ではダイニング・キッチンほど多くはないが，キッチンと食事スペース，団らんスペースまでひとつながりの空間に配置した，リビング・キッチン型がある（図7・6）．これは比較的若い家族向けの洋風住宅や，スペースの狭いマンションなどに多くみられ，面積の割に広びろとした空間が得られるという魅力で，一定の人気のある型である．中にはプライバシーを保つうえでぎりぎりの部分（バス・ルームなど）だけを仕切ったワンルーム・スタイルもみられる．モダンでアットホームな雰囲気となり，少々の散らかりを気にしないなら，子どもの小さい間は満足感のある住まいとなる．しかし，子どもの成長とともに，家族各自の要求がばらばらになるため，このスタイルでは混乱が起こる．家族間の食事時間のずれ，見たいテレビ番組の違い，他の家族メンバーには関係のない来客や，3世代同居の場合など騒々しいだけのへやと化すおそれがある．それぞれの家庭において，どんな具合の悪いことが起こり得るかよく検討する必要があろう．

　いずれの場合にも，床仕上げの材料をどうするかはたいせつな問題である．キッチン部分，ダイニング部分は汚れやすいので，板貼りかクッション・フロアが適当である．リビング部分のカーペット敷が境界としてちょうどよい所で切り換えられなくてはならない．みた目の豪華さをたいせつにする分譲マンションなどの場合，時には，この辺の配慮のまったく欠けた欠陥住宅がある．

リビング・ダイニング型

　既製品住宅といえるプレハブ住宅やマンションで，洋風の広びろとしたリビング・ダイニングの

図7・5　こんなきれいなリビングで焼肉はちょっと……

間取りが流行している（図9・3）．これは戦後のダイニング・キッチンのもつ欠点——散らかったキッチンが丸みえになる点——を嫌い，独立台所がほしいという要求と，広い洋風空間に対するあこがれを，同時に満足させてくれるものである．キッチンが別室なので，よりフォーマルに装飾を凝らすことも可能だし，友人同士のダンス・パーティやミニ・コンサートだってできそうである．しかしながら，このような間取りには日常生活を営むうえで問題点はないのだろうか．非常に魅力のあるスタイルだけに，このマイナス面を知っておくこともたいせつである．

1．リビング・ダイニング型の問題点

① キッチンが独立することの不便さ

ダイニング・キッチンの風景や臭いがいやで，台所を独立させたいという要求はふえているだろうし，台所独立の目的を満足させようとしたら，リビング・ダイニング型になってしまったというケースもあろう．ダイニング・キッチンから転換する場合にはとくに，配膳スペースや調理台スペースの必要量を考えておくことがたいせつである．従来は食卓を兼用していたものだけに，忘れられやすいからである．また，キッチン部分と食卓の間は，どうしても遠くなる．一度に運べるワゴンを使ったり，家族で協力したりして，連絡の悪さを補わなくてはならないだろう．

② 狭い

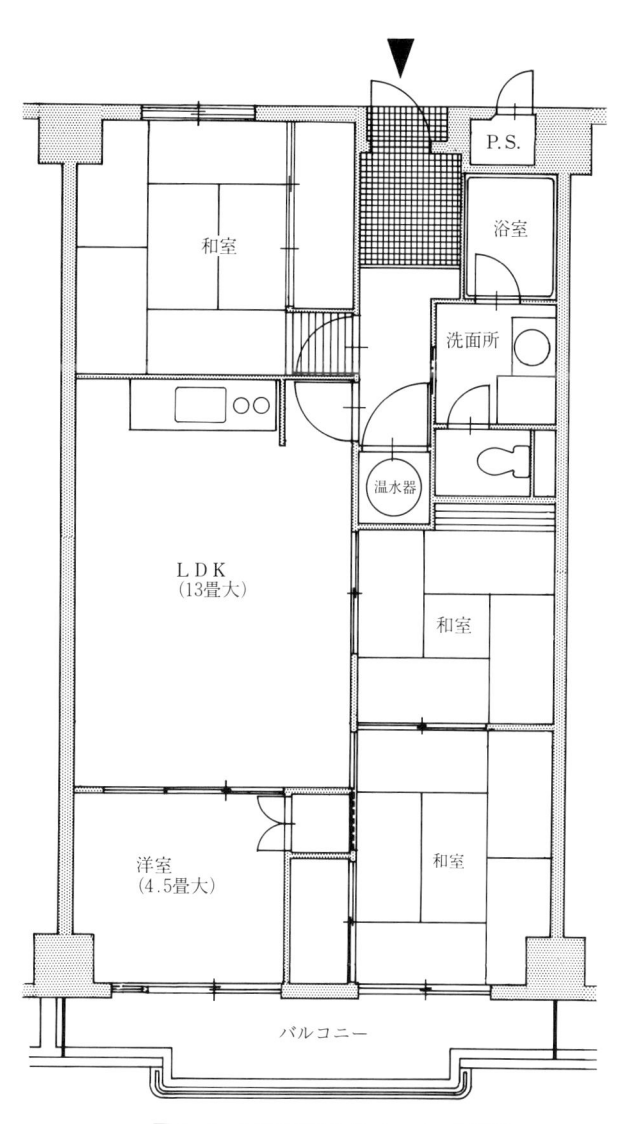

図7・6　LDK型のマンション（1/100）

家の中というものは，マンションや建売住宅のモデルルームではとても広びろとみえるのに，いざ，自分の家として住んでみると，意外に狭いものである．従来の畳の日本間の感覚に慣れた目には広いと感じるへやも，いったん家具が入るとスペースを食われ，すっかり狭くなってしまうということもある．しかし，よく考えてみると，モデルルームにはほんの少しばかりの家具が飾ってあったのに過ぎないから錯覚を起こしていたのだが，実際はそんなに広くはないのだ，というケースが

図7・7（左） LDスタイルの時，キッチン内に小食卓があると便利
図7・8（右） ダイニングの一部にある休息コーナー

多い．必要と思われる家具をすっかり置いてみた状態を想定して，スペースを考える必要がある．

③　来客と食事の衝突

食事時に来客が突然やってくるということは，現代の都会生活では少なくなっている．しかし，現代では，昔の日本のような規則正しい家族揃った生活が営まれているわけではない．小学生といえども，家族員は各自別べつの予定に従って行動し，食事時間やおやつの時間がばらばらであることは，普通にみられる．となると，来客中でも食事の必要のある家族員が困る，というケースも起こるし，子どものおやつにあわせることもあろう．欧米のリビング・ダイニングの例では，キッチンに食事コーナーをとったうえで，正餐用テーブルとしてのダイニング・スペースがリビングに設けられている．つまりこの型は，接客本位の間取りとして出現したものであることを頭においてほしい．

④　焼肉・すきやき・鍋物の時の排気の問題

日本の家庭料理はたいへん変化に富んでいて，欧米人の感覚ではピクニック料理のような焼肉などまでが，日常の重要なレパートリーになっている家庭が多い．料理は面倒だが食欲は旺盛だという若い家庭では，とくにこうした鍋物の出番が多くなる．美しい家具や装飾品，高価なステレオ・セット，ピアノ，あるいはふかふかのカーペットのあるへやで，煙や臭いのこもりやすいこの種の料理を楽しむことはむずかしい．

⑤　テレビ，ステレオ，ピアノの同時使用不可

音の出るものが2室に分散していれば問題ないが，1室にまとまるために同時使用ができなくなる．家族人数がふえるほど，この問題のトラブルが多くなるのは当然である．こうしたことはダイニング・キッチンと居間，ダイニング・キッチンと応接間，あるいはキッチンと茶の間プラス応接間という古いパターンの場合には，うまく解決できていた問題なのである．

⑥　暖冷房の非効率性

広いへや，広さにふさわしい天井高となると当然ながら暖房も冷房も効きにくい．広いへやは涼しいから，冷房の非効率性は我慢できるだろうが，暖房については十分な対策を考えたうえでのぞまないと「やっぱりコタツが一番ね」という，当初のイメージとはほど遠いスタイルに変身してしまう．

現実的に見ていくと，リビング・ダイニング型には色いろな問題点があることがわかる．しかし，なお，この広びろとした洋風居間の気持よさに捨てがたい魅力を感じるとすれば，どういう解決が

図7・9 茶の間のこたつライフ

可能だろうか．家族人数が2人以上で，家族がそれぞれの要求をもっている場合に，このタイプを使いこなすには，それなりの工夫が必要である．欧米人の住宅や，海外駐在経験のある商社マンの住宅では，このタイプが珍しくないが，キッチンの中に小食卓のある例が多い（図7・7）．キッチン自身も数人の人が立ち働いて，多人数のパーティ準備をこなせるだけの広さを，もっている方が都合がよい．新しい装いをこらした接客がまえであると考えて，この型を見直してみると納得できるのである．

へやの形として正方形に近いものは使いにくく，長方形で団らんスペースと，食事スペースが分けられる広さが必要である．10畳以下のスペースにならざるを得ない場合は，食卓が団らんを兼ねるように，低めでイスの座面のゆったりしたものを選ぶか，むしろ茶の間型がよい．

リビングのテーブル付近に換気装置を仕組むことも，必要な配慮であろう．しかし，デザイン上の問題もあり，焼肉屋並みの大げさな設備をつけるわけにもいかない．

茶の間型

リビング・ダイニング型の日本版が茶の間である．茶の間という場合，家族の食事と団らんがそこで行なわれ，親しい客を通すこともある和室が，キッチンとは別にあるスタイルを意味する（図7・9）．畳の上のユカザの特質として，同じ空間に食事とくつろぎが重ねられ，家具もほとんどいらないので，省スペース的でもある．冬のコタツを囲む団らんなどはとくにくつろいだ家庭的な気分が出る．古い間取りではキッチンとのつながりが悪くて嫌われたこともあるが，この連絡をよく設計すると同時に，朝食テーブルをキッチン内に設置することが望ましい．3〜4人の家族なら6畳でもよいが，冬期，コタツを予定するならば8畳ある方がゆったりする．しかし，それ以上広い和室は寒ざむと形式ばって，茶の間の親しみからは遠い感じになろう．

第8章
キッチン

　今，全国どこの家庭をのぞいてみても，キッチンの情景はたいへんよく似ているに違いない．ステンレスの流し台，自由に火加減のできるガスコンロ，自動炊飯器と電気冷蔵庫が必ずある．狭い．たいていはDKスタイルで……というとそれ以外にどんなキッチンがあるの？といわれそうである．しかし，これは昭和30年代の台所革命を経て初めて出現した，ごく新しいキッチン風景なのである．ねずみやなめくじの天下で，ゴキブリは生存不能，寒くて，薄暗く，だだっ広い，家中でもっとも条件の悪い一画．水道さえない家が多く，かまどの煙に目を真赤にしながらご飯をたいていた台所．そんな古代的な生活が，まだ人びとの記憶の中には生きているのである．50歳より上の人たちには……．

　キッチンは家中でもっとも機能性が問題になる部分である．狭いスペースに働きやすい作業空間が設営され，十分な収納スペースが確保されなければならない．この設計の良し悪しは，毎日の家事の円滑な運営に大きな影響をおよぼす．個々の家庭の特殊な条件はあるにしても，現代の標準家族向けキッチンとしては，どんな点に注意すればよいのかを述べよう．

作業台スペースと高さ

1．標準的な作業台スペース

　どんなキッチンにも流しとコンロが備えられているが，調理台スペースの広さと配置が十分に考えられていないことがよくあり，そのために使いにくいキッチンとなっていることが多い．

　図8・1に示すのは，標準的な世帯用キッチンの作業台配列と寸法である．この一連の作業スペースの配列は，左から始まっても，右から始まってもさしつかえないが，水がこぼれたり，熱い鍋をすばやく置き換えたりする必要があるから，作業の流れがと切れないようにひとつづきの面にすることが望ましい．

　コンロ台の両側に同じ高さの作業台があることは安全面からもたいせつである．熱い油や，お湯などのいっぱい入った重い鍋を，急いで火からおろしたい時にも安心である．そのような場合を考えれば，コンロ台の両側の表面材料は，熱に強いステンレスかタイル貼りでなくてはならない．

2．不都合な配置例

　古い狭い台所で，流し台とコンロの間に調理台がない設計がよくある（図8・2）．これは昔の魚や野菜中心の和風調理で，流しの中に大ぶりの洗い桶を置いた上にまないたをかけわたし，ほとんどの作業を水で洗い流しながら行なった時代のなごりである．肉料理や整理ずみの魚料理，あるいは，半調理ずみの既成食品を使う現代家庭のキッチンでは，中央の調理台がもっともよく活動するワーキング・スペースとなる．今のキッチンとし

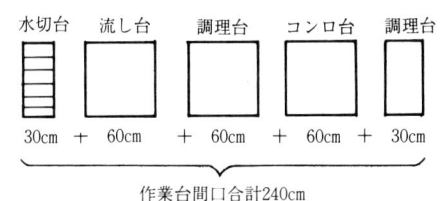

図 8・1 作業台配列と間口寸法の標準

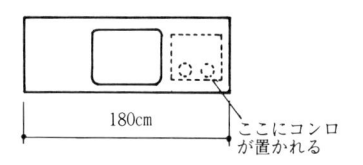

図 8・2 使いにくいセンター流し型　集合住宅規格として開発され（左右の区別がなく大量建設時の合理化には好都合），公団・公営住宅，社宅などによく使われた．流しとコンロの間に調理スペースがなく，非常に使いにくい一方で，コンロのない側の調理台が余って無駄である．また，コンロ台が高くなりすぎて使いにくい

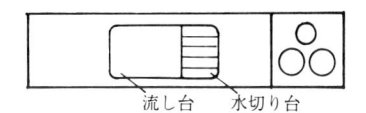

図 8・3 水切り台の配列の悪い例

ては，その中間の調理台ぬきの設計はたいへん不都合であるといえよう．

水切台が流しとコンロにはさまれている配置も都合が悪い（図 8・3）．一般家庭のキッチンは，調理作業・食事・食器洗いという作業が順序よく進行するのではなく，調理と食器洗いが並行して進められるのが普通である．また，常時，水切りかごを出しっぱなしの家庭も多い．流しとコンロの間は食品材料が調理作業中に，行ったり来たりする．水切台の位置が悪いと，じゃまになったり，洗い上げた食器の上を食品が通過して，食器を汚したりするという不愉快なことになる．これは水切台を，作業スペースの一番端に置くことで解決する．

以上のような調理作業の流れに従うと，コンロの次に配膳台をとるのがオーソドックスな手法である．しかし，インスタント食品や火なし料理が中心で後片づけを主に考えたいという場合なら，流しを食卓に近く配置するという方式もある．最近流行のオープン・キッチンはこういう配置をとっていることが多い．パーティ・シンクという小さな流しをもうひとつ食卓付近につけている場合もある．

3．作業面の高さ

戦後の台所改善のひとつのポイントは，作業面を高くすることにあった．というのも，戦前には一部の都会の住宅を除いて，台所の床に直接置かれた流しや，屋外の井戸端にしゃがみ込む洗い場が一般的だったからである．当時，農家の台所改善のために提唱された立流しの高さも2尺5寸（75cm）と現在より5〜10cm低い基準であった．これは，戦後すぐの農村婦人の背丈が低かったということだけでなく，使われた鉄製の鍋釜が大きく重かったということとも関係がある．

しかし，現在の洗面台に匹敵するこの高さは，都市住宅のためには低すぎると考えられ，'流しの高さは80cm'という基準が一般化していった．そして，さらに機能的な設計をするために，主婦の身長にピッタリ適合した最適作業面高を，エネルギー消費量の測定により人間工学的に求める方向へと進み，いくとおりかの算出法が提案された（表 8・1）．

同様の考えかたで，アメリカで推奨される規準寸法は90〜95cmくらいであるが，これは平均身長163cmの女性が靴履きで作業する場合であり，上記算出結果より高めの数値である．現在わが国ではJIS規格で，調理台としては，80cmと85cmの2通りの高さが設定されている．ほとんどのキッチ

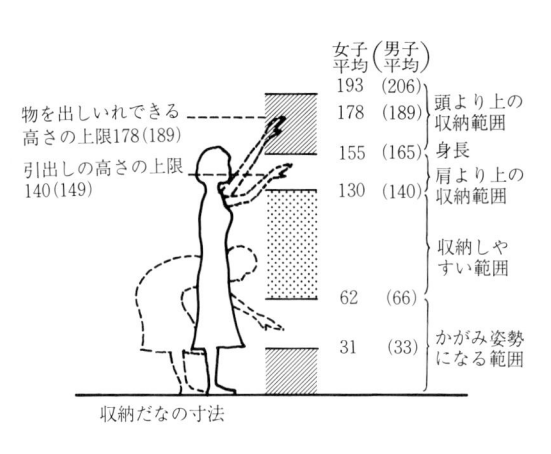

図 8・4　調理台と戸棚の寸法　(㈳日本建築学会による)

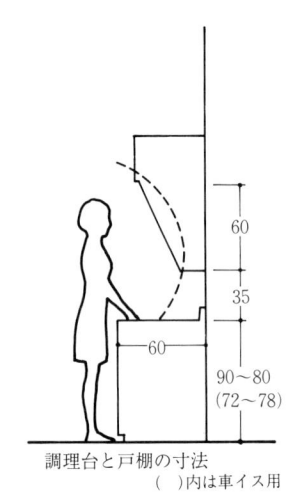

図 8・5　収納棚の高さ
(㈳日本建築学会による)
( )内は車イス用

ンが既成家具で構成されるわが国の場合，主婦の身長によって，このどちらかを採用すればこと足りるであろう．170cm以上の背の高い人向きにはこれに足をはかせることになる．システム・キッチンの場合，注文に応じた高さが作れるといわれているのだが，実際には，足台を高くするだけという調整法が一般的である．

　作業面の高さについては，主婦の疲労という一面だけで考えるべきではない．家族全員が家事に携わるという場合なら，主婦以外の人の使いやすさも考慮する必要がある．作業面の高さの設定が高すぎて，老人や，子どもの手が水道の栓に届きにくく，手つだいができないことも起こる．男性が使うには低すぎて，腰が痛いなどということもあろう．家族の身長を考慮して80cmか85cmのどちらかの既製品を選び，背の低い人用には適宜踏み台を用いるか，低い作業台を別途設けることにするとよい．それぞれの家族の事情に合わせた設定が必要である．いずれにせよ，戦後すぐの時期と異なり，現代では，流しの高さが台所の中心課題でなくなったことは確かなようである．

収納スペース

　現代住宅のキッチンが狭いといわれる場合，ひとつは調理台のスペースが問題であり，もうひとつは収納スペースの問題である．キッチンには，食品，調理用具および食器が収納される必要がある．現代のキッチンではいずれもが一昔前の台所に比べて小型化，多様化したうえ，分量が多くなっている．食品についてはまとめ買いの習慣がふえたり，冷凍食品の利用が進むにしたがい，冷蔵庫が大型化してきた．調理用具や食器については，趣味的に料理や菓子づくりを楽しんだり，来客や，食事を楽しんだりというゆとりが出てきたため，最低限度の必要量をはるかにオーバーした戸棚の収容力が求められている．

表 8・1　身長に合った作業面高の算出法(cm)

算出法	145	150	155	160	165	170
A	76.8	79.5	82.1	84.8	87.5	90.1
B	75.5〜76.5	78.0〜79.0	80.5〜81.5	83.0〜84.0	85.5〜86.5	88.0〜89.0

A　身長×0.53[(1)]
B　身長×1/2＋3〜4 cm[(2)]

1．戸棚の寸法

　食品，食器，調理用具の収納のためにどれだけの戸棚の間口が必要だろうか．既存の住宅の例や，新築住宅のケースからおおざっぱにみると，調理作業スペースの間口延長とほぼ同寸というのが，一応の目安となるようである．つまり，先に述べた間口延長240cmの調理台の場合，幅180cmの食

図8・6 最小限度のⅠ型配置（間口2.4m）（撮影・木寺安彦）

器戸棚と60cmの冷蔵庫を組み合わせるということである．

ただし，これは調理台側に，使いやすい吊り戸棚がどれだけあるかということで変わってくる．戸棚にハッチ部分や配膳台が組み込まれていると，収納のために一番使いやすい部分が利用できなくなるので上記の寸法では不足する．冷蔵庫も大型がふえているが，大型の場合，90cmの間口を必要とする．一見たくさんの戸棚がついているように見えても，天井付近の戸棚はほとんどの女性にとっては手の届かない場所であり，不要品や不急品の収納にしか使えない．

立ち作業として無理なく使える収納棚の寸法は，エネルギー消費量の測定による人間工学的研究から，図8・4および図8・5のように身長を基本にして算出されている．研究者によって細部の数値は違っているが，日常的に物を出し入れできる限界は，およそ床上180cm（鴨居の高さ）といわれる．収納として最も使いやすい範囲は作業面を中心にした床上60cmぐらいから目の高さ（身長の95％）までである．窓に面した調理台やハッチのある場合，この収納に一番好都合な部分が使えないことになる．0～60cmの部分はかがみ姿勢になるから使いにくく，重いものや，たまにしか使わないものの収納場所になる．食器収納スペースにはなりにくいが，引出しにすると使いやすい．目の高さから手の届く範囲いっぱい（180cmぐらい）の所は，軽いものや割れないものの収納場所として使うように計画する．

キッチン 73

図8・7　安上がりなオープン収納

2．小物の収納

　キッチンの使いやすさを考えるうえで，小出しの調味料，菜ばしや玉じゃくしなどの調理器具，ふきん，洗剤やスポンジ，などの調理に毎回使われる小物類の収納もたいせつである．安上がりに使いやすくするには，オープン収納が便利である（図8・7，8）．市販のフックやパイプ棚を使って主婦自身の好みの位置に取りつけるとよい．使いやすい取りつけ位置としては，床上60cmから目の高さの範囲で，コンロ台の前に立った時に取りやすく，しかも，火の上を手が通らない位置が望ましい．

　小出し調味料は，容器が一列に並ぶだけの浅い棚にするのがコツで，容器のデザインを統一するなどして，見て美しい収納とする．玉じゃくしなどの調理用具は，デザインの揃った美しいものだけをみせて，他は引出しに入れるという方法も考えられる．ふきんがヒラヒラ干してあるのはいかにも古臭い台所のイメージがあって，とくにダイニング・キッチンなどではきらわれる．そのため，戸棚の中にふきんかけをセットしたりする手法もある（図8・9）．これは乾いたものをしまうならいいが，濡れたふきんを干すのには適当でない．棚をパイプにしたり，扉をパンチング・メタルに

図8・8（上）オープン収納の皿立て
図8・9（下）ふきんの収納

して，通気性を工夫したい．

　オープン・キッチンの人気が出るにつれ，キッチンの収納は鍋やふきんにいたるまで，すべて戸棚にしまって，何も出ていないすっきりとしたキッチンがほしいという要求がふえてきた．しかし，デザインの美しさと使いやすさとは矛盾する要素があり，キッチンで美しさを追求するためには，相当な手間がかかるのを覚悟しなければならないだろう．

図8・10 並行配置のキッチン 流し・コンロ台が同じ並びにないと使いにくい

家具配置

1. レイアウトの型

　以上のようなキッチンの機能を，へやの中にどう配置すればよいだろうか．そのためにどれだけのへやの広さが必要だろうか．従来，作業スペースの配置は，Ⅰ型配置，並行型配置，L型配置，U型配置，アイランド型配置，ペニンシュラ型配置などと型分けされてきた．以下に簡単にこれらの型の説明をしよう．

　作業スペースの間口延長が比較的短い場合はⅠ型で納まるし，費用も安くあがる（図8・6）．こ れに収納部分を充実させる形で独立キッチンにする場合，よく使われるのが並行型配置（図8・10）である．この場合，レンジや流し台の向かい側に食器戸棚と組み合わせて配膳スペースをとる形式が多い．独立型キッチンでは配膳のために食卓を利用できなくなるのでこうしたゆとりのスペースが必要になる．並行型配置のあきスペースは120cm程度がよい．2人作業の時も無理がないし，離れすぎでもない．

　作業スペースの間口が長目の場合はL型やU型に曲げることになる（図8・11）．冷蔵庫——流し台——レンジの3つを結ぶ線を仕事の3角形（ワーク・トライアングル）と呼んで，3角形の延長

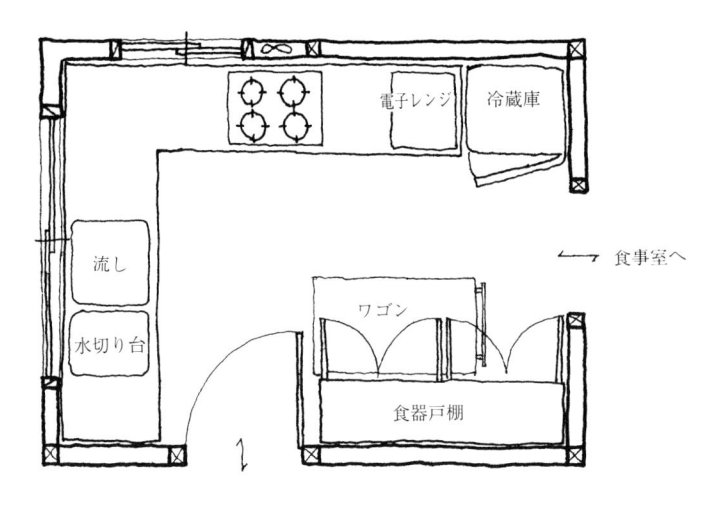

図8・11　L型配置のキッチン（1/50）　もっともオーソドックスな配列 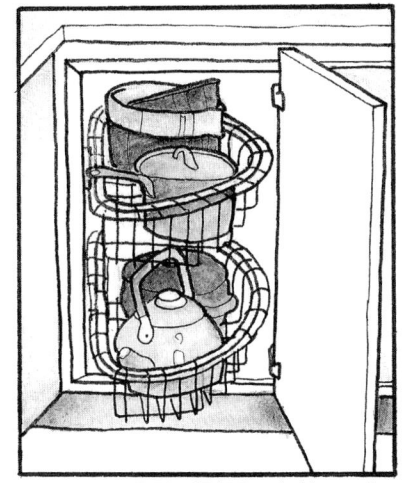　　図8・12　L型の隅部分の収納の工夫

が何mぐらいが能率的かということが論議されたこともある．しかしこれは厳密な数字にこだわる必要はなく，極端に離れすぎると動線が長くなるので困るというくらいに考えておけばよい．

L型やU型は屈曲した隅の収納部分が使いにくいのが難点で，回転棚等の工夫がシステム・キッチンの売りものになっている（図8・12）が，高くつく割に効率が悪い．隅の部分にレンジや流し台を配置する手法をとる方が有効利用という点ではよさそうであるが，特別設計になり，実例はまだ少ない．U型配置（図8・13）は1人作業には便利だが，隅が2つになることや，2人以上の作業の場合に身体がぶつかり合って都合が悪いから，あまり一般向きとはいえない．

アイランド型配置は，学校の調理実習室のように島型に作業台を置いて，数人で取り囲んで料理ができる型である．友達同士や親子でケーキづくりを楽しもうというようなニューファミリーにピッタリのスタイルである．ペニンシュラ型配置は半島型に突き出したという意味で，配膳カウンターやダイニング・スペースと組み合わせて新しいオープン・キッチンをつくり出している．

2．レイアウトを制限する条件

どのような型配置をとるかは新築でない限り，全体の間取りの都合やへやの形の関係で制約されることが多い．キッチン内のレイアウトを制約する要素を次に挙げてみよう．

コンロの位置　排気のしやすさという点から外壁に接した位置を与えるのが原則であるが，動線のうえで不都合な配置となる場合も考えられる．天井裏や天井付近に横引き排気筒をつけて排気すれば，位置はかなり自由になる．ただし費用は高くつき，故障修理や取り替えなどのメンテナンスがめんどうになる．高層住宅の場合，共同排気筒を縦に通して屋上へ抜くことがある．逆流が起こったりして問題があるので，個別に解決するタイプの方が安心である．ガスの焔が風で吹き消されるおそれがあるので，窓や出入り口のそばでなく，前面には壁がある方がよい．人の出入りの多い出入り口に近いコンロは危険である．

流し台と窓　一昔前の台所は流し台の前に明るい出窓をとって，ざるやおひつ，まないた，布巾などを乾かす場所にしていた．近年の狭小宅地の1戸建てや長屋建て，マンション建築ではこうしたおおらかな設計はむずかしくなり，流し台が壁に面した型が多い．外の景色や青空を眺めながら茶碗を洗う喜びはなくなってしまうが，貴重な窓を背の高い作業台で暗くふさぐことはない．大きな窓をとったり，食卓を明るい方にもってきたり

図8・13 U型配置キッチン U型は2人以上が働くには狭いが，コンパクトな魅力がある（N社システム・キッチンより作画）

することが可能になる．流し台を壁に面してとると，前面の手の届きやすい位置にたくさんの収納スペースをつくれるという利点が加わる．システム・キッチンのディスプレイにはこのスタイルが多い．

勝手口 新しいキッチンから消えてしまった感じのするのが勝手口である．キッチンがDK化していく際に，勝手口土間の切り込みは不細工だからやめてもらいたいという提案[3]は説得力があった．しかし，勝手口は必要か否かということが論議されない間に，キッチンと戸外とに直接の出入り口がない設計がふえてきた．最小限住居である公営公団アパートやマンションの影響が大きいのであろう．

キッチンがどれほどの役割を果たす家庭か，ということで要求が違うだろうが，ごみバケツ，あきびん，石油かん，漬物（たくさん漬けたいとき），買い置き野菜などの置き場として，キッチンに直結した戸外空間がほしい．キッチンが無駄のないこぎれいなへやになればなるほど，こうした裏方の場所が必要である．アパートの場合でも住戸の内奥にキッチンがあるのでなく，外気に面した位置にあり，小さなサービス・バルコニーが設けてあると住みやすくなる．

専用キッチンとして必要なスペースは収納家具が大型化している今日では当然昔の基準より広くならざるを得ない．最低が4.5畳であり，食卓が含まれる場合は6畳でも少し狭すぎるだろう．

システム・キッチン

1．システム・キッチンとは

主婦の夢を誘うシステム・キッチンというのは何だろうか．今までのキッチンとどう違うのだろうか．もともとはドイツで80年以上前に開発され，欧米では早くから普及している．日本で流行し始めたのは15年ぐらい前（1970年代）からにすぎない．現在国産メーカーだけで20数社，輸入メーカーを加えると30社以上が市場に流通している．

これらのシステム・キッチンに共通する特徴は

デザイン性の重視である．食器戸棚や食卓，冷蔵庫，食品庫，メーカーによっては食器洗い機や洗濯機までもコーデイネイトされて，美しいデザインを競っている．リビング・ルームまですっかりデザインを統一することも可能である．従来のユニット型のキッチン・セットと異なり，ワークトップ（作業面）と下部の戸棚を切り離し，ワークトップをひとつながりのものとして，現場に合わせてつくりだすところがその特徴であり，最大の魅力になっている．いずれもユニットのタイプが豊富で，前面パネルは木製から合成樹脂系まで実に多種多様の色やデザインが提供されている．

その美しさはたしかにすばらしいのだが，あまりにも高価であり，本当に値打ちがあるのかどうか気になるところである．現在発売中の製品について価格以外の面での問題点をあげてみると次のようになる．

2．システム・キッチンの問題点

　過度のデザイン重視　デザイン性に比重がかかるあまり，機能性が無視されている面がある．

　（ex.1）真白の人造大理石のワークトップにしょうゆやトマトケッチャプを落とすと，しみついて完全にはきれいにならないから，数年ごとに削り直しが必要である．

　（ex.2）もともとキッチンと無縁のメーカーの場合，施工面で水もれなどの対策が弱く，バックの立ち上がりを壁面に突きつけただけで流しと壁の間にすきまのある流し台などがみられる．

　（ex.3）既製食器戸棚ではあり得ないような幅の狭い（45cm）ハコで構成されている例もある．外観からは扉の幅がそろっているから不都合はないが，大小の食器をいれるのに，融通がきかず，著しく収容力が落ちる戸棚になってしまう．

　コンロのとりはずしにくさ　メーカーの数が多い割には機能面での特徴がない．ビルト・イン機器についてはどれも同じといってよい．それらに共通する欠点は，ひとつずつのコンロの受皿を，取り外して洗えない構造になっていることである．4口続いたコンロ全体を外さなければ水洗いでき

図8・14　システム・キッチンの食品庫

図8・15　システム・キッチンの調理台に組み込まれた食器洗い機

図8・16 輸入品タイプのシステム・キッチン　小型2槽シンクが典型的．デザインに遊びがあるところが魅力

ない．50cm四方もある取り外したコンロを，その小さな流しで水洗いすることなどは至難の作業である．カタログ説明では，汚れたらサッとふきとるだけできれいになるとされている．美しさにあこがれて，システム・キッチンを取り入れた主婦は，誰しもこの清掃に神経を使っているようである．

ワークトップの性能　新素材の美しいワークトップは，耐熱性，耐水性，耐久力，器物への当たりの軟らかさ，メンテナンスの容易さなど，すべての性能において旧来のステンレス・トップよりも劣っている．とくに耐熱性に関しては致命的な欠陥がある．中では人造大理石系統のものが丈夫であるが，それでも熱したフライパンや油鍋を置くのは心配である．ポリエステル樹脂ポストフォーム加工のものなどは熱いやかんを置くのも心配で，ステンレスの鍋敷板を付属品としてつけているぐらいである．こうした欠点はメーカー側にも意識されており，一旦否定したステンレス・トップを選択できる材料に加えたメーカーもある．

小さなシンク　外国メーカーの中には洗面流しのようにかわいいシンクを使っているものがある．ほうろうびきで，カラフルなそれらは実に美しいものであるが，食器を食器洗い機で洗うとか，大きな鍋は使わないなど特殊な条件がそろわないと，使いにくいだろう．もともと小さ目のダブルシンクが便利なのは，シンクに栓をして，湯を張ったところで食器を洗う習慣の場合である．日本の主婦の多くがやるような水を出しっ放しで洗い流す方式では，広い流し一槽の方が使いやすい．

引用文献
(1)　花岡利昌『概説住居学』（光生館，昭和46, p.197）
(2)　松下清夫・武保『住居』（家政教育社，昭和35, p.126）
(3)　扇田信『住生活学』（朝倉書店，昭53, p.110）

キッチン　79

―― 演習問題 ――

1．次の文章は1戸建て住宅について述べたものである．○×をつけよ．
（　）京間といわれるものは，関西を中心に使われており，東京間と比較して広い（第1章参照）．
（　）欧米では住宅内でもクツバキが通例であり，上下足を分けるのは日本独特の習慣である（第1章参照）．
（　）西向きに主要なへやを並べるようにすると，日当たりがよくて住みやすい．
（　）書斎は北向きが落ち着いてよい．
（　）食事をするへやと寝るへやは，使用する時間帯が異なるから，なるべく兼用してスペースを節約する．
（　）居間は来客専用と考えて，なるべく使わないようにする．
（　）居間は家の中心に置き，周囲のへやから家族がすぐに集まれる設計とする．
（　）家相学は科学的根拠があるものだから，なるべく家相見の意見を取り入れるようにすれば，間違いない．
（　）台所流しの高さ（縁の高さ）は70cmが適当である．
（　）4人家族に6畳のダイニング・キッチンでは狭すぎる．

2．次の語句を説明せよ．
　　食寝分離
　　仕事の三角形
　　オープン・キッチン

3．居間にはまとまった壁面が必要であるという．その理由を考えよ．

4．居間の床仕上げについて，カーペット敷詰めと板の間を比較検討せよ．

5．一般家庭の冷房温度の目安について述べよ．

6．リビング・キッチン型の利点と欠点をあげよ．また，欠点を改善するための工夫を述べよ．

7．テレビの置き場と食卓の関係を論ぜよ．

8．調理台の高さがとくに問題になるのはどんな場合か．また，その場合の解決策を考えよ．

9．調理台作業面の仕上げ材として，ステンレスのもつ利点を述べよ．また，その優秀性にも関わらず，他の材料が進出してきた理由を考察せよ．

10．ひとりぐらしに必要十分なキッチンを設計せよ（1/50の平面図と室内展開図）．

―― 読書案内 ――

1（A）『こんな家に住みたいナ』延藤安弘（晶文社）
2（B）『すまい学のすすめ』三村浩史（彰国社）
3（B）『住領域から考える「サザエさん」の家庭科教育論』渡辺光雄（教育図書）
4（A）『初めてのインテリアコーディネーション』檜垣香恵（学芸出版社）
5（A）『ハウスブック』テレンス・コンラン（三洋出版貿易）
6（A）『西洋インテリア事情』鷲津美栄子（文化出版局）
7（B）『宮脇檀の住宅設計ノウハウ』宮脇檀建築研究室（丸善）
8（C）『日本の住まい（全3巻）』西山夘三（勁草書房）

（A：気楽な読物，B：一般書，C：専門書）

インテリアのページ

インテリアとは何だろうか？　部屋に何かかっこよく飾ること，あるいは部屋を飾る小物，という答えが出てきそうだが，それは言葉の元の意味ではない．インテリアとは屋外（エクステリア）の反対語で，単に室内という意味である．インテリア・デザインといった場合には室内計画となり，これも飾り物という感じからはちょっと遠い．しかしここでは，人々のインテリアという言葉にこめられる期待に応えて，インテリア・デザインを楽しむページを提供したい．自分らしい室内計画をつくる手がかりとして……．

個性を表現するインテリア

基本スタイル

　住まいのインテリア・スタイルをおおまかに分類するとモダン・スタイル、クラシック・スタイル、ナチュラル・スタイルの3パターンが基本となる．自分のインテリア・イメージをつくる上で，どんなスタイルを実現したいのか，この基本スタイルの中からひとつのイメージを予定することから出発する．

上：墨ひと色の軸と花一輪で完成する茶室の構成はモダンデザインの思想とあい通じる．
左：宮崎邸（設計／STUDIO TOMITA，撮影／松井修）
下：20世紀を代表する北欧家具．スウェーデンのコレクティヴ・ハウスにて

①モダン・スタイル

　産業革命を経て，生産力が増大する近代に入ると，生活水準が全般に向上し，前代にはほんのひと握りの上層階級が享受していた生活を多数の人が目指すことになる．貴族的な一品生産では間に合わず，規格化された大量生産の工場産品が20世紀の生活文化を形成する．鉄とコンクリートとガラスの建築がインテリアの基盤を支え，機能主義が前面に出たデザイン思想が基本となる．いわゆる引算の美学，「飾り気のないものが美しい」という，飾りを取り去った究極の単純化に新しい近代美が求められていく．

　いっさいの家具を使わず，床の間以外には物のない状況がもっとも美しい姿である日本座敷は，モダニズムとは，その精神においてあい通じるものがある．クールなモダンデザインは狭い住空間にマッチして，経済的でもあり，戦後日本の住生活文化を形成する上での主役となった．

上：岩井邸(設計／巧建，撮影／目黒伸宜，『モダンリビング』No.72)

②クラシック・スタイル

　洋風建築の室内デザインは，王侯貴族の城館を飾る富を誇示する様式である．王宮文化の粋を集めるヴェルサイユ宮殿を頂点として，時代と国によって少しずつ異なる様式をつくり出してきた．これらの宮殿建築では，大理石をはじめとする美しい石やタイル，金銀の装飾，複雑な模様を織り出したカーペットやタペストリー（壁掛け），壁画や天井画，カットグラスが輝くシャンデリア，壁面を飾る絵画や彫刻，ひとつひとつが芸術的に完成された様式の家具などが，これでもかこれでもかと存在を主張する．

　装飾いっぱいで，遠慮なく美しさを主張するクラシック・デザインの流れは，現代の欧米の中流以上の家庭のごく普通の好みの中に未だに生きている．わが国でも戦前には特定の階層に愛好されていたスタイルであるが，近年，国際化する生活様式の中で復活する傾向にある．鑑賞の対象として，大変面白い奥深い趣味の世界である．

中下：スウェーデンの老人ホーム室内

III

和室続きに違和感のないナチュラル・スタイル．北村邸（設計／高尾宏建築研究室，撮影／村角創一，『モダンリビング』No.77）

スウェーデンの老人ホーム談話室

民家風の木組み．西登美の家（設計／湯川利和・聰子）

③ナチュラル・スタイル

　王侯貴族の様式デザインの一方には，各国の民族性豊かな農民文化がある．これらは，白木や土の壁，土間をベースにした比較的狭い空間に，自家や地域社会の中で作られた独特の民芸品を使った生活文化を展開してきた．稚拙なごつい味わいのデザインには，現代のモダンデザインに馴れた目には，ハッとするような斬新な美的感覚がある．取り澄ましたモダンデザインに飽きた人々は，「未開人の」という原義をもつエスニック・スタイルを注目するにいたった．欧米人からみた日本文化はエスニックのひとつである．

　ここでは和風も含めて木や土の素材感を出した室内デザインをナチュラル・スタイルとして提示したい．白木でも，濃い茶色の色付けをしたものでも，床や壁に木質部が多く，自然素材をベースにしたインテリアである．こうした室内は彩度が低く，暖かみがあり，色鮮やかなファブリックから渋い色調の家具まで広範囲に受け入れるバックとして抵抗がない．洋室と和室を一連の続き間として扱いたい時にも便利なスタイルである．

緑と花

色彩計画

　色彩計画は基本スタイルのどれを選択するかで考え方が異なる．クラシックの場合は，しつこいほどに多彩な色使いでも違和感がない．ひとつひとつの品物が形態も色彩も単色であるよりは，複雑な味わいをもっていることが普通である．いわば多色の組合せを当然のように扱う和服の組合せに似ている．多彩な色を現代的な好みに合わせて，どうまとめるかが問題である．

　部屋の広さとの関係が色使いに影響する．同じ配色でも広々した空間に散っている場合と，狭い室内に押し込んだ時とでは受ける感じが全く異なる．モダンスタイルにおいては，室内全体を3色以内に制限した禁欲的な色使いを基本とする．

①モノトーン

　モダンデザインらしい典型的な色調に，白黒やグレーだけのモノトーンがあり，コンクリート打ち放しはその典型である．荒々しいグレーの壁は冷たい感触に加えて，釘がきかないために居住者の好みで手を加えることを拒否する．

　塗装仕上げやクロス貼りで白壁仕立ての仕上げも多い．こちらの方は一見そっけない感じではあるが，打ち放しとは違って，住み手の好みの様式に創り変えられる便利さがある．狭い部屋には好適．

　オフホワイトなどの一色だけで質感の異なるさまざまな材料によって変化をつける手法もある．モダンデザインらしいスマートな中に豊かな表現ができる．

②ポイントカラーでアクセント

　3色以内の原則を厳しく守って全体の色調を抑えた中に，アクセントカラーをほんの少量使う手法．服飾の場合よりも大胆な色使いを楽しむことができ，成功しやすいインテリア・プランである．

③緑と花でつくるインテリア

　何のことはない平凡な室内も窓辺の緑と花で生き生きとした雰囲気が出来上がる．長い冬を過ごす北欧の国々では，窓には必ず窓台をつくり，そこが花と緑を主役にした装飾空間になっている．

④左右対称形の装飾

　洋風デザインの基本型は左右対称である．数寄屋風の日本的な美的感覚とは異なる点である．

左右対称

クリーム色一色のモノトーン（設計／デリク・フィリップス）

ワンポイントカラーでアクセント．小林邸（設計／成川建築研究所，撮影／TADAHIRO KUMAGAI,『モダンリビング』No.57）

V

上中下:アメリカの退職者村のモデルハウス

⑤甘いシャーベットトーンの室内デザイン

　カリフォルニアカラーといって良い明るく甘いひとつのパターンがある．年齢おかまいなしで自由な色使いができるところがインテリアデザインの楽しさであるが，アメリカの退職者ホームのモデルルームでは，あまりの明るさに驚かされた．まさしくバラ色の老後を象徴するように，甘さが溢れ，しあわせムードいっぱいである．

ストックフォルム民家村スカンセンにて

⑥ナチュラル・スタイルを基調とするエスニック

　節のある白木や，白木が古びたり，濃く色付けした木部を基調にして，カーテンの扱いや家具，民芸品などをあしらって演出する．ロシア風，スカンジナビア風，アメリカンカントリースタイル，あるいはフランスの田舎風などの多彩な表現が可能である．好きで集める人，安っぽい喫茶店みたいだと嫌う人，と好みが分かれる．

主婦の手織りで整える多彩なカザフの家（国立民族学博物館にて）

⑦ファブリックを同じに揃える

　たくさんの色が入ったり，鮮やかな色であっても，気に入った柄なら，カーテン，ベッドカバーあるいは壁紙まで同じ柄で揃えると，簡単に統一感が出る．壁がオフホワイトや白木の寝室などに適する．

（撮影／小出正視）

照明計画

年々私たちの周囲の照明は明るさを増し、照度基準も明るく変更されている（表1）。住まいの明かりも1室1灯から、局部照明を取り入れた多灯化へと進む。全般照明として20ルクスないし100ルクスを用意した上に、必要な箇所に局部照明を加えるものである。部屋の大きさと器具の種類によってどの程度のワット数の照明が必要かという早見表を表2に示す。

昼間の太陽光線の色を基準に考えると、灯りの色の赤みの度合いは種類によって異なる。白熱灯は夕日の色、蛍光灯の白色は昼間の天空光に近く、昼光色蛍光灯はもっと青みが強い。目的によってこれらを使い分ける必要がある。夜間に住まいとしての温もりを演出するには白熱灯のオレンジ色が好ましいが、昼間の明かりにはふさわしくない。昼間の明るさを補う目的には白色蛍光灯がもっとも適切である。食べ物をおいしそうにみせたい場面には蛍光灯より白熱灯が適する。"精密作業"の必要な化粧鏡の前は蛍光灯で明るくした上に白熱灯でポイント照明をつけると、化粧の失敗を防ぎ、ナルシシズムも満たされよう。

照明の楽しみは、器具のデザインだけにあるのではない。何をどのように照らすかという照明効果を工夫することは、自分の住まいの演出としてもっとも手近なインテリアの楽しみとなろう。

表1　住宅の照度基準簡易表（JIS9110-1979 により作成）

照度	局部照明	全般照明
1x		
2000		
1500	手芸・裁縫・ミシン	
1000	勉強	
750		
500	読書・化粧・食卓	
300		
200	調理台・団らん・洗濯	
150		
100		子ども室・浴室・玄関
75		書斎・食堂・台所
50		居間・座敷・廊下
30		
20		寝室
10		

全般照明をしたうえで、局部的に数倍明るい場所をつくるという併用を考えた基準である。

表2　全般照明として100lxを得るのに必要な蛍光灯W数（白熱電球ならこの3倍）（松浦邦男編『照明の事典』により作成）

No.	照明器具の型／へやの広さ	4畳半	6畳	8畳	10畳
1	かさつき吊り下げ型	45W	50	65	80
2	天井づけ露出型	55	65	75	90
3	半埋込み型	65	75	90	105
4	吊り下げ型（下面開放側面プラスチック）	70	85	100	125
5	天井直づけ型（下面乳白プラスチック）	85	100	120	145

いくつもの灯り（インテリア設計／湯川聡子）

強調したい所のスポットライト

第Ⅲ部
わたしの部屋

第9章
夫婦の部屋

　戦前の住宅では，夫婦の寝室といっても，大家族が同居する中で，障子やふすまで仕切られただけのへやであり，いわば家中一室のような生活であった．家族が一室にかたまって寝たり，大勢の子どもがひとつふとんに一緒に寝たり，母子が添い寝するといった寝かたも多かった[1]．

　戦後の意識変革は，夫婦の寝室が独立したへやとなる習慣を全国的なものとしていった．完全なプライバシーを確保した洋風のベッドルームをもつ住宅もまれではない．しかし一方，きゅうくつな住宅事情の中で，ベッドを置いて完全に専用化した寝室を確保することをためらう家庭も多いのが日本の現実である．

ベッド・ルーム

　夫婦寝室を洋風のベッドルームにしたいが，今まで経験していないのでよくわからない，という人が多い．ホテルのへやや2段ベッドの子どもべやや，あるいは和室にふとんという寝方とどう違うのだろうか．

1．へやの広さ

　和室にふとんを出し入れして生活するなら，押入つきの6畳でまずまずの寝室になる．これで，昼間は多用室としていろいろな使い道のあるへやにもなるのである．しかし，ベッド生活となると，これでは困る．ふとんを敷く場合と異なり，大きなベッドが出しっ放しになるので，まったくスペースの融通がきかないからである．

　まず，夫婦寝室として使われるベッドはダブルかツインになるが，標準サイズのものとすると長さ200cm，幅140cm（ツインでは100cm×2）となる．普通は頭部を壁につけ，足もとの方は，三方があくような置き方にする．ベッド・メイキングと，周囲を通行するための最小限度の寸法があれば置けると考えると，図9・1のようになる．

　ダブル・ベッドを使う方が省スペースとなるが，それでも，関東間やコンクリート・マンションの4畳半では無理で，ベッドを置くだけのへやでも最低6畳間が必要である．ダブル・ベッドの片側を壁にくっつければ，4畳半でもいいではないかという反論もあろうが，2人で寝るものなのだから，それではまったく使い物にならないということを知ってほしい．狭いへやに無理に入れたベッドが粗大ゴミとして出されることは，よくあることである．

　ツイン・ベッドを入れる場合には図9・2のような2とおりの置き方が可能であるが，いずれもダブル・ベッドよりは場所をとる．ベッド・ルームらしい雰囲気を保つには，洋服入れを含めて，最低8畳が必要である．いずれにしても，ベッドの周囲の余白部分が少なくなると，掃除機でベッ

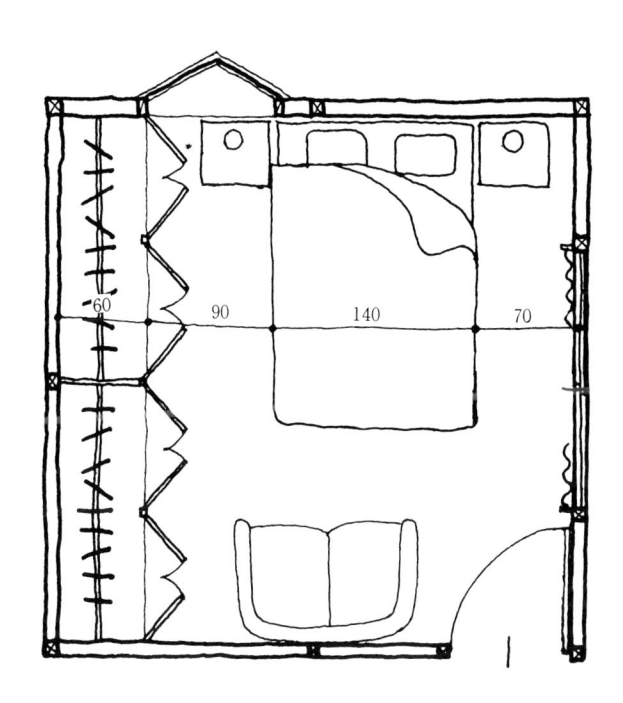

図9・1 8畳のベッド・ルーム（1/50） 2人分の洋服入れを含む最低限度のスペース

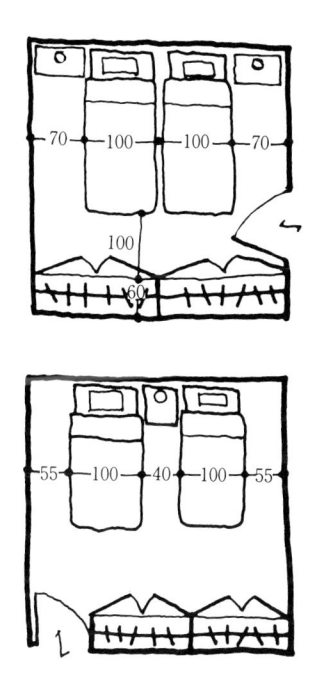

図9・2 ツイン・ベッドの置きかた（1/100） 8畳間．ぬいだ服の置場もみつけにくい

ドの下を掃除したり，ベッド・メイキングをする作業が困難になる．

　ベッド・ルームの機能として寝ることのほかに更衣と衣服の収納がある．ふとん寝の場合はふとんを片づけた後のスペースが広いので，更衣のための空間を余分に取る必要はない．ベッドの場合はそのためのスペースを予定しておかないと，ベッド・ルームで着替えすることができない．ベッド脇のスペースを90cm取っておくと，何とかなる．

2．寝室の室内構成

　ベッドの頭の位置に壁が来る方が安眠できて，隙間風も入らない．窓をどこに取るかが問題になるが，へやの2面に窓を取りたい場合，ベッド・サイドに縦長の窓を取る形がよくみられる．

　大きな壁面に沿って収納壁をつくり，ワードローブとするのがもっとも効率のよい衣類の収納法である．隣室との境をこうした収納壁や押入，納戸にすることで防音性を高めることができる．床仕上げは，はだしでも暖かい感触があり，吸音性のあるカーペット敷詰めが適している．夜の暗い照明の下であり，大部分がベッドで隠される寝室のカーペットは，リビング・ルームほど上質でなくてもよい．長いベッド生活の歴史をもつ欧米の人びとは，リビング・ルームのお古を寝室に廻す習慣がある．しみがついていたり，すりきれかけていてもわからないというわけである．

　寝室におけるカーテンの役割はたいせつである．夜の遅い現代人が睡眠時間をコントロールして，朝，自分の起きたい時間まで眠るためには，きちんと遮光できないといけない．昔の日本家屋では必ず雨戸がついていたが，アパート建築がふえた今日では，主としてカーテンで遮光しなければならない．この目的のために暗幕性能の高い糸を織り込んだり，遮光性被膜で裏打ちした，色いろな遮光カーテンが市販されている．また，壁のクロスと同じ仕上げの，ふすまのような引き扉をつけて窓を塞ぐ手法がある．インテリア・ブラインドも遮光力はあるが，寝室に用いるには冷たい感じ

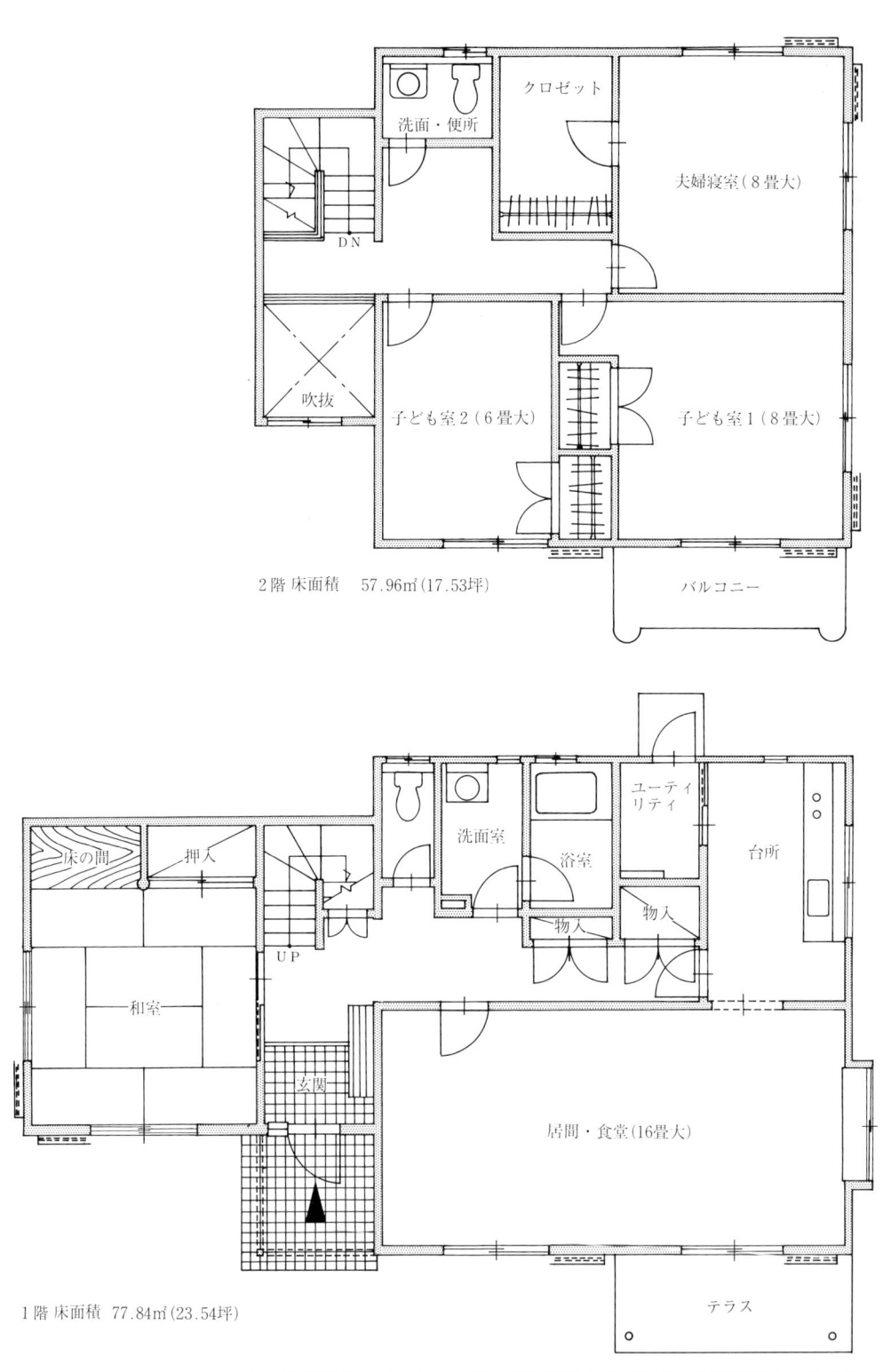

2階 床面積　57.96㎡(17.53坪)

1階 床面積　77.84㎡(23.54坪)

図9・3　ウォークイン・クロゼットのある洋風寝室（1/100）　1階の和室は独立性が高く，予備寝室や，3世代同居用に使える

図9・4 書斎のあるベッド・ルーム（森田茂介設計，撮影・木寺安彦）

であり，夜のへやとしては保温力に欠ける面があるのであまり適当ではない．

　ベッドの場合でも，寝具を干すという作業は寝室についてまわるので，手軽に寝具が干せるようにしたい．窓から干せるように手すりがあるか，直接ベランダや庭に出られるようになっていると都合がよい．またふとん寝の場合より容積は少なくても，気温を調節するための予備の毛布やシーツなどのリネン類の収納場所が必要である．ふとん用の押入のような奥行きはなくても（60cmでよい）よいし，必ずしも寝室内になくてもよいが，寝室の近くに必要である．

3．更衣・化粧・収納の場所

　寝室と衣類の収納は，密接な関連で考えられなければならない．寝室の大きな壁面に沿ってワードローブをとる方式が，もっともスペースを節約できる．しかしながら，夫婦ふたりのへやで，一方が寝ている場合に，そこで他方が着替えをしたり，化粧をしたりするのは余り感じがよくない．

日常生活の場では，ふたりが必ずしも同時に起きるとは限らないから，他方がもうしばらく静かに寝ていたい時に，じゃますることになる．

　面積にゆとりがある場合，ベッド・ルームを広く豪華にするよりは，収納を兼ねた更衣室を寝室の前室としてとる方がよいかもしれない．衣服の持ち数のふえた最近では，ウォークイン・クローゼット方式が人気のようである（図9・3）．

　必要なワードローブの間口には個人差があるが，ひとり分が90〜180cmと考える．このほかに整理タンス1〜2竿，人によっては和タンスも必要である．化粧鏡は顔に光を当てるために，窓を背にして置くとよいが，折り畳める鏡の方が室内が暗くならなくてよい．

4．ベッドとベッド・メイキング

　畳にふとんを敷いて寝る方がゆったり休めるうえに，押入に片づく長所がある．大きなスペースを占領するベッドを用いるからには，ふとんよりもずっと快適だというのでなければ意味がない．

夫婦の部屋

図9・5　ベッドは壁に頭部をつけて置く．窓をつける時はスリットのように細く縦長に

　寝心地よいベッド生活を望むなら，質のいいベッドを選び，本格的なベッド・メイキングをする必要がある．厚みがあって柔らかいベッドの方がムードがあって寝心地よさそうにみえるが，実際には沈み込むような柔らかいベッドより，硬めの方が姿勢よく保たれて，疲れないといわれている．ベッドは一生使える物ではなくて，上質の品なら10年から15年に1度，スプリングの修理が必要だし，普及品なら10年で買い換えるものといわれている．

　夫婦寝室のベッドが，子ども時代の2段ベッドのセンスで，ただの万年床になるのなら，これほどだらしのないものはない．欧米の主婦のたいへんな労働のひとつが，毎朝のベッドのつくり直し作業（ベッド・メイキング）だといわれている．ベッド・ルームを本格的にきちんとしておくのは，押入にふとんをほうり込むよりは，よほど時間のかかるめんどうな仕事なのである．

　ベッド・メイキングはベッドのマットレスの上に薄いパッド（敷きぶとんに当たる）を置き，その上に敷シーツをかけてマットレスの下へたくし込む．次に，掛けシーツ，毛布を広げて三方を同様にたくし込み，胸元の掛けシーツを折り返す．この上にベッド・スプレッド（上掛け）を掛けてでき上がりとなるが，この上掛けがキルティングの綿入れや羽毛ふとんなどで掛けふとんを兼ねることもある．ベッド用のシーツや毛布はこのように折り込み分を両端でそれぞれ25～30cm見込んだ大きさが必要で，和風よりかなり大判になる．キルティングや羽毛ふとんは足元だけを折り込んでずり落ちるのを防ぐ．

　ベッドの場合，厚手の掛けふとんは上に掛けるとずり落ちるので，非常に始末の悪いものである．寒い時にはへやを暖房するのでなければ，電気毛布を使うのがよい方法であろう．

5．照　明

　一般に，和室には，きまって天井の中央に電灯がついている．この習慣に馴れた日本人が海外旅行でホテルに泊まると，とても不自由に思うことのひとつが，客室の暗さである．全般照明がなくて，代わりに部分照明がきめこまかに配置されている．たいへんいいムードではあるのだが，ともかく，へや全体が薄暗い．

　和室でするように，洋風寝室でも明るい全般照明をつけて，寝る以外の機能にも応えるようにしたい．ただし，1室1灯でなく，枕許の読書灯をひとりひとりにつけること，天井灯をベッドに入ってから消せることが必要である．机や化粧台があれば，そこにももちろん必要である．寝室の雰囲気をたいせつにするためには，蛍光灯よりも白熱灯の方がふさわしい．あかりの色，器具のデザインの豊富さ，明るさのコントロールができることなど，白熱灯にはムード照明の条件がそろっている．

夫の部屋・妻の部屋

　お隣りの韓国の住まいには，昔から，男のへや，女のへやとして独自の約束事のあるへやがある．

図9・6　いろいろな夫婦のへや（1/200）（初見学による）
　　　　 は収納家具で作る間仕切．居住者が変更できる設計

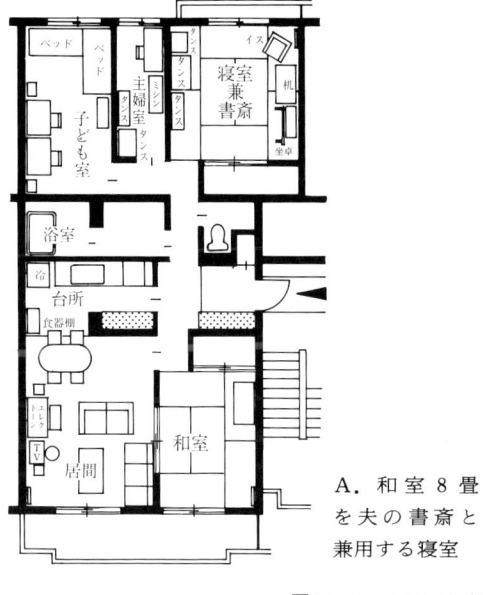

A．和室8畳を夫の書斎と兼用する寝室

B．夫の書斎を独立させて妻のへやと寝室を兼ねた例

　アメリカの住宅にもデンと呼ぶ男のへやがある．しかし，現在のわが国の住まいでは，まだ，夫のへや・妻のへやというより，夫のスペース・妻のスペースと名づけた方が現実的であろう．

　家の中に夫婦それぞれの個人的なスペースが必要だという考え方が出てきたのは比較的新しいことである．かつては，夫には書斎，妻のためには家事コーナーという，きまりきったスタイルで片づけられていた．寝室と書斎を兼用した形も多い．

　帰宅してからの夫婦の生活時間が完全に一致しているか，少なくとも就寝時間と起床時間が一致しているならば，寝室内の書斎コーナーは役に立つ．だが，これでは会社の仕事をもち帰ったサラリーマンや，明日の下調べをする教師たちの夜鍋仕事が夜遅くまで続く間，妻が床につくわけにはいかない．妻は夜食やお茶の用意をして，夫の仕事がすむまで起きて待っているのならこれでもよい．

　しかし，妻も明日の仕事がある（共働きの妻も多いし，早朝から子どもの弁当をつくるために起き出さなくてはならない主婦もいる）から，夫の夜の仕事に関わりなく休めるようにしたいとなると，公式どおりにはいかない．ちょっと身の廻りの品を整理する程度の机ということならよいが，一般には，書物や書き物机は綿ぼこりの多い寝室とはなじみにくい面もある．

　一方，居間に書斎コーナーをつくるなら，テレビの音とぶつかって仕事ができないという問題がある．ダイニングとリビングが分かれていれば，時間差で上手に逃げることができる．いずれにせよ，帰宅後も仕事に励むことが多いなら，使用頻度を考えて，わが家にあったスタイルを選択する．

　妻のための私的なスペースについても同様である．結婚したら，自分だけの品物はどこに置くのだろうか．娘時代なら誰もがもっていた自分の机がなくなってしまった女性は多い．主婦は夫や子どもの留守の時間，家中を独占しているではないかといわれることがある．しかし，自分だけの仕事をやりかけのまま放り出しておいて，翌日，またすぐその続きにかかれるスペースがほしいのは，ずっと家にいる主婦の方である．狭い住宅の中で，なかなか光の当たらない部分ではあるが，将来の住まいの中ではこうしたことも考えに入れていきたいことである．しかしながら，こうしたゆとりは，子どもたちが巣立って行った時点で，初めて手に入るものなのかもしれない．

図9・7　付け書院風の読書コーナー

> **ダニはなぜふえた？**
> このごろの住宅環境は，ダニの生存繁殖にたいへん都合がよいといわれる．しかし，もとはといえば，昭和50年代から，畳の床を東南アジアから輸入し始めたことと関係があるらしい．およそ，畳の25％に輸入床が使われているが，ダニとその卵がついたわらで作ったわら床を輸入し，その内部までは消毒できないままに，家の中にもちこまれた結果のようである．
> ダニは高温に弱い．50℃，30分間の加熱で全滅する．ふとん乾燥車や簡易加熱機で畳内部がこの条件になるようにすると確実に駆除できる．天日に畳を干す大掃除も効果がある．カーペットのダニなら夏の間，クーラーと除湿機を併用するだけでもかなり効果的だといわれる．

予備寝室

　泊り客のためのへやの必要な家は案外多い．最も多い泊り客は夫婦の両親であろう．天涯孤独の2人がつくった家庭や，夫婦とも親の家が近いという場合は別として，親たちが時どき1，2泊したり，あるいは長期滞在するということはよくあることである．6畳程度の和室があり，前述の夫か妻の個人的なスペースと兼用できれば，たいへん都合がよい．こういう時，自由自在に転用できる畳のへやは威力を発揮してくれる．夫婦寝室を洋室化した場合には多用途の兼用ができないので，その意味でも予備室の役割はたいせつである．たとえば，取りこんだ洗濯ものをひろげて畳むとか，アイロンかけをする場所，主婦の趣味の仕事をひろげるスペース，客間の役割やリビング・ルームの延長になどと，多目的に利用できる．

　予備のへやを洋室としたい場合には，色いろ出回っているソファ・ベッドや，折り畳みベッドを利用して臨時の用に当てる（図9・8）．ただしこの場合は泊り客1人までだろう．

サニタリー

　欧米化した住様式ではサニタリー・スペースは寝室に付属させている．ここで便所とか浴室という代わりにsanitaryというと，何かとても清潔感のある（もちろん水洗で…），しゃれた場所のようである．しかしこれは日本的な建築用語であり，もとは水まわり設備といっていたものの言い換えにすぎない．イギリス英語ならばbath-roomということばで同様の意味を表わすが，日本人英語ではこれは浴室とイコールになりかねない．最近の住宅では設備の面で既製品化が進んできており，そのスペースについて熱心に語らなくても何とかなる．したがって，ここでは，便所・浴室・洗面所というあたりのことで，これは注意しておいた方がいいということだけを取り上げたい．

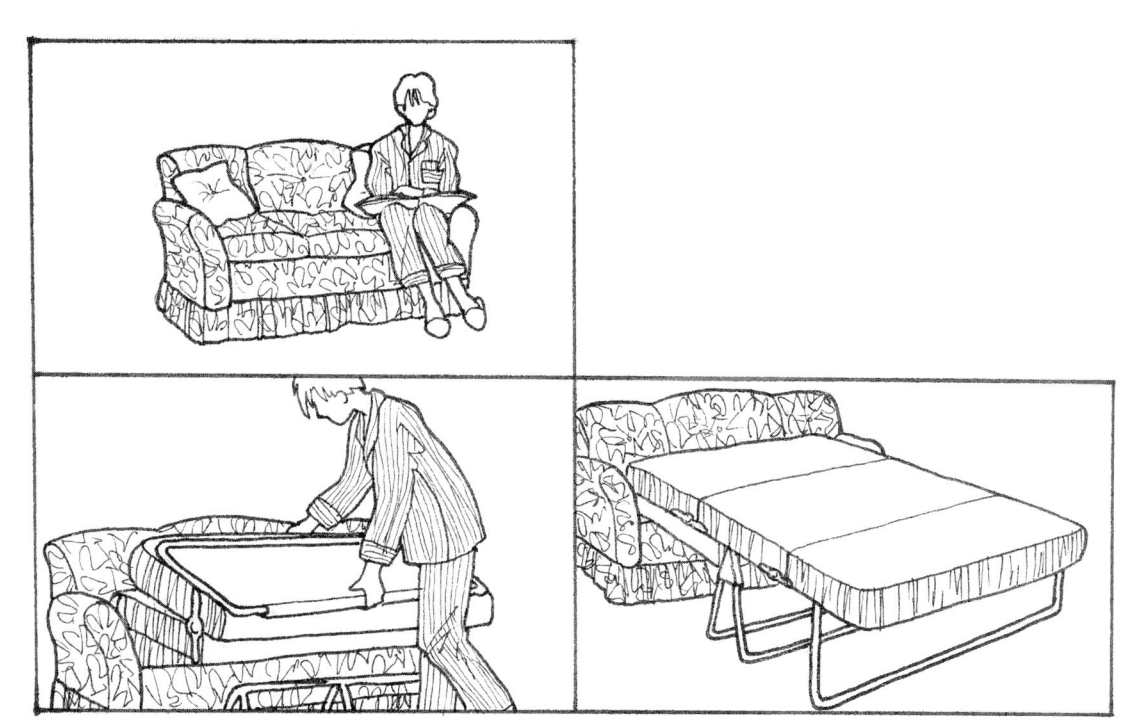

図9・8　折り畳みのソファ・ベッド　通常はソファとして使い，来客が泊る時にはベッドになる

1．腰掛け便器と洋風バス

よく，便器は腰掛け式の西洋便器がいいが，フロは日本式が一番だといわれる．洋式便器のよさはかなり知られているが，洋風バスはなぜよくないのだろうか．これは入浴方法の違いがまず問題である．洋風の入浴方法は，赤ん坊の沐浴の要領で，石けんをつけてからだを洗うことまですべて浴槽の中ですませる．つまり洗い場がないのである．日本人なら，これではていねいに洗えないではないかと感じるだろう．浴槽は寝棺のように寝そべって入るので湯が浅く，温まらないという不満がある．給湯式で湯が出るのはとてもスマートだが，湯加減の調節を追いだきに頼れない欠点がある．マンションなどがふえて，給湯式にせざるを得ないことも多いが，追いだきのできる日本型ボイラーが出ているのでその種のものを選びたい．

2．ワンルーム・システム

とてもスマートにみえるワンルーム式のバスルームも，一般住宅では問題である．この場合洋風バスならまだしも，和風の入浴習慣では床がびしょぬれになって，とても不愉快なものである．完全な洋風バスの場合でも，もし一家に一カ所しか便所がないなら，ひとり暮らしでない限り，ワンルーム方式は避けるべきである．便所機能のみならず，洗面までもが重複するので朝の混雑にいらいらさせられることになろう．

また，欧米風では，夫婦寝室にバス・ルームを付属させるのが建前なので，脱衣室がない．これでは子どもの入浴にさいして不便であるということが，イギリスの書物の中でもいわれている[2]．夫婦寝室に近いのはよいが，同時に脱衣室を完備する日本的な間取りのよさをも，たいせつにしたい．

引用文献
(1)　西山夘三『これからのすまい』（相模書房，昭22，pp. 63～114）．
(2)　ゴントラン・グールデン『住まいの本5，バスルーム』（鹿島出版会，昭52）

夫婦の部屋

第10章
子どもと住まい

　欧米の育児思想と日本の伝統的なそれとの間には，大きな違いがあるといわれてきた．欧米人は赤ん坊が生まれても夫婦の関係や自分自身を中心にして，子どもを突き放して育てるが，伝統的日本人は母親が自己犠牲的な母性愛で赤ん坊を守り，夫や自分自身は二の次にして子どもに献身するというのである．民族の伝統的な文化の違いは大きいとしても，現代では，若い世代の考え方は育児や夫婦の関係について，ずいぶん変化している．若い人は決して昔からのやり方で子どもを育ててはいない．しかし，誰もが自信をもって新しい経験に立ち向かっているわけでもない．住まい方の面においても，子どものためにどんな家づくりをするべきかということを改めて考える必要があるだろう．

　子どもと住まいのことを論じる場合，子どもの年齢を無視した議論は成立たない．ここでは住まい方に大きな変化が生じる3段階（乳幼児期，学童期，青年期）の年齢区分を設定して，考察していきたい．

乳幼児期

　赤ん坊が生まれてから小学校へ入るまでをひと区切りとして，考えてみよう．

1．寝　室

　日本の場合，赤ん坊のために独立したへやが必要だという考え方は少ない．両親の寝室の中にベビーベッドを置くのが普通である．夫婦同寝室が絶対視される欧米と異なり，夫婦別寝室の例もめずらしくない．夜泣きをする赤ん坊と母親が同室に，明日の勤めをたいせつに考え，十分な睡眠時間を確保しようとする父親は別室にという寝方である．

　ベビーベッドを夫婦寝室におくためには，和風寝室でも最低6畳は必要である．ベビーベッドは満2歳まで使えるかどうかというもので，無駄のようにも思えるが，狭い家ほど安全に赤ん坊の居場所を確立するために役に立つ．短期利用のレンタルを考えると好都合であろう．

2．禁止領域・制限領域・自由領域

　この時期の子どもと住まいの問題は，夜よりも昼の場にある．無策のままこの時期を過ごすとすれば，こぎれいな新婚家庭はベビー出現とともに大混乱に陥る．家の中は小悪魔の跳梁するところとなり，見るも無残な荒れ放題の家ができあがる．おとながどんな我慢をしてでも，子どもはしたい放題，山猿のように育てたいという主義でない限り，この時期に一定のルールをつくって大混乱を防ぐ必要があろう．イギリス人のクレア・レイナーはこの問題について，家の中を3つのエリアに分けるという主張を述べている[1]．すなわち，禁止エリアとして台所とガレージ，制限エリアとし

図10・1　赤ちゃんの昼寝の場（ガラス天井の光庭）

てリビング・ルーム，浴室，自由エリアとして子どもべやと庭という区分である．

物理的障害物をつくって，危険なエリアへ幼児が入りこまないようにして，安全を確保するということが，禁止エリア設定の目的である．また，リビング・ルームを制限エリアとしているのは，家中が子ども本位の場所になるのでなく，おとながリラックスするための快適なへやを設けて，デリケートなインテリアを楽しみ，子どもには一定のキマリを守らせ，年齢に応じて責任あるふるまいができるようにしつけたいという考え方である．

戦前の日本の座敷は紙のふすまや障子，床の間の置物や掛軸といったおとなの世界であり，子どもが入りこむことは厳しく制限されていた．これと似た考え方が，イギリスにもあるということであろう．戦後の住宅から客座敷が消えていき，家中が子ども本位のファミリー・ルームとなり，実用一点張りの家づくりが主流になってきた．その結果，家の中で子どもが行儀よくしたり，物の扱い方をしつけられたりする機会が失われていった．

子どもを育てる過程で，秩序ある住まい方をするにはどうすればよいかということを，教えていくことも必要であろう．

3．安全な遊び場の確保

乳幼児の自由エリアとして，親の目の届く範囲で安心してひとり遊びできる場をつくりだす必要がある．どんなに設備がよく，かわいらしいインテリア・デザインが施されていても，寝室群ばかりの2階に配置されている遊びべやでは，役に立たない．台所や居間に隣接して，これらのへやから見通しのきく場所がよい．おもちゃや衣類の収納を備えた，専用の遊びべやがこのような位置に設けられるなら最適である．

乳幼児のための遊び場として必要な第一条件は安全性である．乳児が寝がえりを打つ時期（生後3カ月以後）から満2歳ぐらいまでの間が，安全性についての，要注意時期である．熱いアイロン，手の届く範囲にあるコンセント，各種ストーブ，扇風機，針箱，薬，机の角，など危険なものは慎

子どもと住まい　91

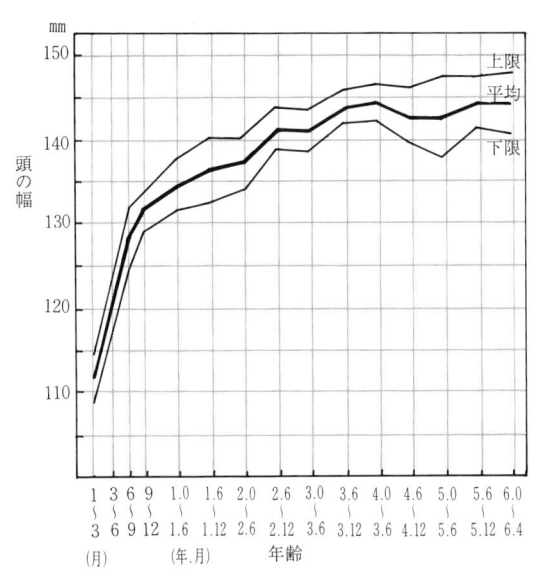

図10・2 子どもの頭の大きさの発達（宇野英隆・直井英雄による） 動きまわるようになる6カ月以後の子の頭が通らないためには11cmの間隔の手すりでよいが、柔らかいおなかがくぐりぬけて、宙吊りになることがある。ベビーベッドなら、8cm以下が安全である

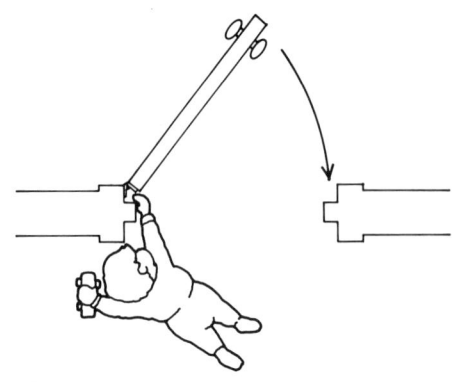

図10・3 つり元には大きな力がかかる（宇野，直井による）

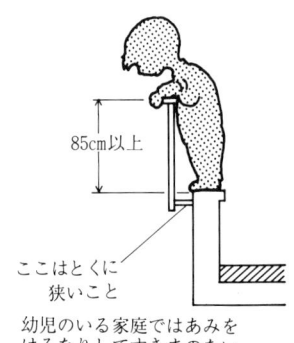

図10・4 安全な窓手すり（宇野，直井による）

重に遠ざけ、おとなが目を離してしばらく放置しても安心なようにしておきたい。2階以上のへやが遊び場となる場合、窓からの転落防止を真剣に考える必要があり（図10・4），階段の上下には安全柵が必要となる。熱源が見えている形の暖房器具は、安全柵つきであっても、乳幼児のひとり遊びに、まったく安心できるというものではない。

暖気の吹出し口が天井近くにあり空気を汚さない電気のヒート・ポンプ式冷暖兼用エアコンが最適であり、排気ガスが室外に排出されるタイプのガスまたは石油の暖房がそれに次ぐ。床仕上げ材を工夫すれば床暖房は理想の暖房といえるが、電気カーペット類は汚れの面から最適とはいえない。

安全に遊べるへやとともに、乳幼児期に必要なのは安全な屋外の遊び場である。遊びべやから庭に自由に出入りできるように、連続しているのが理想である（図10・5，6）。昔の家では当たり前だったこうした条件が、今ではとても貴重なものになってしまった。現代の集合住宅の中高層階では、狭いベランダがついているだけで、けっして乳幼児向きとはいえない。犬の散歩と同様に、毎日一定時間、おとなが付き添って外に連れだす日課が必要である。

4. 子どもべやの床仕上げ

はいまわったり、坐りこんで遊ぶ小さな子どもの遊びべやの床をどんな材料で仕上げるかは、たいせつな問題である。安価で色がきれいだという理由でカーペットが選ばれることが多い。しかし、これがあまり適切な材料でないことは1年使わな

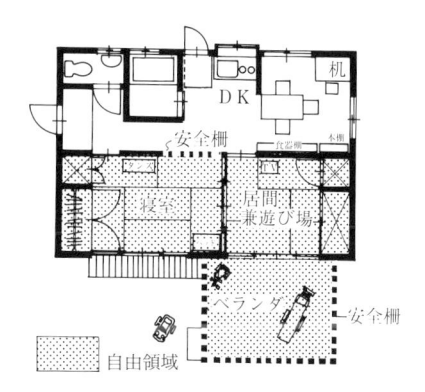

図 10・5　幼い子に適した接地型住宅（1/200）　安全柵越しにキッチンがあり，危険な物はDK側に集中させている．キッチンで働く母親を目で確かめながら，安心して遊べる

図 10・6　同住宅のベランダ部分
庭・ベランダ・家の中を出たり，入ったりして遊べる

いうちに証明されるだろう．乳幼児のための床の条件としては，まず第一に，当たりが軟らかで転んでも痛くない材料であり，冷たすぎないということ，そして丈夫で汚れが水拭きできること，掃除機がかけやすいことといった，メンテナンス上の問題がある．

イギリスの本では[(2)]，弾力性のある床材としてコルクや塩化ビニール・ソフトシートがあげられている．前出『子どものための住まい』の中では，乳幼児向けにパイル・カーペットの不適性を述べたのち，塩ビシートやリノリウム，ゴムタイルなどの半硬質床材を勧めている．

しかし，日本人の目から見ると，以上のような材料は硬すぎるのではないかと思える．それよりも，手近にある，安価で優れた適性をそなえた畳を見直したい．水拭きで汚れがふきとれること，掃除機のかけやすさ，傷んだ1枚の部分取り替えも簡単にできること，こういうメンテナンス上の利点が大きい．よだれや食物，ときには失敗することもある下の汚れも含めて，汚れやすい乳幼児の遊び場として，畳は好都合な条件をもっている．そのうえ，カーペットに比較しても優れた弾力性・保温力・吸音効果があり，国内ではどこででも比較的安価に一定の材質が保証される．一見，田舎臭いような畳敷のへやも，床面を広く使って遊ぶ小学生の時期までの子どもべやには，理想的な床材であるといえよう．畳の傷みが気になるなら，その上に畳表をつなぎ合わせたゴザ（ウスベリ）を敷き詰めて，畳替えの手間を簡単にすませるという方法もある．

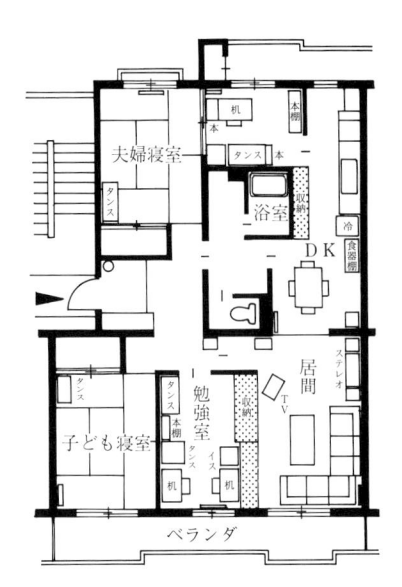

図10・7 就寝と勉強を分けた共同の子どもべや (1/200)（初見学による） 小学生なら，きょうだいのコミュニケーションをたいせつにするのによいし，和室でひろびろと遊べる
▒▒▒ は間仕切になる収納壁．居住者の希望によって取外しできる順応型設計

図10・8 ベッドを机の上に上げてしまった！ 馴れると落ちないが，面倒で床に寝ることも．(M. ハウイット自邸)

学 童 期

　この時期の子どもべやの位置に関しては，子どもの出入りが母親の目に触れる間取りであることが望ましいといわれる（母親が家にいると仮定してのことであるが）．つまり，2階の子どもべやへの階段が，玄関からあまり能率的に直結しているのはよくないということである．

1．分離就寝と持物整理

　学童期にはまだ個室が必要ではないが，おとなの寝室とは別に子どもべやがあって，適正な分離就寝ができることが必要である．また自分の学用品，玩具，衣類など持物がふえ，学校という自分自身の社会生活をするのであるから，自分の責任で持物を整理収納するスペースとしてのへやがたいせつなものとなってくる．よく，子どもべやをつくってもなかなかそこでは勉強しないとか，不用意に子どもべや無用論が唱えられることがある．しかし，持物を自分の領域で責任をもって整理し，自力で管理することはたいせつである．それによって，居間におとなのスペースの秩序を回復できることの意義も大きい．

　ただ，この段階で是非とも個室を与える必要があるわけではない．一般的にいえば男女を分ける必要もない．むしろ，家族のつながり，きょうだいの親しいつきあいができるように，きょうだい共用の子どもべやを与えることを考えたい．きょうだいにあらかじめ2室分のスペースが用意されている場合でも，昼のへやと夜のへやを分離するという考え方，あるいは机や本棚，洋服入れなどの家具が詰まったへやと何もない畳敷のへやをつくって，後者を遊びと就寝に当てるという方法もある（図10・7）．共同の遊びべやが，広い遊びスペースとなって楽しい．長子の中学入学を期して，

2階平面図

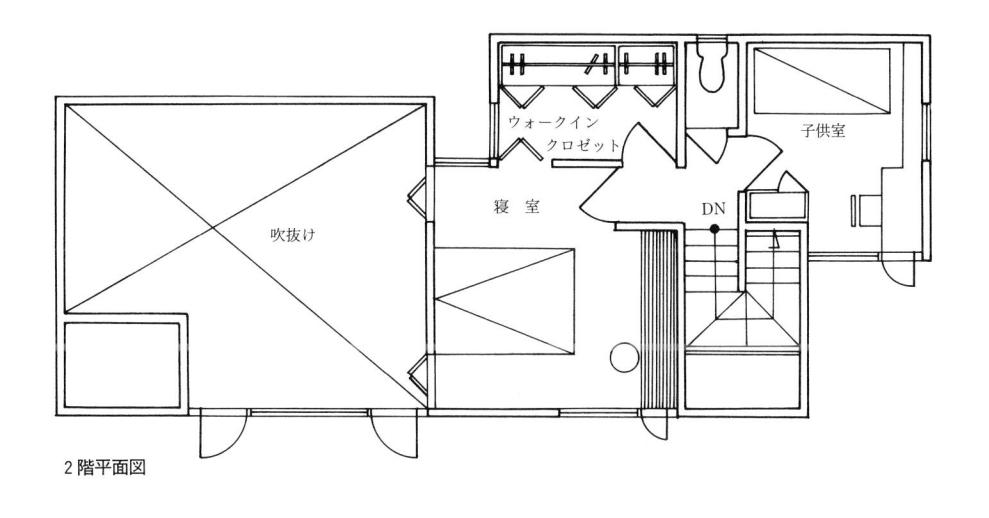

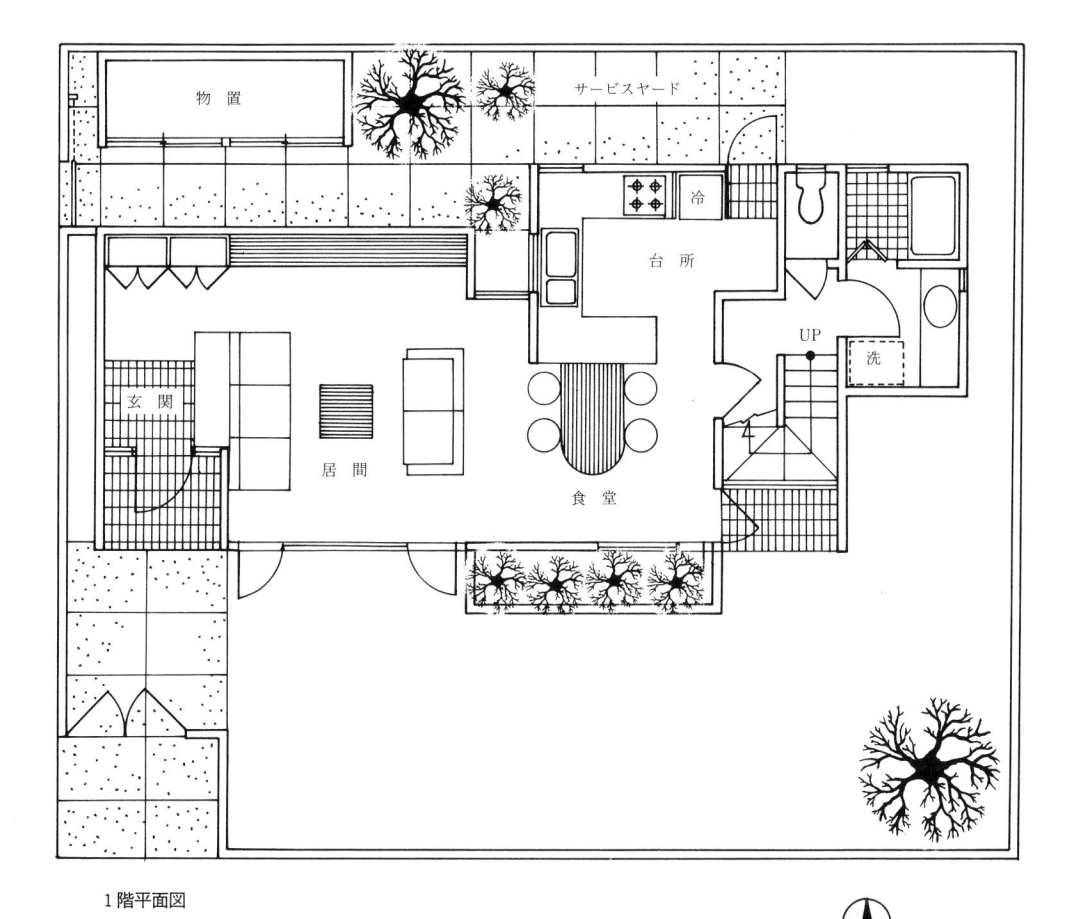

子供室
ウォークインクロゼット
寝室
吹抜け
DN

1階平面図

物置
サービスヤード
台所
冷
玄関
居間
食堂
UP
洗

図10・9 居間を通らないと2階の子どもべやへ上がれない間取り（1/100）（伊藤高光による）

子どもと住まい　95

個室化すればよいだろう．

2．ベッドかふとんか

　最近の建売住宅やマンションの場合，子どもべやというと板の間か安価なカーペット敷き詰めで，ベッド式にすることが定型化している．今では生まれたときからベッド育ちで，畳の上になど寝たことがない若者も多くなっている．2段ベッドで育った人にとっては，2段ベッドは憧れの対象でも何でもない．むしろその暑苦しさや整頓しようにもどうにもならない厄介さを体験した結果，ごく理性的に寝具を選ぶ事ができるようになっているのではなかろうか．

　限られた空間をどう広く使うかという場合，2段ベッドにしようか，ふとん式にしようかという選択が考えられてよい．洋間にも押入がついていると，ふとん入れとしてばかりでなく，不急の品物の保管場所にもなり，子どもべやが整頓しやすくなる．ラバーフォームのマットレスを使うことが普及しているので，子どもべやが硬い床であっても直接ふとんを敷くことにそう抵抗がないのではなかろうか．ベッドに比べて寒い時の掛けふとんの落ち着きがよくなる．実用的には畳敷の方が，遊びやふとん式就寝に好都合である．勉強机やイスも畳を傷めないような支持面の広い足のついた製品を選べば問題はない．

青　年　期

　中学入学を機会に，個室としての自分のへやが確立される必要がある．勉強中心に子どもべやを考えるならば，小学校上級から個室が必要だということになるが，それぞれの家庭の事情で異なる．本当に自分のへやがほしいという気持ちがでてくる中学入学の時期を契機として，その場をつくりだしてやる親の努力がほしい．この年頃になると，自分だけの好みでへやを飾ったり，自由に家具をアレンジしてみたいという欲求もでてくる．友達といっしょに過ごす場所としての自分のへや，きょうだいに邪魔されないで，自分のたいせつな品

図10・10　2段につくった洋服かけ　上段の洋服を目の高さまで下ろせるアップダウン・ハンガーも

物をしまっておける場所，ささやかなプライバシーをまもる秘密の城といったものがほしいものである．

　子どもの成長段階によって，どの程度親と離れるかということは，当然ながら変わっていくものである．家の中に，親の領域と十分に隔離された子の領域が確立されれば理想的である．その意味では離れ屋とか，2階が子どもの領分になるとよい．たいていの都市家庭では何度かの引越しを経験して住み換えていく．このような段階的変化にその時点ごとに対応するということは現実的な解決である．

1．収　納

　個人の持物すべてがこの1室に整然と整理収納できるようにとなると，これはなかなかむずかしいことである．現代の日本の若者は途方もなく物持ちであり，昔の基準でいえば衣装道楽といって

図10・11 押入つき4畳半の洋室 本は天井近くの棚に，ふとんは押入に片づけることによって広く使う

いい．今日では，狭い自分のへやを，みるからにすっきりとさせているのは，少し変わり者といわれるくらい，物を買わない，禁欲的な人であるに違いない．若者が身を飾るための出費を半分にして，その分を室内を整えるために使えば，同じ狭い室内でももっとよくなるに違いないのだが，容れ物と不釣り合いに，中身の方が多いのが実情である．

洋服を吊るして収納するワードローブ，たたんで収納する整理タンス，本棚，雑品収納戸棚，机のほか，押入と天袋があると便利である．ワードローブに関しては，衣服はその季節に着るすべてのものが，すぐに着用できる状態で収納するのが理想的であるから，ゆとりのあるスペースが望ましい．年齢差や個人差もあり，衣類を吊す収納戸棚は間口90～180 cmの範囲で考えるべきだろう．大学生以上の年齢層は，男女とも，身の廻りの品の持数は一番多い年頃であろう．どのように物を整理して収納するかということで，限られたスペースの使い方を工夫するより仕方がない．

本棚は普通間口90 cm程度が与えられるが，分量の多い場合，2重収納式も利用価値が高い．衣類と異なり，すべての本を常時展示しておく必要はなく，読んでしまった本は押入や天袋にしまっておいたり，天袋の位置にぐるりと棚を吊って収納するなりして，必要が生じるまで手の届きにくい場所に保管することにしてもよい（図10・11）．

2．家具・広さ・仕上げ材料

以上のような収納家具の他に，現代っ子のへやには各種オーディオ機器やその付属品，あるいは楽器類，化粧用の鏡と化粧用品（あるいは鏡台）が年齢に応じて加わることになる．音楽練習専用のピアノであれば，子どもの私室に置くのが合理的である．このようにみてくると，この時期の子どものへやは，キッチンとともに家中で一番家具

子どもと住まい　97

図10・12 和風の子どもべや ふとんを片づけてへやを広く使うことができる

の密度の高いへやであることがわかる．

　手狭ではあるが，住宅全体の間取りのつりあいからみて，子どもひとりのへやに押入つき6畳が与えられるなら良しとせざるを得ない．ぜいたくな場合でも8畳に押入つきがせいいっぱいであろう．全体を洋風のインテリアでまとめるのが自然であるが，寝る場所については，小学生の場合と同様，ふとんをあげおろしすることを勧めたい．壁を全部収納や装飾に使い，へやの中央にふとんを敷く方法なら，ベッド式の場合に比べてはるかに整然と片づいた室内になる．

　床面で遊ぶということがなく，ほとんどの時間を机の前に座っているこの年代では，床仕上げは家具をしっかり支える板の間かクッション・フロアがよい．好みで毛足の短いカーペットも使える．壁は一般的には安上がりにできるベニア板貼りの上にクロス貼り仕上げとするのが，みた目にもよく，画鋲もきくので便利であろう．

　音楽にどれだけ趣味があるかで必要度は変わるが，集合住宅や密集した1戸建ての場合，防音の問題は真剣に考える必要がある．天井，床，壁を重い材料で2重貼りにすることと，振動が下階へ伝わらないようにピアノの足にゴムの防震台をはかせること，吸音的な仕上げ材を貼ることなどを総合的に施工したうえで，ガラス窓を二重窓とし，窓を開けなくてすむように冷房装置をつける．

引用文献
(1) クレア・レイナー『子どもと住まい，住まいの本3』（鹿島出版会，昭和52）
(2) デリク・フィリップス『床仕上げの選び方，住まいの本11』（鹿島出版会，昭和53）

第11章
高齢者の住まい

　70歳を祝って古稀という．これは，「人生七十古来稀なり」という杜甫の曲江の詩から出た句である．職業生活上不遇であった47歳の頃，どうせめったに70歳まで生きることはない，酒に酔って短い人生の憂さを晴らそうとうたった詩だという．現代の日本では70歳まで生きることは普通のことであり，とくにめでたいほどの年齢ではない．老後生活のほんの入口であり，これから先が長い．

　65歳以上の人を老人と定義することが国際的にも通例になってきた．そして近年，老人（old people）という言葉は次第に高齢者（the elderly あるいは elder people）という言葉に置き換えられている．老人という呼び名が似つかわしくない人が多くなった故もあろう．

高齢者のイメージ

　大正年間には65歳まで生きる人は3分の1しかいなかった．つい50年前の1943年頃でも40％台にしかすぎなかったのである．今の高齢者は昔の人より10歳は若く，元気に見えるといわれる．しかし，一般に寿命が延びて高齢人口が増えてきたことから，否定的側面が強調され，高齢者のイメージは急速に下落してしまった．

　仮に人生85年とすると，高齢者といわれる世代にはその間20年の幅があり，千差万別の生活がある．ステレオタイプ化してひっくるめて弱者扱いすると，「うちのおばあちゃんとは違う」という違和感が出てくる．寝たきりや認知症ばかりがクローズアップされがちであるが，大部分の高齢者は健康で，自立的な日常生活を送っている．こうした中で，一般的に配慮の必要な高齢者の特性を知

> 平均寿命
> 日本人の平均寿命は80歳を超えて世界一である．女性の方が長生きなのは世界共通で，5〜6年の男女差がある．

表11・1　年齢・人体寸法（cm）

年齢		10歳	15歳	20歳	40〜49歳	60〜69歳	70歳以上
身長*	男性	138.3	168.6	172.3	171.4	167.0	162.1
	女性	139.8	156.8	159.5	157.9	153.4	148.8
手をあげた時の中指の先端の高さの測定値**	年齢			成人		60〜69歳	80歳以上
	男性			217（cm）(165cm)		188 (155)	182 (152)
（　）内は被測定者の身長	女性			202 (154)		173 (143)	166 (138)

＊　平成28年（2016）国民栄養調査結果による
＊＊　小滝一正他「老人住宅の設計に関わる老人の生活動作特性に関する研究(1)」，新住宅普及会『住宅建築研究所報（1976）』所載の数値による

り，だれもが生活上の障害を意識せずに過ごせる住環境を考えたい．若くて元気な男性の平均像（The Average）を基準に住環境を設定するのでなく，われわれの社会は女性も子どもも，高齢者も障害者も，あるいは病気の人もいる多様な構成なのだということを前提に，'人にやさしい環境'をつくっていくことがたいせつである．

高齢者の特徴

　高齢者の8割は健康で自立的な日常生活を送っている．しかし，こういう普通の人も若者とは明らかに違う特徴を持っており，快適で自立した生活を長く続けるためには，住まいにそれなりの配慮が必要である．一般に高齢者の特徴といわれることのうち，とくに住生活と深く関連する事柄について，まとめておきたい．

1．身体面の特徴

① 小柄なこと

　高齢者はおおむね小柄な人が多い．戦後の生活の変化によって，若い世代の身長が大幅に伸びた結果，高齢者は平均すると12～3cm，若者より背が低い[1]（表11・1）．さらに，年をとると足や腰が曲がったり，筋肉組織が縮む結果，一層小さくなっていく．75歳の高齢者を対象にした追跡調査では，5年間に平均して座高で1.5cm，足の長さで3.6cm（女性の場合）縮んでいたといわれている[2]．

　また，どこまで手が届くかという実験結果をみると，若者では床高189cmの棚に手が届くが，高齢者では169cmと20cmもの差が出ている[3]．個人差はあるがこういった傾向のあることを知った上で住まいを考えることが必要である．

② 運動能力の衰えと骨折の危険性

　とくに訓練を重ねた人や，専門的能力に熟達している場合は別にして，一般に高齢者に共通することは，若い時よりも，筋力が弱り，リューマチや関節炎なども加わって柔軟性が乏しくなり，動作に力が入らないことである．そのため手の動き

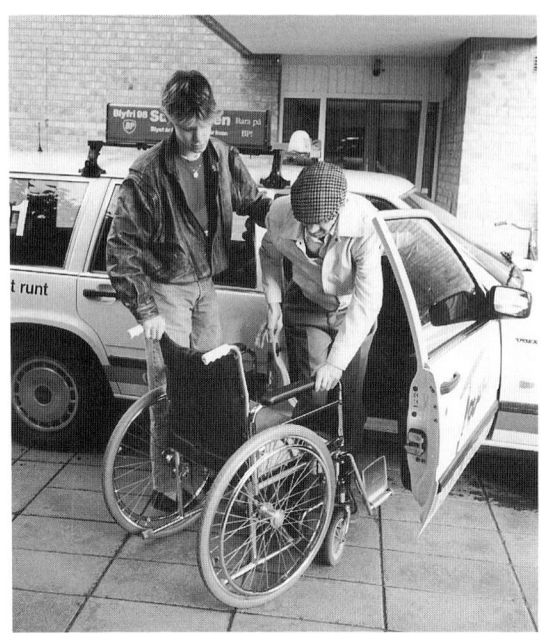

図11・1　人にやさしい環境づくり　住環境とケアが完備してはじめて住みやすくなる　（スウェーデンの病院入口で）

が不器用になったり，運動能力が衰え，足元があぶなくなるということもあるし，ころんだ場合，骨折しやすい．骨折や軽い脳卒中の後遺症で身体に障害が残る場合も多い．

③　視力，聴力，嗅覚の衰え，もの忘れ

　老眼とは近い所を見る時の調節能力が落ちることであるが，その他にも，急に暗い所へ入った時の目の馴れのスピードが遅いことや視野が狭くなること，眼鏡で調整しても，照度を高くしないとよく見えないということがある（図11・2）．老人性白内障に罹る人も多く，白色と黄色が見分け難かったり，鮮明な色彩でも濁って見えるなど，色の見え方に変化が生じる．

　一般に高齢者は静けさを好み，子どもの叫び声や自動車などの騒音には敏感である．聴力の衰えは視力より個人差が大きいようであるが，孤独やトラブル（テレビを大きな音で聞くなど）の原因になる．嗅覚の衰えは場合によっては身の安全に関わる障害となるので無視できない．

　もの忘れを高齢者の身体面の特徴に入れるのは

図11・2 視力の落ちた高齢者には明るさが必要

分類の厳密さからいうと適切ではないのだが，便宜上ここで述べておく．'おっとウッカリ' といった程度から深刻な認知症までさまざまであるが，安全面にかかわる問題として考慮に入れておく必要がある．火の不始末から火事を出すのではないかという不安が，高齢者独居が近隣から嫌われる一因である．

④ トイレが近くなる．
　高齢者は夜間に一度はトイレに行く人が多い．
⑤ 寒がりで冷えを感じやすい．
⑥ 病気が多くなる．
　高齢者の半数は何らかの病的な自覚症状を持っており，医療を受ける機会も多くなる．年齢階層別の受療率をみると，65歳以上の人は若者の6倍に当たる高率である[4]．

2．生活面での特徴

① 住宅内および住宅近辺で過す時間が長い．
　退職後はとくに住宅内や住宅近辺での生活時間が長くなり，住宅は乳幼児時代と同様，高齢者の生活にとって大きなウエイトを占めるようになる．

② 金銭感覚の相違
　収入パターンの相違や，モラルの違いがあり，若い世代とは金銭感覚の相違がみられる．

③ 適応力の低下
　古いものにこだわり，新しい時代についていけない傾向がある．現代のように日常生活の環境や装備が目まぐるしく変化する時代にあっては，高齢者は新しい変化についていくのに大変な努力を要する．

④ 早寝早起き・不眠
　一般に睡眠時間が短くなり，寝つきが悪く，眠りが浅く，朝が早起きになるのが高齢者の通例である．ある調査では平均して10時頃床につき，朝5時半に目が覚めるが，実際に眠っている時間は5～6時間であるという[5]．これは，トイレが近くなって，明け方に起きてしまうことや，運動不足になりがちなこととも関わりがあろう．高齢になると昼寝や居眠りをする人も多い．

⑤　食生活の変化

　余暇が多く，日課が単調になる老年期は，生活の中で食事の楽しみの比重が増してくる．しかし，過ごしてきた時代の違いから来る食習慣の相違に加えて，歯が悪いこと，代謝の変化による嗜好の変化などがあり，若い世代と食生活上の要求の異なることが通例である．さまざまな成人病のための食事療法が加わることも多い．

高齢者の住まい

　高齢者が快適で自立した生活を過ごすには，買物，通院，付き合いなどのために，交通便利な場所がよい．少々不便でも，自然に恵まれた環境のよい所に隠棲しようというのでは，日常生活が成り立たなくなる心配がある．顔のつながった人々の多い，元からいた地域に住み続けられれば，理想的である．

　家造りについては，従来の隠居所というと，趣味的な面ばかりが強調されて，機能面の配慮がまったく欠けている場合があった．もちろん人生最後の住まいとして，本人の趣味を満足させることはたいせつなのだが，これまで述べてきた高齢者特有の条件を踏まえて，高齢者に適した住宅を考えるとしたらどうしたらいいのだろうか．その基本には安全性に加えて，自立した生活をできるだけ長く続けられるようにという基本方針と，さらに，体が弱った場合，家人や他人に応援を求めやすい住まいづくりが必要である．

1．家の手入れと設備の更新

　現代の日本では多少力のない高齢者や不器用な人でも便利な新しい設備の力を借りて，相当に快適な生活が営めるはずである．しかしそのためにはまず，通常の住宅としてきちんと整備・修繕され，通常の設備が整っていることが必要である．高齢になると，「どうせあまり長くはないのだから」とか「めんどうだ」とかの理由でこわれっ放しの家に住み続ける例がある．例えば，床が抜けかけていたり，雨が漏ったり，戸の建て付けが悪かったり，あるいは流しのコックが堅いとか締まらないとか，雨戸が開かないとか鍵が掛からないとか……．こういうところの修理がきちんとできていることが必要である．

　最低限度必要な設備として，好きな時間に入れる内風呂があり（家の中から焚けるようになったガス風呂であり），衛生的で，掃除が楽な水洗便所，姿勢の楽な腰掛便器が使えること，電気冷蔵庫，洗濯機とテレビそして電話があげられる．どこの家にもあるこうした文明の利器は高齢者の生活を昔に比べてとても便利にしている．一般家庭なら，どこにでもあるこうした設備を購入し，こわれたらきちんと修繕したり，買い換えたりして，まともに利用できるようにしたい．操作が単純で分りやすいこと，表示は日本語による読みやすい大きさであることがたいせつである．高齢者向けに使いやすく考えられた製品がまだまだ少ないのは残念なことである．

2．理想は平屋建

　敷地の狭い現代の都市住宅では2階に寝室，1階に居間という間取りが多い．平常は仕方ないとしても，けがや病気の場合，1階だけで用が足りるように，玄関のある階に，キッチン，浴室・便所・洗面所の他，寝室に使える部屋がひとつあると安心である．その意味では，狭い2階建よりは，アパート（エレベーター付か1階）で同じ平面に全部の部屋がある形式の方がよい．

　どうしても階段が必要な家では，傾斜を緩やかにすることと，必ず手すり（高さは腰骨の位置，およそ72cmの高さを標準とし[6]，直径4～5cmくらいが握りやすい）をつけることが必要である．伝統的な日本の家の2階は急勾配の階段（畳の長辺すなわち1間分で上がりきる型）が多かったが，通常の生活の場としては使われていなかった場合が多い．最近の住宅のように2階もフルに活用する建て方では，もっと勾配の緩い階段（できれば2間分で上がる型）を使わなくては生活しにくい．既設の階段で改造困難な場合のために，図11・3のような階段昇降機や住宅向けエレベーターも開

図11・3　家庭用に開発された階段昇降機

発されている．

　従来の日本建築の工法では，廊下と畳の部屋，敷居の突出など，同じ階の中でも，小さな段差ができる．これらはつまずきの原因をつくり，高齢者のためにはよくない．その他，安全な階段の一般的条件を考慮するとともに，特に階段の踏み面を深く取るようにする．

3．収納スペースを多い目に

　欧米の高齢者施設では，おしきせの家具ではなく，入居者個人の愛着のある家具を持ち込んで，好みのインテリアの中で生活することが基本となっている．高齢者は若者ほどに目まぐるしく新しい商品を追いかけはしないが，その長い人生に溜まって来た数多くの品々を持っている．押入やタンスなど相当多くの収納スペースが必要である．身体的特徴の項で述べたように，手の届く範囲や身体の不自由な場合の危険性を考慮すると，無理な収納もある．天袋などは若い人の手を借りて出し入れする場所と考える．使いやすい収納スペースが多く必要となり，その分よけいに間口を取ることになる．

4．暖房・熱源

　設備を考える場合，設置費は高くついても，維持費の安い方式を選ぶ方が高齢者向きであろう．暖房温度は通常より2〜3度高く設定する．住宅全体の暖房が望ましいし，寝室や脱衣室・トイレにも欲しい．暖房温度の目安は20度〜21度とし，夜間も10度以上を保つようにする．安全のためには床暖房は理想的である．電気なら部屋ごとに調節可能なエアコン，ガス器具なら自動安全装置のついた機種を選ぶ．

　キッチンの火の消し忘れで火事を起すのではないかということが心配される．ガスが漏れて爆発する危険は，点火ミスの場合にガスが溜るガス魚焼き器やガス・オーブンに多いので，これらは電気器具が安心である．また，オーブンの位置が調理台表面より低いと，中が見えにくくて危険である．これを電気にして，レンジ面より高い位置に据えることが必要である．一般に電気のレンジはガスより安全のように考えられているが，弱火では火色が見えないためon，offの区別がはっきりしない欠点がある．電磁調理器も同様である．異常過熱した時に自動的に切れる装置がついていない限り，ガスの方が消し忘れ事故の可能性は少ないだろう．最近出回り始めたハロゲンヒーターは視覚的な確認がしやすい点で安心感がある．またこれは，電磁調理器と異なり，利用できる鍋の材質を選ばない．

5．照明

　若い人よりも視力が弱いし，目がなれるスピードも遅いので一般に高い照度が必要とされる．おおまかにいって手元灯を若い人の2倍の照度に設定する．安全に関わる廊下，階段などの通路には足元に常夜灯の設置が望まれる．

6．起居様式

　高齢者向きというとすぐに和室を想像し勝ちであるが，機能的には必ずしも和室が適しているとはいえない．フトンの上げ下ろしの手間がいらず，いつでも横になれて，起き上るのも楽なベットは

> **バリアフリー・デザイン**
> 障壁除去設計．身体的ハンディを補う補助器具や，機器と連携して，ハンディキャップのある人が通常の生活行動を支障なく行なえるようにする環境設計．狭義には車イスでのアクセス可能な設計の意味で用いられる．

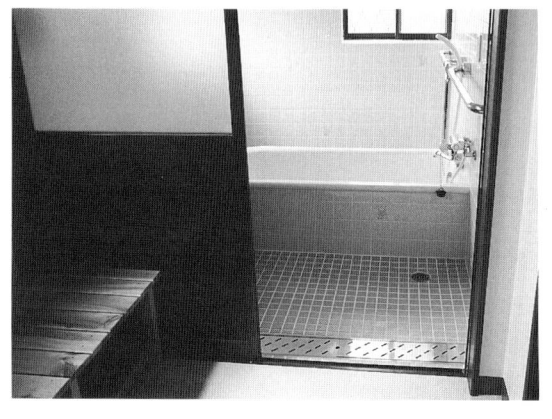

図11・4　浴槽の縁の高さに腰掛けをつけたフロ
三方に人が立てるようにすると介助入浴ができる
（図11・4～6は徳島市光洋建築事務所の設計施工）

図11・5　段差のない浴室入口
水のあふれ出しを防ぐために溝をつけている

高齢者にこそ向いている．和風の好みであれば和室にベッドの組み合わせを考えてもよい．身体が沈み込まない固いベッドを選択する．

ふとん干しはなかなかの重労働であり，部屋からすぐ干せるようになっていると楽である．昔からの木綿わたの敷ふとんは重いので，新しい羊毛わたふとんとマットレスの組み合わせに変えると軽くて扱いやすい．

車イスを使うような場合を考えると車が動きやすい平滑な床面が好都合であるが，滑らず，転んでも比較的安全な軟質の床の方が一般には向いている．ベッドの場合もふとんの場合も，高齢者はとくに枕の廻りに色々な物（薬，ラジオ，水やお茶，本など）を置いて散らかりやすい．寝室を独立させて，居間を分離するのが望ましい．二室に分けておくと，来客の時にも具合が良いし，病気の時など付添う人が泊り込むのに好都合である．

床にじかに坐りこんだり，床から立ち上がったりする動作よりは，イスを使う方が楽である．とくに高齢者向きには座面が高くて硬めのイスの方が，ふかふかと埋まってしまう低いイスより坐りやすく，立ち上がりやすい．

7．トイレ・浴室

寝室から近い所に腰掛便器のトイレをつくる．この場合ドアは内開きにすると中で倒れたりした場合に外から助け出すことができないので，外開きの方が安全である．扉に鍵はつけない方が安心であるが，つける場合は非常の場合に外からも開けられるものにする．介助者が一緒に入る余地のある広さがあると，安心だし，車イスにも対応できる．

高齢者のための浴室は介助の必要が生じた時のために，広い目の洗い場をとりたい．本当に身体がきかなくなった人の入浴介助のためには，浴槽の三方に人が立てる作業空間が必要である．トイレにも共通することであるが，手すりやポールをつけて動作を楽にする．押しボタンでいざという時助けを呼べるようにして，事故に備える．

浴室は埋込み式の浅い浴槽が入りやすく，浴槽の縁は高さ38cm以下にする．集合住宅などに多い和風据置き浴槽は，またいで入る動作に無理がある．安全な踏み台か，腰掛けがあると入りやすい（図11・4）．床は滑らないような材質を慎重に選択する．木のすのこはその点では良いのだが，

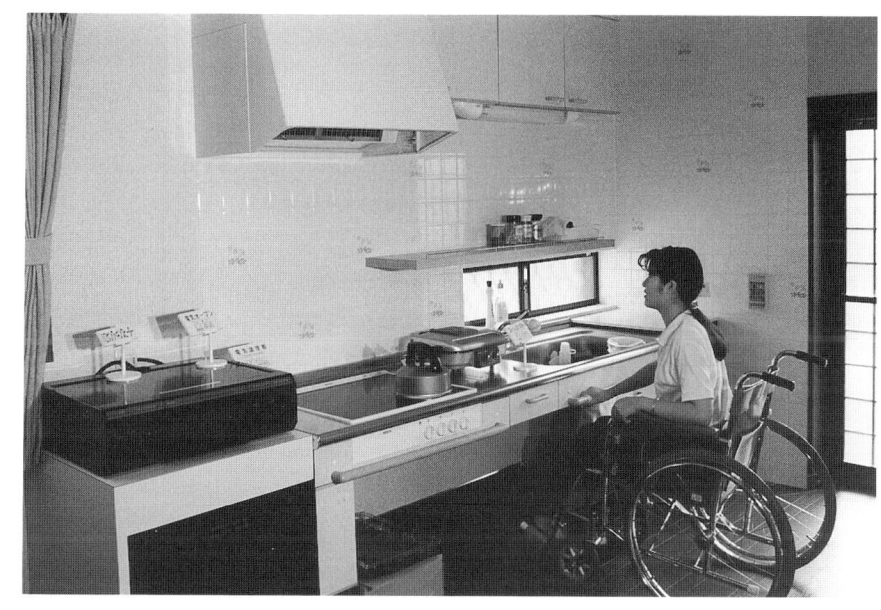

図11・6 車イス対応のキッチン 事務机くらいの高さに設定．流しやこんろを浅くして，膝が入る余地を作る（キッチンメーカー市販品）

重くて手入れがしにくいので，樹脂系のざらざらした軽いものの方がよい．また，介助の必要に備えて脱衣スペースは広い目に取っておく．

8．仏壇・神棚など

現代の日本人は宗教心が乏しいことでは世界でも有数の国民である．しかし，身近な人を失ったり，死が迫っていると感じる世代の人たちは，若い人とは違った気持ちで仏壇や神棚に向かうものである．今まで祖先を祭る場所が家の中になかった場合でも，誰かの死をきっかけに，写真や位牌を置いて敬虔な気持ちに浸る場が必要になってくる．そのためには高齢者の居間の中の出入り口から遠い，落着いた場所をあてるようにする．

9．庭・ベランダ

植物の世話は多くの高齢者に共通の趣味である．経験が物をいい，せっかちな若者には真似の出来ない，高齢者にぴったりの趣味である．配偶者や長い付き合いの同年配の友達を失って孤独に陥りやすい世代にとって，生き物の相手は大切なことであり，その趣味が尊重されるように考えたい．

図11・7 植物の手入れがお得意の高齢者が多い

高齢者の住まい　105

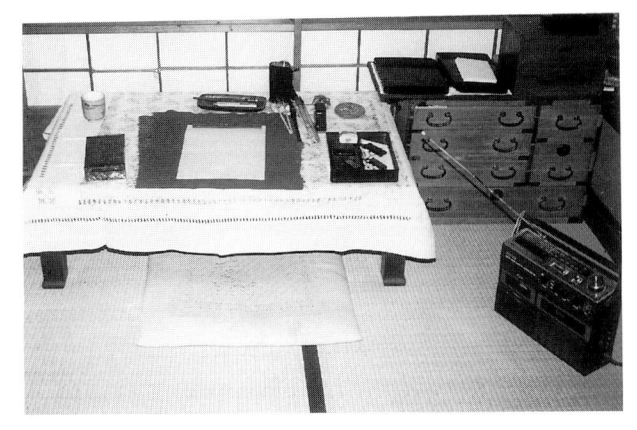

図11・8　書道は年を重ねるほど味の出る，奥の深い趣味である

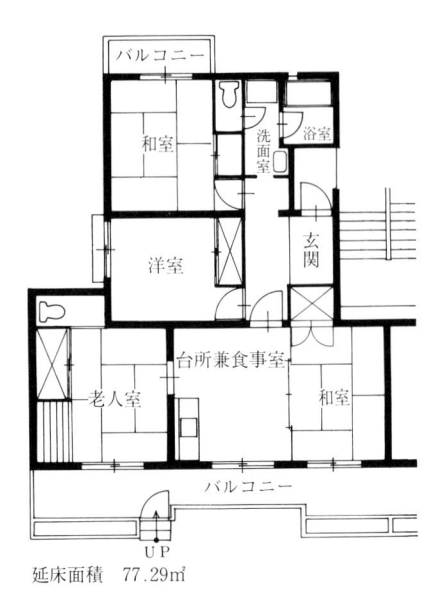

図11・9　3世代同居向けの公営住宅
（1/200，大阪府による）
延床面積　77.29㎡

　以上の高齢化に向けて住まい造りの上で，あらかじめ配慮しておくべきことをまとめると，次のようになる．

① キッチン，浴室・便所・洗面所，および少なくとも1寝室が玄関と同じ階にあること．
② 浴室・便所・洗面所は介助者や車イスにも対応できるように広く造っておくこと．
③ 廊下の幅を内法850mm以上にすれば車イスが直進するだけでなく，廊下に接する部屋に入ることができるし，手すりをつける余地もある．内法800mmでは直進して通り抜ける通路としてだけの役に立つ．
④ 段差を作らないこと．
⑤ 壁に手すりのつけられる下地を作っておき，必要な時に手すりをつける．

同居・近居

1．同居の住まい

　日本の高齢者はその半数が子どもと同居する形で暮らしている（表11・2）．これは高齢化先進国の欧米と比べて事情が大きく違うところである（表11・3）．個人主義的な欧米よりは，家族主義的な伝統を色濃く残しているのが日本型の特徴である．

　老若世代の同居においては，ひとつ屋根の下で適度の交流を保ちつつどのように生活を分離するか，またどの程度，高齢化対応設計を取り入れるかということが主要な課題となる．高齢者の居室の独立性が高く，便所に近い位置にあるというのが最低条件であるが，出来れば専用便所のあることが望ましい（図11・9）．この最低条件の住まいでも，借家やマンションを探す場合には，なかなか見つからないのが実情であろう．寝る時間帯のずれが大きいので，若い世代の寝室群と違う階や，離れに部屋がある程度の距離が理想的である（図5・3，図9・3）．

　高齢者が夫婦健在な場合や女性独りの場合，食事やお茶を別にするためにキッチンが別々にあるとよい．これは食事の好みや，分量，時間も異なる2世代が無理に合わせて生活するわずらわしさをなくし，おたがいの間に適当な距離を保ち，無用の摩擦を防ぐのに役立つ．これによって，それぞれの来客にも気兼ねなく，自由に自分の世界を広げることが可能である．

　このキッチンをそれぞれどれだけの規模のものにするかはその家族の固有の事情によって異なるだろう．若夫婦世帯が中心の家に高齢者が同居した形なら，高齢者側がキチネットになるし，その逆もあり得る．最近では，高齢者夫婦が主になっ

表11・2　世帯構造別65歳以上高齢者のいる世帯の比率

| 年次 | 総数 | | ひとりぐらしの世帯 | 夫婦のみの世帯 | 子と同居 | | その他の世帯 | 65歳以上の者のみの世帯（再掲） |
	世帯数単位1000世帯	比率%			親と未婚の子どものみの世帯	三世代同居の世帯		
1975	7,118	100.0	8.6	13.1	9.6	54.4	14.4	15.0
1985	9,400	100.0	12.0	19.1	10.8	45.5	12.2	23.1
1995	12,695	100.0	17.3	24.2	12.9	33.3	12.2	34.4
2005	*18,532	100.0	22.0	29.2	16.2	21.3	11.3	45.0
2015	*23,724	100.0	26.3	31.8	19.8	12.2	10.1	53.5

* 65歳以上高齢者のいる世帯の，全世帯に占める割合は2005年では39.4％，2015年で47.1％である．

表11・3　高齢者の同居家族の国際比較（2015）　（単位％）

	日本	アメリカ	ドイツ	スウェーデン
単身世帯	15.5	38.0	40.6	47.9
夫婦二人世帯	36.5	38.3	47.7	47.4
本人（配偶者がいる場合を含む）と親の世帯	3.3	1.0	0.2	0.1
本人と子（配偶者がいる場合を含む）の世帯	26.9	10.7	6.5	2.5
本人と子と孫（子、孫ともに配偶者がいる場合を含む）の世帯	13.4	7.1	0.1	0.4
その他	4.4	5.0	4.6	1.7

資料：内閣府「平成27年度　第8回高齢者の生活と意識に関する国際比較調査」
　　　（施設入居者を除く）を対象とする

て孫の世話を引き受けている共働き家庭も多いが（図11・10），この場合なら高齢者用のキッチンは大家族にも対応できる大きさが必要となろう．

2．二世帯住宅

老若の独立性を一層高め，戸締りや火の始末など各世帯が責任をもって生活するためには，玄関，水道・ガス・電気のメーターや電話を分けることを考えてもよい（図11・11）．このように，独立した2戸が近くに住まう形は'スープのさめない距離'として昔から老若2世代の理想の住まいといわれてきた．

日本の古い建て方では離れ形式が多く，これは同一敷地内に別棟で建てられていた．近年，二世帯住宅の名で拡がっているのは，もともと親が所有していた土地つきの持家を増改築するケースが多い．密度は上がるが機能的には住みやすく改善され，老若2世帯が住み分けできる家を新しく建てるものである．まったく別々のアパート暮らしのような形態や，独立しながら内部での接点を持つもの，あるいは従来の同居タイプと変わらぬものまでさまざまのレベルが見受けられる．自力ではなかなか好条件の住まいが得られない若い世代の要求と，孫や子となるべく近くで賑やかに暮らし，老後の不安も解消できると考える老世代の要求が合致する点に人気の出る要素がある．しかし現実には2軒分の家を同時に建てる大規模工事であり，まだ事例が多いとはいえない．

二世帯住宅の形として近年登場してきた総2階タイプは（図11・12），元の敷地での建て替えには好都合なプランである．このタイプでは，上に子どものいる若年世帯が住むのが通例であろうが，振動や物音が下に伝わらないか，2階に浴室を設置しても漏水しないのか，物干し用のベランダが取れるかなどの確認が必要である．構造がRC造なら安心だが，その他の場合は，昔の木造長屋の

ように物音が筒抜けにならないために，構造上の工夫をしたり，間取りを考える必要があろう．

身体障害者も住める住宅

家族のひとりに障害がある場合，その人も含めて利用可能な住まいを作っていくことが必要である．障害者を配慮した住まいも基本的には高齢者と同様に考えることができるのだが，高齢者と障害者はまったく同じではない．たとえば，高齢者は体力全体が弱っており，車イスを操作する腕力などは，下半身だけに障害を持つ若い人と同列ではない．障害の状況はひとりひとり異なるものであり，その障害に適合した特殊な要件を満たした特別仕様が考慮されなければならない．

多くの場合，通路，浴室・便所・洗面所あるいは当人の寝室などでは通常以上の余分な面積を必要とする．設備機器の取扱い高さや窓の高さなどにも配慮が必要である．障害者に配慮した住宅は，欧米での設計理念としては，多くの戸数がまとまって配置されるのではなく，分散的に一般住宅に混合することや，障害者用であることを視覚的に歴然と示すデザインを避けるように求められている[7]．

引用文献
(1) 平成5年版『国民栄養の現状』
(2) 科学技術庁資源調査所「中高齢者の食生活研究会報告書」(日経新聞，夕刊，'86.8.16)
(3) 小滝一正他「高齢者住宅の設計に関わる高齢者の生活動作特性に関する研究―物理的条件の変化が高齢者に及ぼす影響に関する研究―収納実験を通して―」『住宅建築研究所報（1977）』(新住宅普及会) より
(4) エイジング総合研究センター編『高齢化社会基礎資料年鑑1994年版』p.200より，厚生省による1990年患者調査．

図11・10 共働きの両親を助けて祖父が孫の勉強相手

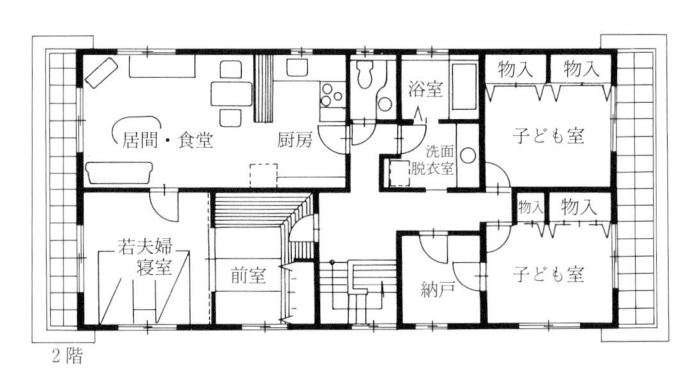

図11・12 総2階の2世帯住宅（大成パルコン設計施工）

(5) 高阪謙次「高齢者の生活行為とディテール」『建築知識』(1982.9), p.92より
(6) 吉田あこ『建築設計と高齢者・身障者』(学芸出版社, 1983)
(7) イアン・コフン他『ハウジング・デザイン―理論と実践―』(鹿島出版会, 1994)

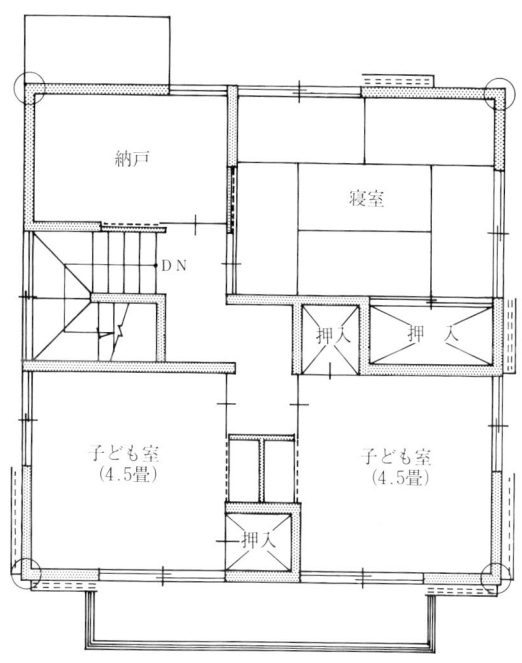

B住宅2階平面図

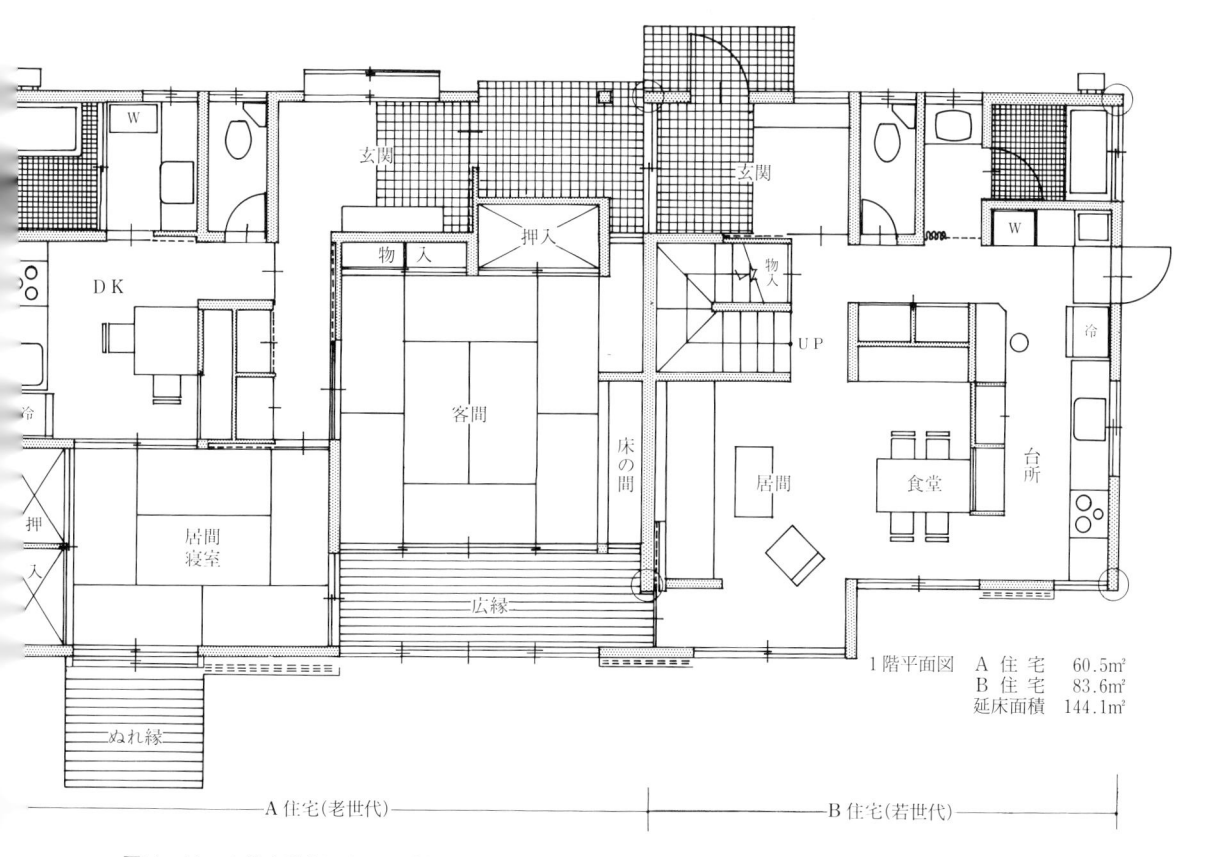

1階平面図　A 住 宅　60.5m²
　　　　　　B 住 宅　83.6m²
　　　　　　延床面積　144.1m²

図11・11　8畳座敷をはさんで連続するが, 独立した設備をもつ2世帯住宅（1/100, 吉田桂二による）

演習問題

1. 100 lx の照度が必要な8畳間には何Wの蛍光灯が必要か．天井からの吊りさげ型として考えよ．

2. 次の文章に○×をつけよ．
   ( ) 子どもべやは幼児の時から，なるべく2階に設けて，独立心を養う．
   ( ) 老人には畳敷の和室が適している．
   ( ) 老人には洋風便器が適している．
   ( ) 老人向けに，廊下の手すりの高さは90cmぐらいがよい．
   ( ) 夫婦寝室は和室にして，昼間は他の用途に兼用するのが，日本的現状に適している．

3. 白熱灯と蛍光灯の特性を比較せよ．

4. 子どもに自分のへやを与えることの意義について，その成長段階に分けて論述せよ．

5. こどもべや不要論がある．なぜだろうか，考察せよ．

6. 図5・8，図9・3，および図10・9はそれぞれ，子ども部屋と居間の位置関係に特徴がある．どんな生活タイプの違いがあるかを討議してみよう．

7. 乳幼児の遊びべやの床仕上げは，どのような条件を考慮する必要があるか．種々の材料を比較して論ぜよ．

8. ワンルーム式バスルームの欠点をあげよ．

9. 浴室を夫婦寝室に付属させる欧米式の欠点を考えよ．

10. 老人が若い世代と同居して，うまくいかない理由を考えよ．また，娘夫婦との同居が望ましいといわれる理由を考えよ．

11. 老若世代が同居しながら，摩擦を避けるためには，住まいにどのような配慮が必要かを述べよ．

12. ①図9・3を1/50の縮尺に拡大せよ．コピー機で1/100の図を1/50にするには，何％の拡大にすればよいか．
    ②1/50の図に住まいかたを想定して，家具を描き込め．あらかじめ家族構成を設定してから考えること．

13. 高齢者が安心して住める住まいについて述べよ．

読書案内

1 (A) 『子どもと住まい』クレア・レイナー著，中島明子訳（鹿島出版会）
2 (B) 『子どもと住まい』小川信子編（勁草書房）
3 (A) 『バスルーム』G・グルーデン著，湯川聰子・中野迪代訳（鹿島出版会）
4 (B) 『建築設計と高齢者・身障者』吉田あこ（学芸出版社）
5 (B) 『住まいの安全学』宇野秀隆・直井英雄（講談社ブルーバックス）
6 (B) 『セミナー健康住居学』高野健人 他 共著（清文社）
7 (A) 『シックハウス症候群』鳥居新平（徳間書店）
8 (B) 『高齢者・障害者のための住居改善』馬場昌子 他（学芸出版社）
9 (B) 『高齢者・障害者の住まいの改造とくふう』野村歓（保健同人社）

（A：気楽な読物，B：一般書，C：専門書）

第Ⅳ部
現代の住まい

ニューヨーク（撮影・小出正視）

第12章
住宅の選択

昔の人と違って，今の日本人はとてもよく住まいを変える．建設省の調査によれば，過去5年間に居住状況が変化した世帯は，住み替えと増改築を合わせて40％近くに上るという（図12・2）．また，年々着実に住まいの質は向上しているにもかかわらず，住まいの現状に不満をもっている世帯は，やはり40％近くもある．今の家をなおすか，次の家を探したいという形での，住まいへの関心は非常に高いといえよう．

住まいを探そうという場合，どんな住宅が選択ができるのかを知ることはたいせつである．ここでは，住環境について考えるべき条件と，さまざまな所有形態の住宅に関する知識を身につけ，住宅問題への視野を拡げるようにしたい．

住 環 境

住まいの選択に際して，住環境を無視して論じることはできない．住まいを探すときに，いったい，どんな環境条件を考慮する必要があるのだろうか．

土地や，環境の条件は1つ1つ異なっており，一定の経済条件のもとで，あらゆる点が理想的だというわけにはいかないものである．いろいろな側面から検討したうえで，自分の住まいとしては何がたいせつで，何はがまんできるのかということを，チェックして選択することになろう．

1. 自然的環境条件

風景や静けさなどに加えて，物理的環境条件（寒暖の程度，降雨降雪量，湿度，風当り，地形，日照，通風など）が問題となろう．一時的な住まいなのか，永住するつもりなのかで，各自が住まいに要求する条件は異なってくる．年齢や家族構成，個人的な好みによっても変わるだろう．健康で，多忙な人びとは，自然環境条件には無関心で，その分，都市的利便性を求める場合が多い．同じ人でも若い独身時代と家庭をもってからとでは，まったく観点が変わるものである．

2. 都市的環境条件
① 都市計画的条件（用途地域，防災面，保安面，道路整備状況など）
② 交通条件（公共交通網の整備状況，通勤通学の便，日常買物の便）
③ 施設の有無（遊び場，医療施設，公園，保育所，集会所など）
④ マイナス要素（騒音，振動，悪臭などの発生する工場や飼育場，風俗営業，幹線道路や鉄道，高層建築など）

若い単身者にとって，非常に重要な条件が都市的環境条件である．とくに，通勤・通学費用や時間の経済から，交通条件がすべてに優先するという考えも多いに違いない．わが国の都市の通勤条

図12・1 ユニテ・ダビタシォン 1952年，ル・コルビュジェ設計．南仏マルセイユに建つ，今世紀最大の建築家の手になる建築．太陽・空気・緑をもとめて，「輝ける都市」の構想を実現したといわれる．公園の中に建つ，壮大な建築で，住宅だけでなく，商店や幼稚園の施設など，いわば環境ぐるみ1つの建物の中に入っている．外観の美しいプロポーションは30年後も変わらないが，内部は住宅から事務所などに転換し，荒れてきている．

図12・2 2段駐車のマイカーで埋まる団地の中庭

表12・1 用途地域（新都市計画法・建築基準法による）

	用途地域名称	地域の性格	容積率（％）	建ぺい率（％）
住居系	第1種低層住居専用地域	低層住宅の専用地域	50,60,80,100 150,200	30,40,50,60
	第2種低層住居専用地域	小規模な店舗の立地を認める低層住宅の専用地域		
	第1種中高層住居専用地域	中高層住宅の専用地域	100,150,200 300	
	第2種中高層住居専用地域	必要な利便施設の立地を認める中高層住宅の専用地域		
	第1種住居地域	大規模な店舗，事務所の立地を制限する住宅地のための地域	200,300,400	60
	第2種住居地域	住宅地のための地域		
	準住居地域	自動車関連施設等と住宅が調和して立地する地域		
商業系	近隣商業地域	近隣の住宅地の住民のための店舗，事務所等の利便の増進を図る地域		80
	商業地域	店舗，事務所等の利便の増進を図る地域	200～1000	
工業系	準工業地域	環境の悪化をもたらすおそれのない工業の利便の増進を図る地域	200,300,400	60
	工業地域	工業の利便の増進を図る地域		
	工業専用地域	工業の利便の増進を図るための専用地域		30,40,50,60
都市計画区域内で指定のない地域			100～400	50,60,70

平成4年改正

住宅の選択

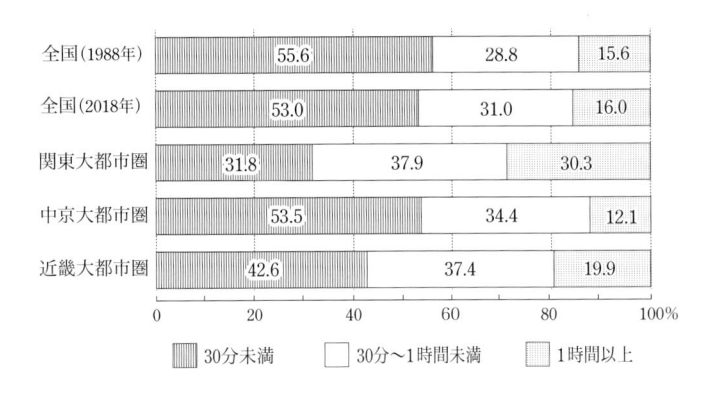

	30分未満	30分〜1時間未満	1時間以上
全国(1988年)	55.6	28.8	15.6
全国(2018年)	53.0	31.0	16.0
関東大都市圏	31.8	37.9	30.3
中京大都市圏	53.5	34.4	12.1
近畿大都市圏	42.6	37.4	19.9

図12・3　通勤時間の状況（2018年住宅統計調査による）

> **建ぺい率**
> 敷地の何％が，建物でおおわれているかを示す数値．通風・日照・採光・防災のために，一定の空地を確保するために限度が定められる．
>
> $$建ぺい率 = \frac{建築面積}{敷地面積} \times 100$$
>
> 建築面積とは，俗にいう建坪のことで，通常は1階部分の床面積と考えてよい．ただし，2階の方が大きい場合や，軒の出が1mを越える場合など，こまかな計算規定がある．

件は非常に厳しく，首都圏では片道1時間以上の通勤をしている人びとが30％あり（大阪圏では22％），なお，時間は延びつつある現状である（図12・3）．単身者でなくて家庭をもっている場合，とくに，小さな子どもを育てている時には，通勤条件以外の環境条件が優先してくるので，住宅選びはなかなかむずかしくなる．

障害のある人や老人，あるいは乳幼児のいる場合などは，道路整備の状況（歩道の有無，石段や坂路の有無，舗装状況など）や遊び場の状況も無視できない．共働きならば，保育所の便宜を軸として転居する場合すらある．女性なら，もよりの駅やバス・ストップから自宅まで，夜でも安心して歩けるかどうかを考慮に入れなくてはならない．帰る道筋に，公園や学校など，夜間に人気のない，大きな施設のそばを通るのは危険性が高い．歩く距離が短く，小さな店や住宅が連続している所が理想的である．

3．人間的環境条件

近隣関係，地域福祉など，人間的条件も住むに当たってのたいせつな条件である．一般的原則としては，自分と同質，同類の人が，近所におおぜいいるところは，住みやすいと感じるし，余りに違いすぎると，ことごとに孤立感を覚え，住みにくい．

若い人が多く住むところに中年夫婦が住みついてもソリが合わないということがよくある．単身者と一般世帯が混合するのも，生活パターンの違いが目立ってトラブルが多い．住宅地の中に1棟だけ建ったワンルーム・マンションが，周囲から敵視されるのも，そういう居住階層の違いからくる感覚のズレの問題が大きい．

老人は住み馴れた家を離れると，急速にぼけるといわれる．これは家そのものというより，なじみの土地から離れ，そこでの人間関係を切断されるところに最大の問題がある．

持家と借家

1．持家志向

現代の日本では，すでに持家に住んでいる人，あるいは，なんとか自分の家を持ちたいと考えている人が多い．なぜ持家を望むのかという問いに対する答えはさまざまである．

望む場所に，適当な借家がみつからないというところに，第一の理由がある．自分の都合に合わせて，間取りや造作を手直ししたくても，家主の承諾を得られないことも多い．電気の契約量すら借家人の自由にならないことがある．家をもちたいという人は，現在の借家住まいにおけるもろもろの生活上の不自由を，一挙に解決したいと考えて，持家を志向するのである．

安心して住めるのは，自分の持家しかないとい

> **容積率**
>
> 建物の延べ面積の敷地にたいする割合.
>
> $$容積率 = \frac{延べ面積}{敷地面積} \times 100$$
>
> 延べ面積とは各階の床面積の合計．テラスや玄関ポーチは入らないが，屋根のある駐車場は面積の計算に入る．
>
> 容積率は用途地域ごとに，建物の密度を一定以下に抑える目的で，限度が定められている．

図12・4 建築協定によって住環境を守る町　建築基準法の規制のほかに，住民全員の意志で協定を結び，環境悪化を防ぐ

うケースもある．借家を借りるに際しての不当な差別や，家賃の無茶な値上げ，追い立てなどが，現代の都市のあちこちにみられるのである．

このように，人が熱心に持家をほしがるのは，単に経済的な損得勘定だけではない．必ずしも持家の方が得だとは言えないのである．しかしながら，固定収入のなくなった老後の生活を安定させるために，持家を手に入れたいということは，人びとが持家に向かう大きな動機である．老後を意識するには若すぎる人でも，先々値上がりこそすれ，下がることはなかろうという地価恐怖感がある．そのため，なるべく早く持家に落ち着いて安心したいと考えるのである．

昭和25年に住宅金融公庫が出発し，持家を建てる人に長期低利の資金を貸し付けて，援助する政策が始まった．戦後の住宅難時代に出発した最初の持家促進政策であるが，現在にいたるまで，内需拡大の重要な柱として，推進されている．一般銀行が低金利で住宅資金を貸しつける昨今では，非常に少しの頭金と，月々定額のローン返済能力さえあれば，自分の家を所有することが可能な時代となった．

しかしながら，わが国の住宅取得価格は欧米のそれに比べると，非常に高い（表12・2）．無理に持家を手に入れようとすれば，極端に質の悪い住宅になったり，遠距離通勤をがまんしたりという結果になる．借りるには借りたが，ローン地獄に陥って，生活が成り立たないというケースが跡を絶たない．

しかも，持家はあらゆる場合に借家より利便性が高いとはいえない．職業的な事情によって，居住地を度々変えなくてはならない場合には，むしろ，借家の方が身軽である．また，家族構成が変化したり，生活要求が変わっていったりする場合に，必要に応じて住み替えができる方が，都合がよいことはいうまでもない．持家にしばられるために，ひどい場合は家のために，家族別居ということまで起こる．

月々の家賃とローンの支払いだけを単純に比較して，持家が得だと考えるのは危険である．それぞれの家庭の事情を考え，冷静な選択をしたい．

2．借家の消長

戦前の日本では，都市部での住生活は借家が基本であった．借家こそ都会ぐらしの象徴だったのである．たとえば，太平洋戦争直前の24大都市の住宅調査（昭和16年）によれば，都市の専用住宅では7割以上が借家である（大阪市では持家は8.7

表12・2　欧米主要国の住宅価格と日本の比較（くらしの情報データ事典より）

国　名	年	単位	新築住宅平均価格 (A)	平均世帯年収 (B)	A/B (倍)
アメリカ	1995	ドル	133,900	40,611	3.30
イギリス	1996	ポンド	69,200	20,408	3.39
ドイツ	1996	マルク	533,695	95,169	5.61
日本（戸建）（全国）	1996	千円	46,397	7,808	5.94
日本（マンション）（首都圏）	1996	千円	42,378	8,422	5.03

(注) 住宅価格及び所得の定義は次のとおり
アメリカ： 住宅価格 …新築戸建住宅販売価格中位値（Statistical Abstract）
　　　　　所　得 …全国家族年収中位値（同上）
イギリス： 住宅価格 …住宅金融組合利用者の住宅価格（Housing Finance）
　　　　　所　得 …住宅金融組合利用者の平均所得（同上）
ドイツ： 住宅価格 …工事予定額（住宅用）を許可戸数（住宅用）で除した数値
　　　　　　　　 …工事予定額（住宅用）及び許可戸数（住宅用）（Wirtschaft and Satistik）
　　　　　所　得 …家計の受取を世帯数で除した数値
　　　　　　　　 家計の受取（Jahresgutachten 1997/98）
　　　　　　　　 世帯数（Statistisches Jahrbuch 1996）
日　本： 住宅価格 …住宅金融公庫利用者1戸建平均購入価額（全国）
　（戸建）　　　　（住宅金融公庫「利用者報告・優良分譲住宅購入資金編」）
　　　　　所　得 …全国及び京浜大都市圏の勤労者世帯平均年収（総務庁「貯蓄動向調査」）

表12・3　府県別住宅の所有関係別比率と1専用住宅当りの延べ面積（2018）

	1住宅当りの延べ面積 (㎡)	持ち家の比率 (%)	借家の比率 (%)			
			公営の借家	都市再生機構(UR)・公社の借家	民営借家	給与住宅
全国	92.1	61.2	3.6	1.4	28.5	2.1
東京都	65.2	45.0	3.6	3.0	40.0	2.4
愛知県	94.0	59.5	3.7	1.5	30.2	2.3
大阪府	76.2	54.7	5.3	2.9	31.6	1.3
福岡県	83.9	52.8	5.3	2.1	35.1	1.9
富山県	143.6	76.8	2.6	0.0	17.0	2.0
徳島県	109.3	69.2	4.1	—	22.2	1.3

（平成30年 住宅・土地統計調査結果による）

％しかない，図12・5）．都市に住む人びとの生活安定に直結するものとして，大正10年借地・借家法が制定され，借地人や借家人の居住権を保護する対策が出された．

人口の都市集中化が急速に進み，家賃水準が上昇する中で，昭和14年，地代家賃統制令によって家賃値上げがストップされる．昭和25年に，新築物件に対する適用除外の改正が行なわれるまで，戦後のインフレの進行する最中，この家賃凍結が続いた．このため，借家経営はまったく採算の合わないものとなり，借家供給が止まってしまった．

終戦を契機に，都市においても，家は'探すもの'から，'無理して建てるもの'に変わった．つまり，戦前なら借家層だった人びとが持家層に転換せざるを得ない状況になったのである．

しかし，最近のように，住宅価格と年収との開きが大きくなると，借家を志向する層がふえてくるのは当然である．昭和40年代の地価高騰期には，年間180万戸も建設されていた住宅が，近年では120万戸以下へと3割がた落ち込んでいる（図12・7）．

人びとが自由に持家か借家かの選択ができるようになるには，適当な家賃で入れる，良質の借家が十分に供給される必要がある．持家一辺倒でない住宅政策が必要であるし，そのために，公的な住宅建設が果たす役割は大きい．

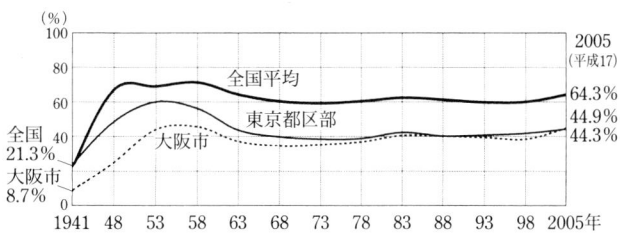

図12・5 持家率の推移（住宅統計調査・国勢調査による）

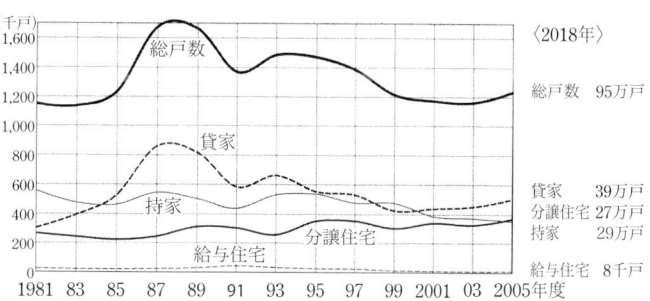

図12・7 利用関係別着工新設住宅戸数（建築着工統計による）

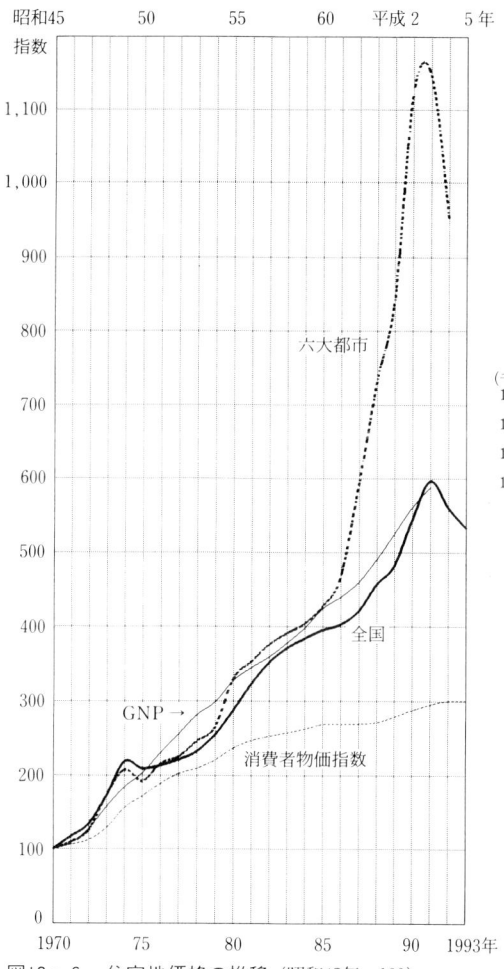

図12・6 住宅地価格の推移（昭和45年＝100）
（日本不動産研究所：市街地価格指数による）
全国　　：全国市街地価格指数（全国市街地の住宅地）
六大都市：全国市街地価格指数（六大都市の住宅地）
GNP　　：名目国民総生産

```
ＩＬＯ労働者住宅勧告
　ＩＬＯ（国連の専門機関である世界労働機構）は1961年に労働者参加による国家の住宅供給計画策定と住宅保障の確立を世界各国に勧告した．その中で，住宅供給は公的機関の責任であり，使用者が提供する住宅は，特殊な場合を除いて望ましくないとしている．
```

3．給与住宅

　一般の借家と少し違った系統の借家に，公舎・社宅・寮の類がある．これらを総称して給与住宅と呼ぶ．この種の住宅が，日本では住宅全体の5％以上を占めるが，実は日本以外の国ではたいへん珍しいものなのである．終身雇用制の中で生涯を1つの会社に託すという日本型労働事情と結びついたものである．企業側からいえば，必要とする人材を確保したり，転勤を容易にするために，欠くことのできない厚生施設である．一方，労働者側からは住宅難時代に獲得した格安家賃の'既得権'として考えられてきた．

　しかし，生活ぐるみ企業に抱えられるような雰囲気を好むかどうかとなると，単に利便性や経済性だけでは片づかない．オフ・タイムまで同じ勤務先の人と顔を合わせ，社内の人間関係が住まいに持ち込まれるうっとうしさがある．さらに，退職と同時に生活基盤としての住宅をも失うことになる．1961年ＩＬＯの勧告では，給与住宅のこういう性格に注目し，住宅の供給は公共団体の責任で行なうべきであるといっている．

　現代において，合理化を志向する企業の立場としては，むしろ，給与住宅の割合を減らして，持家取得を支援する方向に向かっている．そのため，長期低利の住宅融資制度や住宅手当などが，企業独自で盛んに実施されている．社宅そのものも，一棟全部が同じ会社のものではなく，あちこちのマンションや，1戸建ての住宅の出物をばらばら

住宅の選択　117

> **コープ住宅（コーポラティブ・ハウス）**
> 　住まいがほしいという人びとが集まって，建設協同組合をつくり，自分たちが主体となった建設事業によって，つくられる住宅．業者にまかせきりの分譲住宅や，個人単位の注文住宅ではなくて，協同の住まいづくりに，積極的に住み手が関わっていくところに特徴がある．建築家がコーディネーターとして関与しているのが普通であり，個性的な共同住宅となるが，土地の入手が困難なために，一般化するにはいたっていない．

図12・8　公団の大型賃貸住戸　近年の借家志向の広がりから，分譲住宅として計画されたものが借家に変更された

に会社が所有したり，借り上げたりして，社員に貸す形式がふえている．しだいに若い人びとのニーズが多様化する中で，日本的な社宅制度も変わらざるを得ないようである．

公共住宅

1．公団住宅・公社住宅

　公団住宅は住宅・都市整備公団（もと日本住宅公団）が建設したもので，戦後の住宅政策3本柱の1つである（第4章参照）．賃貸アパートと分譲アパートがあるが，いずれも鉄筋コンクリート造の集合住宅が中心である．

　公社住宅は，各自治体の供給公社が手がけるもので分譲住宅が多いが，形態は集合住宅から1戸建てまでさまざまである．もともと勤労者に良質の住宅を提供することを目標に，それぞれの地方自治体で始められたのだが，比較的，大型の住戸が多いようである．

　公団住宅は昭和30年発足当初は，モダンな生活革新のパイロットのような役割を果たした．民間の銀行資金に加えて，厚生年金など長期低利の資金を導入して，民間の住宅より格段に良質で割安な住宅を提供してきた．公団賃貸住宅は，家賃は民間並みに近いが，質のよさに加えて，入居時の権利金の安さが魅力である．とくに，建設年代の古い賃貸住宅には立地条件のよい，割安なものが

あり，空き家募集によって入居できる．

　公的な性格の住宅であるから，突然，家賃の不当な値上げが宣告されたり，家主の都合から退去を求められることはなく，安心して住むことができる．世帯用のほかに，単身者用もある．民間アパートでは，老人のひとり暮らしや，乳幼児のある家族を忌避する家主が多いが，公団住宅にはそのような差別扱いはない．近年，民間分譲マンションが長期ローンで手に入るようになり，新規建設の公団住宅や公社住宅は，共に，厳しい市場獲得競争に巻き込まれている現状である．

2．公営住宅（県営・府営・市営など）

　標準建設費の1/2ないし，1/3の国庫補助を得て，県や市町村などの自治体が建設，管理する住宅が公営住宅である．社会保障的な性格をもっており，居住者からは，修繕費相当の家賃を集める程度である．公団より安くて，一定の水準が確保されたアパートに入居できるのだから，たいへん魅力的であるが，所定の収入基準以下でないと，入居資格が得られない．

　公営住宅をどのように供給するかは，政府の政策と密接なつながりがある．わが国では持家政策が強力に推進されてきており，公営住宅はだれもが，入居を期待できる住まいにはなっていない．住宅適地の地価高騰に加えて，地方自治体の財政赤字のあおりで，建設戸数は伸び悩んでいる．

図12・9 新しい団地に育つコミュニティ活動 都心部のミコシは担い手がなくなってきたが，郊外の団地では新しい祭が年々盛んになっていく

近年，公営住宅の年間建設戸数は，新築住宅の3％を切っており，住宅ストック全体に占める比率は，4％（平成17年国勢調査結果）にしかすぎない．近年持家政策に傾くイギリスなどが，なお20％を越えるストックを持っている状況とは大きな相違がある．一方，新しい公営住宅の方向として打ち出されているものに，ケアつき集合住宅をはじめとする，高齢者対応を考えたさまざまな試みがある．量的な拡充と所管官庁の連携が進めば，民間では得難いプロジェクトの可能性が期待できる．

3．住宅のナショナル・ミニマム

住宅は巨額の資金を必要とするものであり，庶民レベルで簡単に買えるものではない．単なる高額商品のひとつとして，市場メカニズムにまかせるわけにはいかない．そこで，持家をつくりやすくするいろいろな政策がとられるのだが，それだけでは，なお，片手落ちである．

住宅を買うことに一生を捧げるような生活では困る．持家には手が届かない人にも，適切な住まいが何らかの形で提供される必要がある．つまり生活の基盤を支える住宅は，国家が国民のナショナル・ミニマムとして保障すべきものなのである．

政府は5年ごとに住宅建設5カ年計画をたて，その中で，世帯人数に応じた住宅の規模水準や設備水準の最低限度を示してきた．今期はほぼ従前どおり，4人家族では3DK，$50 m^2$の住宅専用面積が必要という，最低居住水準が発表されている．58年時点で最低水準に達しない世帯が1割以上あったが，できるだけ速やかに，水準以下の住宅の解消をめざすことを目標にかかげている．

住宅の選択

第13章
1戸建て住宅

　長年にわたる宅地価格の高騰の結果，大都市郊外では，土地の単価は住宅建築費の単価と同程度か，それ以上にもなっている．東京都心部への通勤可能圏における1戸建ては，まず無理な望みとなってしまった．地方都市でも，敷地が広くはならないのに（図13・1），住宅の床面積にたいする要求は，ますますぜいたくになるのだから，家のまわりに，じゅうぶんな空地を確保することは，なかなか困難なことである．住環境の点からみれば，日当たりや風通し，見晴らしのよさ，そしてプライバシーのよさにおいて，とても公団アパートには及ばないのが現代の1戸建て事情であろう．

在来工法の住宅

　その骨組が，どのようにつくられているかという**軀体構造**で，建物を分類することができる．私たちの住宅には，主として鉄筋コンクリート造，木造，軽量鉄骨造が使われているのだが，外国ではこれ以外の構造の住まいも，いろいろつくられている．これらの中で，鉄筋コンクリート造については，共同住宅の章で述べることにしよう．軽量鉄骨造といえば，ほとんどプレハブ住宅をさすので，これは，プレハブ住宅としてまとめることにして，ここでは，まず，木造の住宅を取り上げたい．木造といっても，昔からの工事手法を守った手づくりの住宅ばかりでなく，木造の骨組を使ったプレハブ住宅もあるし，後に述べるツーバイフォーという工法もある．'ふつうの'木造を指す場合，在来工法としての木造住宅とことわりがきをいれないと，正確な言いかたにはならない．

1．注文住宅

　1軒ずつ，大工と建て主が相談して建てるのが注文住宅である．今では，私たちの生活からだんだん遠いものになっているが，手ごろな既製品住宅がなかった昭和30年代前半までは，家を建てるといえば注文住宅だった．地方ではなお，この方

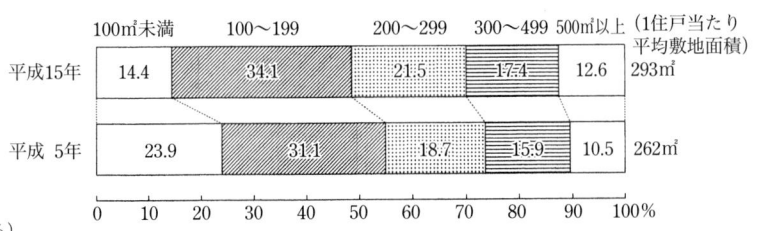

	100㎡未満	100〜199	200〜299	300〜499	500㎡以上	(1住戸当たり平均敷地面積)
平成15年	14.4	34.1	21.5	17.4	12.6	293㎡
平成 5年	23.9	31.1	18.7	15.9	10.5	262㎡

図13・1　全国の住宅敷地面積の分布
（平成5年，15年　住宅・統計調査による）

図13・2(左上)　和瓦の屋根工事
図13・3(左下)　コンクリートの布基礎に木製の土台をおいた所
図13・4(上)　土壁を塗込む在来工法

式が主流であるし、町なかでも、増改築の場合や、営業部分が結びついた併用住宅などでは、注文住宅となる。土地を先に入手しておいて、ゆっくり建てることができるので、資金計画としては無理なくやれる面がある。

よほど高くつくのではないかと思われがちであるが、宣伝費や事務経費のかかる分譲住宅にくらべて、同じ質のものなら安く上がるはずである。業者しだいではあるが、もし高く感じるとすれば、材料の質や工事の精度を落として費用を浮かせている建売住宅と比較した結果かもしれない。

注文住宅はいいが、忙しくてとても自分では手が出せないという人には、専門家に設計を依頼する方法がある。施工業者はみな設計も無料で引き受けるのだが、業者とは別に信頼できる設計者を間に立てるという方法である。公的な建築工事では、入札によって業者を決定する関係上、設計は工事と切り離して行なわれる。しかし一般住宅の場合、従来は設計依頼の習慣はあまりなかった。

多忙な現代人にとって、楽をしてよい家ができるなら、工事費用の6〜10％の設計料を支払ってもけっして高くはない、と考える人もふえてきた。敷地が狭く、地価が高いという条件の下で、よい住まいができるかどうかには、設計の良否が大きなファクターを占めるからである。依頼した設計が気に入るかどうかは、人しだいなので、設計者のもっているパーソナリティや、デザイン傾向を知り、気が合うかどうかも確かめたうえで、依頼したい。

2．建売分譲住宅

注文住宅よりは簡便にという場合は、土地つき

図13・5 地鎮祭の風景 神々の怒りを鎮め，工事の安全を祈り，これから建つ建物を祝福する神事が，行なわれる．酒食を供し，建て主と職人がコミュニケーションを計る機会ともなり，だいじにされる儀式である．神々の他にも，古い民間信仰や家相が生きており，今なお，現代の住まいに大きな影響力をもっている

の建売分譲住宅がある．近年は，むしろ，土地だけの売りものは少なく，土地と建物がセットになった，分譲住宅が多くなっている．不動産業者が仕入れる土地の価格が上昇してくると，あまり大きな利幅を上乗せしても売りにくい．そこで，土地だけで売らず，いわゆる「うわものつき」で，しかるべき価格を設定して売る形を取るのである．また，土地分譲においても，一部に呼び水としての分譲住宅を建てて，住宅地の早期完成を促進しようとする．

土地および住宅の2つの条件が消費者の要求を満たさないといけないので，まず，土地を分譲しておいて，指定する業者によって建ててもらう形式や，指定された型の中から選択していくタイプなど，いろいろな方式が工夫されている．

3．在来工法注文住宅の欠点

昔ながらの家づくりは，よい設計とよい施工者に出会えば，とてもよい住まいができるのだが，忙しい都会人の感覚に合わない所があり，しだいに既製品住宅に市場を明け渡してきた感がある．昔から家1軒建てたとたんに，その家の主人が寝込んでしまうということがよくあった．資金の算段に始まって，家族の意見の調整，業者との折衝，なれない工事に際して，次々に出てくる思いがけない予定変更など，長期にわたるその心労と，時間をとられることのたいへんさが家づくりにはつきものである．これを整理して注文住宅の欠点をまとめてみると，次のようなことになろう．

① 業者しだいで出来不出来の差が大きく，品質が一定しない．
② 完成時点まで，でき上がりの予想がつかない．
③ 時間と手間がかかる．
④ 高価である．定価がないようなもので，予算もたてにくい．
⑤ 土地の伝統に従った型どうりの和風ならいいのだが，洋風のデザインは下手である．
⑥ 新しい設備への対応が遅い．

①にあげた点，つまり，在来工法の家は中小業者の手になり，1つ1つ品質に不確定要素があることが，最大の難点であろう．大工の腕前によっても開きができる．そこが手づくりの面白さでもあるのだが……．大きな買物なのに，中味がよいのか悪いのか，適正な価格なのかどうかが，事前に自分で判断できないのである．

結局，信用ある業者を選んで，まかせるしかない．それぞれの工務店には，どんな建物，どんな程度の住宅を得意とするのかという守備範囲がある．自分が望む程度の住宅を手がけていて，豊富な経験をもったところが望ましい．これまでにその業者の建てた住宅を，実際に見ることはたいせつであるし，自分の家を建てた経験者が，自信をもって推薦する業者を選べば安心である．

住宅金融公庫では，独自の公庫基準をもって，監督官庁として現場監査を実施している．したがって，住宅金融公庫融資つきの住宅ならば，それ

図 13・6　あらかじめ工場で成型された浴室

図 13・7　軽量鉄骨が骨組となっている家

なりの一定水準に達しているという目安になろう．

4. 在来工法の企画住宅化

土地つきの分譲住宅は戦前からあったが，最近は，住宅だけを「わが社の住宅にはこの型があります」と，一定の坪単価を設定し，ネーミングして売る木造住宅が登場してきた．明らかに，プレハブ住宅に対抗するかまえから発している．モデル住宅を展示しているため，わかりやすく，取りつきやすい．

これは先に述べたような欠点を克服して，取りつきやすくした在来工法の企画住宅である．めんどうなことは困るが，新しいプレハブ住宅には不安がある，あるいは，好みに合わないという場合に都合がよい．いわば，既製服の場合のプレタポルテのイメージである．後述するプレハブ住宅や，ツーバイフォーより，価格は高くなるが，注文に応じられる自由度が大きくなるし，質的な安心感も高い．とくに，和風系統が好みの場合には，満足度が高くなろう．

プレハブ住宅

プレハブ住宅とは Prefabricated House の略称である．現場施工の一品生産方式ではなくて，構造の主要な部分を規格化して，工場であらかじめ製造したものを，建築現場で組み立てる方式の住宅である．構造材質の系統として木質系，軽量鉄骨系，コンクリート系に分けられる．構法の特性から分類すると，軸組み構法，パネル構法，ユニット構法などになる．軸組み構法は在来の木造に近い手法だが，ユニット式は工場生産化率が80％以上，40日ばかりで完成するというもっともプレハブらしい特性をもつものである．

1. プレハブ小史

住宅の工業化の歴史はひじょうに浅く，量産販売の最初は，昭和34年頃といわれる．6畳1間ていどのものが，組み立て住宅として売り出された．庭先に建てられる，子どもべやのための増築用をねらったものである．簡単に建つが，安っぽい，粗悪な物というイメージが強かった．現在の工事現場の飯場小屋や，学校の臨時校舎と同程度の物

図13・8 プレハブ住宅のモデルハウス
総2階のかっこ悪さをかくすため上下で色をぬり分けたり，2階に出窓を出したりして工夫している

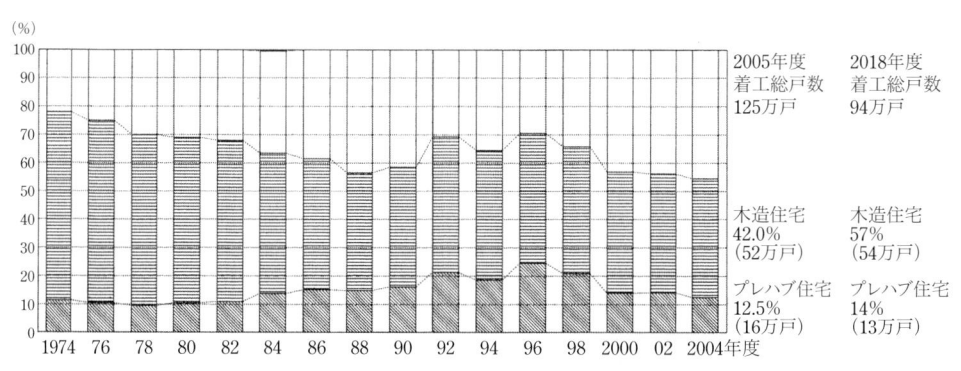

図13・9 新築住宅の工法別シェアの推移（国土交通省「建築着工統計調査」による）

2005年度 着工総戸数 125万戸
2018年度 着工総戸数 94万戸

木造住宅 42.0%（52万戸）
木造住宅 57%（54万戸）

プレハブ住宅 12.5%（16万戸）
プレハブ住宅 14%（13万戸）

と考えれば間違いない．昭和40年代には本格的な1戸建てが各メーカーから出そろうが，価格の割には品質への信頼感が得られず，伸び悩んだ．昭和47年の台風20号の被害で，一群のプレハブ住宅の屋根がすっぽり飛散するという欠陥事故があり，いっそう不人気となった．

量産効果が出ず，価格が在来の木造住宅より高くつくプレハブ住宅に転機を与えたのが，昭和55年の「ハウス55」プロジェクトである．これは，通産，建設両省の構想になるもので，100m²で500万円を目標とする暖冷房つきプレハブ住宅の企画開発である．実際にはこの価格は達成されなかったのだが，プレハブ住宅の価格を一挙に30％近くダウンさせる効果を生み，量産化，低価格化への道を開いた．最近では，年間の新規着工戸数の20％を占める勢いとなっている（図13・9）．

2．プレハブ住宅の特徴

住宅を購入する立場からみると，プレハブ住宅には次のような特徴がある．

①既製品の型販売である　モデル住宅という見本を見て，そのとおりのものを買うことができる．伝統的な家づくりでは，住宅の完成を見るまで，どんな家ができるのかわからなかったのにくらべて，安心感があろう．

②安価　在来工法に比較して安い．定価があって，予算の見当がつけられる．ただし，注文生産の要素もあるので，部分的な特別注文を積み重ねると，期待するほど安くはならない．また，安値のみを求めることには危険性がある．

③工期が短い　事務的な手続きが終われば，実際の工期は2カ月ぐらいである．注文主の精神的負担が軽くてよい．

④デザインのスマートさ　外観やインテリアの

図13・10 犬のいる1戸建て住宅 共同住宅では飼えない動物を飼う家が多い

デザインについては各社とも力をいれており、ちょっとした工務店や設計事務所の注文住宅では太刀打ちできないくらいの、スマートなできばえである。加えて、量産効果で最新設備が割安で手に入るため、システム・キッチンの標準装備化など、設備面でもグレード・アップが競われている。

3．プレハブ住宅の欠点

年ごとに実績を積み上げ、改良を加えられたプレハブ住宅は、初期のものと比べると、格段の進歩が認められる。しかしながら、住宅をまるごと工場生産しようとするプレハブ住宅には、従来の手づくり住宅とは異なる、さまざまな欠点が伴うことも事実である。

①多様化の限界　もともと規格化して、安く大量生産するところにねらいがある。間取りが多様化したとはいえワンパターンであり、個々の敷地にピッタリしないところがあるのはいたしかたない。もっとも、マンションを買うことに比べれば、ずっとバラエティは豊かである。しかしながら、好みに合わせて細部まで自分の自由になる注文住宅とは異なるということは、始めから覚悟しておきたい。しだいに老人向け設計などが出始めてはいるが、身体の不自由な場合や、家族の特有の条件に合わせた設計は無理である。

直接に大工さんに頼むのとは異なり、技術面での融通がきかない。在来工事なら簡単にできるはずの変更でも、一定のマニュアルにある工事以外はできないし、高くつく。あくまで既製品として考えるべきである。

②寿命が短い　在来の木造よりは寿命が短いと考えるべきである。プレハブ住宅には軽量鉄骨造が多いが、その場合、高層建築に使われる鉄骨とは異なり、厚さ3〜4mmの鉄板を折り曲げて柱状にしたものと思えばよい。各社とも錆止めや塗装やメッキには気を使っているのだが、薄いものだけに欠陥があった場合の腐食は早い。基礎との接合部や、内部に錆が出てもわからないし修理はむずかしい。

在来の木造は簡単に部分手直しや改装ができるのが特徴であった。柱の根元が腐ってもなお、根継ぎで再生するような手法が確立している。それに対してプレハブの場合は、修理を繰り返して寿命をつなぐシステムにはなっていない。部分的な故障でも、はやばやと全面建て替えせざるを得ない場合がある。最近になって、長期的なメンテナ

図13・11　組立て中のユニット工法のプレハブ

自然換気の回数

　昔の日本の家は，ふすま仕切りが多くて，隙間だらけであった．COガスの多い煉炭火鉢を置いても何の心配もなかったくらいである．1時間に3回くらい空気が入れ換わっていたのである．今の新建材で密閉した家では，この半分の回数，鉄筋コンクリート造では，約3分の1に減る．冬はもちろん，クーラーをつけて，しめっきりの夏場も意識的に窓をあけて空気を入れ換える必要があろう．

ンスも，ようやく注目されるようになったという段階である．

　火事には強いといわれ，公庫融資の場合は簡易耐火構造の扱いを受けている．そのため，30年の長期返済が可能であるが，実際の建て替えの時期はもっと早く来るという覚悟が必要である．

　③防音性が弱い　音の伝播は重い壁体や，床があってはじめて防ぐことができる．ところで，プレハブ住宅は工場生産部分を多く，現場施工を少なくしている工法であるから，左官工事が極端に少ない乾式工法が多い．全体に軽い構造なので，防音性において弱い傾向があるのはやむを得ない．もちろん，こういう遮音力の弱さは中空の大壁をつくる木造の工法にも共通の欠点である．

　そのうえ，天井裏のない構法や，床壁天井一体型の構法をとる場合には，いっそう不利な条件となる．鉄筋コンクリート造や，在来工法で土壁を塗り込んだ木造住宅に比べると，防音性において劣っていると考えてよい．

　ピアノ練習用などの音楽室を目的とした，防音仕様を提供しているメーカーもあり，今後の方向を見守る必要があろう．

　④未成熟な企業体質　プレハブ業界は，現在上位5社が80％を占める寡占体制にある．しかし，新しい産業分野だということで，まったく縁のない業種，たとえば化粧品や食品，繊維などの企業までも参入しており，実際には100社近いメーカーがあるといわれる．現代企業において，多角経営は普通のことではある．とはいえ，住宅は非常に複雑な要素が有機的に総合され，現場仕事も含まれる特殊な商品である．中には手を出してみたが失敗に終わって，住宅事業部門から撤退した会社も出ている．いったん，自社には不向きな商品だとなれば，損得計算のはっきりした近代経営の企業において，一般の商品と同様，ドライに生産中止するのは，当然であろう．

　しかしながら，住み手の側からいえば，住宅は全力投球で資金を工面して，一生を託すつもりの財産である．10年たってアフター・ケアの必要な時点には，会社がなくなっていたということでは，どうしようもない．

　その点，旧態依然としたシステムを維持する在来工法では，慣行として，工務店や土地の大工は，住み手との末長い付き合いを想定している．そして万一，その店が潰れても，共通仕様のようなものであるから，A店からB店へという切り換えができる利点がある．

　プレハブ住宅を選ぶ際には，その価格やデザインのみならず，会社の信用にも目を配ることがたいせつである．巨大な企業だからといって，安心できないところが難しく，実績をよく調べるということになろう．

図13・12 ツーバイフォー住宅

4．ツーバイフォー住宅

　プレハブ住宅とは違うが，似たような規格型住宅として売り出されているものに，アメリカ式木造住宅のツーバイフォー住宅がある．

　伝統的な和風の軸組真壁工法では，1間おきに柱が立って，材のつなぎ合わせは複雑な仕口や継手を使うことが基本となっている．構造材である木材が仕上げ材にもなり，木目の美しさや自然の味わいを身近に楽しむものである．

　同じ木造といっても，ツーバイフォー工法は，正式には枠組壁工法といい，柱というものがない．小割りの材で枠をつくり，その両面に下張り材や仕上げ材の合板を打ちつけてつくったパネルを床壁天井として，金物で結合していくのである．ことばの意味は，2×4工法ということで，主要な部材の断面が2インチ（5.08 cm）かける4インチ（10.16 cm）のものを使うことからこの名がついた．

　もとはといえば，アメリカの開拓地で未熟練労働者がノコギリ・カナヅチ・クギだけで急造した簡易工法の，ローコスト住宅である．日本の慣習からいえば，パルプ材や梱包材にしか使われていなかった雑材，主として，カナダ産の針葉樹を使ってつくる．木材の質のよさをたいせつにする日本的伝統とは，まったく異なった工法である．

　軸組工法とことなり，金物で緊結された床壁天井が一体となった6面体としての構造体で，部材の精度もあがっているので，構造的には丈夫である．気密性が高く，冷暖房効果もよい．また，石膏ボードを内装下地にすることによって簡易耐火構造として認定されており，火事にも強いといわれる．ただし，雨の多い日本でこれらの材が虫害や腐れにどれだけ抵抗して，どの程度寿命を保つかは，まだ未知数である．

　価格的には，いわゆるプレハブ住宅より1割ぐらい高めである．アメリカやカナダの住宅部品工業のノウハウを使って，非常に性能的に進んでいる面がある．とくに，規格型住宅では，モジュールをゆったりとって，天井を高めにしたり，洋風のスマートな外観，センスのよいインテリアなど，目にみえる部分のデザインセンスのよさが大きな魅力となっている．ただし，軒の出の少ない洋風スタイルは，壁面への雨の吹きつけがひどく，風土に合わない面もある．総2階の構造ではとくにそういう心配が強い．

　急速に業績を伸ばしているツーバイフォー住宅は，わが国ではまだ，10数年の歴史しかない．しかしながら，洋風志向にマッチした木造住宅として，すでに，年間4万戸近い建設量があり，その伸びは著しい．

第14章

共同の住まい

　都市の住まいはもともと密集しているものである．狭い間口で奥行きの深い，隣家と壁をくっつけ合った町家や，長屋，現代ではアパートが都市の住まいなのである．ヨーロッパの都市では何層にも高い所まで住むアパート生活が，昔からの都会の普通の住まいだった．パリなどでは，貴族の館といえどもアパートなのである．

　わが国でも，今では，共同住宅が住宅全体の4分の1を越える時代になった．しかし，農家的伝統が長く，都会ぐらしの歴史が浅いだけに，やむをえず，仮の住まいとして暮らしているという感覚がつきまとう．集合住宅の住まい方のルールが確立していくのは，これからというところであろう．

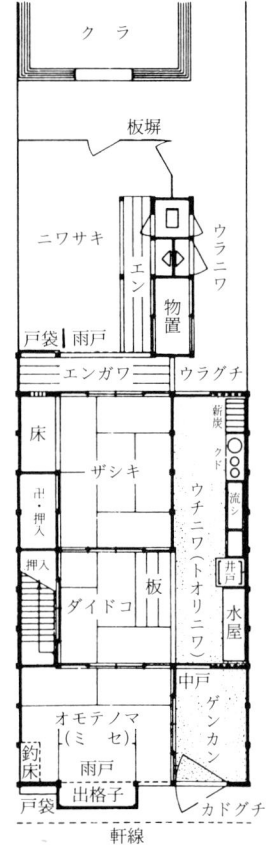

図14・1　京町家―隣家と壁をくっつけ合い，間口が狭く，奥の深い町家の典型（島村昇著『金沢の町家』鹿島出版会による）

集合住宅のタイプ

1．高さによる分類

　住宅を高さによって分類すると次のようになる．
・低層…平屋〜2階建て（図12・4，13・8，11，12）．
・中層…5階建てくらいまで（エレベーターなしで歩いて上がれる限度，図12・8，14・5）．
・高層…15階建てくらいまで（10，11階が多い，図14・6，13，12・1）．
・超高層…16階建て以上（構造計算理論が高層とは異なる，図15・1）．

　昭和45年までは建築基準法によって建物の高さの限度は31m（100尺）という制限があった．その限度いっぱいに建てる関係で高層住宅には10階や11階が多かった．同じ鉄筋コンクリートの建物でも学校やデパートなどでは天井が高かったり，天井裏があったりするため，昔の高さ制限の範囲でせいぜい7〜8階建てであるが，住宅の場合は天

図14・2 18世紀の様式が保存されるロンドン・チェルシー街 ふた窓4階分が同一住戸で奥は深い

井高が低いうえに天井裏もないため，高さ制限内でも階数は多くなっていた．

建築基準法が，敷地さえ十分にあれば，建物の高さには上限を設けないという容積率制限の方向に変わったため，40年代後半以降で，14～15階建てという高層住宅が急速にふえていった．

2．通路形式による分類

- 廊下型 ｛ 片廊下型
　　　　　　中廊下型
- 階段室型
- スキップ停止型

片廊下型 廊下面積を倹約する（つまり，1本の廊下にできるだけたくさんの住戸を並べる）と，経済的になる．また，建物に厚みをつけることになり，安定した構造になる．ということで，よくみかける，間口が狭く，細長い，典型的なマンションタイプの間取りの住戸型ができ上がる．これは経済的ではあっても，あまり住みごこち（居住性）はよくないものである（図14・3）

公共の通路である廊下は，見知らぬ他人がだれでも通行するところである．廊下に面したへやは，明り取りの小さな窓は取れても，プライバシーの点や防犯上の考慮から，それを大きく開放することはできない．片廊下型の大部分は廊下を開放的につくって，採光や通風の面で，少しでも居住性をよくするようにしているが，限界がある．通路のない側のへやだけが外気に接するよいへやであり，あとは通路側の窓のある部屋と，その中間のまったく外気に接しない，いわゆる"行灯べや"になってしまう．

中廊下型 大規模な高層住宅にみられるが，片廊下型と同様に，細長い住戸となる欠点がある．そして，メイン通路の中廊下が薄暗く非常に陰気な印象をつくりだす．また，方位のうえで廊下の両側共に居住性のよいようにはできない（住戸の半数は北向きや西向きになってしまう）ため，片廊下型より，さらに不人気である．

高層住宅は大きな影ができて広範囲に日照権を犯すため，その被害を少なくするため新しいものでは南北軸に建てられることも多い．その場合には，片廊下型でも南面住戸は南端部だけで，多くは東向きか，西向きの住戸となる．住戸の方位はよく確かめて選択する必要があろう．

階段室型 公営，公団，社宅など，歩いて上がる形の中層アパートによくみられる．1つの階段室からワンフロア2住戸ずつにアプローチできるタイプが典型的だが，完全に南北2面が開放され，日当たり，採光，通風共に1戸建てでは望めないほどの良好な住環境が得られる．隣棟間隔が狭い場合は棟同士ののぞき見の問題が出てくるが，廊下型とはことなり，通路部分と住戸との遮断性がよく，プライバシーのよさにおいて，廊下型とは比較にならない．高層住宅においても，ひとつの階段室に1基のエレベーターを設置する形の階段室型がある．エレベーター1基当たりの戸数が少なく，ぜいたくな方式であるが，廊下型に比べて格段に住み心地がよく，好評である．

スキップ停止型 廊下型の欠点を少なくし，階段室型に近づけようとした，両者の中間型である．

共同の住まい　129

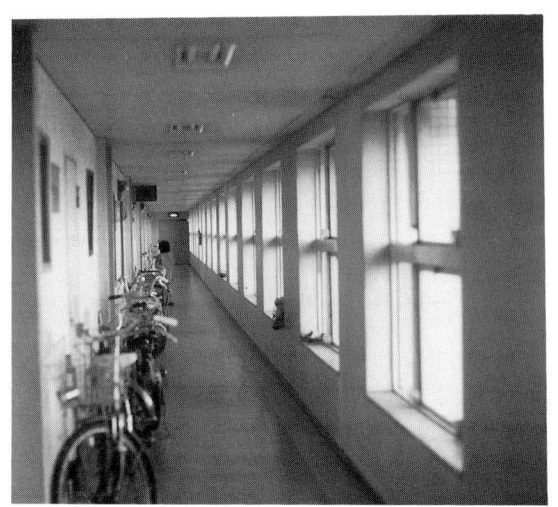

図14・3 明るい窓のある片廊下型アパート

図14・4 メゾネット（2階家を積み重ねたアパート）の住戸内部

エレベーターを各階止まりにせず，数階おきに停止させ，他の階へは数カ所に設けた階段で通じるようにする．これによって，エレベーター停止階は廊下を必要とするが，通過階は階段室型の場合と同様の両面採光の住戸となり，良好なプライバシーが得られる．

スキップ停止方式のアパートには，メゾネットとよばれる2階家を積み重ねた形のアパートもある．（これに対して1住戸がワンフロアに納まる普通のアパートをフラットという）．これは各住戸がそれぞれ2階建てになっているため，住戸内に自家専用の階段をもつ．フラットの場合よりは大型の住戸でないと狭苦しいものになろう．

鉄筋コンクリート造の特徴

集合住宅の多くは，その構造が鉄筋コンクリート造（RC造）または鉄骨鉄筋コンクリート造であるため，日本人が昔から住みなれた木造住宅とは違った感じがするものである．長らく公団や公営住宅に住んでいた人が，念願かなって自分の家を建てようという時，ぜひとも鉄筋コンクリートでという人と，あんなものはまっぴらだ，木造でなければ家ではない，という人に分かれるという．RC造には独特の癖があり，それをよくのみこんで住みこなすなら，こんな安心なものはない．あ

まりありがたくない経験を積んだ人は，何とか木造でということになる．木造やプレハブ住宅と比較しながら，その特性を述べてみよう．

1. 長 所

頑丈さ 耐震性・耐火性・耐風性・耐久性に富む頑丈さが第一の特徴である．大地震に見舞われた経験のある地方や，台風銀座といわれる土地では，木造では得難いその頑丈さが歓迎されているという．その昔，火事は江戸の華といわれた．それこそアッという間に隣近所に火が廻るというのが木造住宅密集地帯の常である．火つけ犯人は極刑に処せられ，人々の火の用心は徹底していた．RC造の集合住宅では構造体は不燃性だから，一住戸の中だけ燃え尽くせば終わる．マンション育ちの若者は火事のこわさを知らないだけに，火の始末に無頓着かもしれない．

木造では土台が腐ったり，シロアリにやられたりという心配があるが，こちらはざっと百年はもつといわれる半永久的な構造である．鉄筋コンクリート造の寿命は間取りが古くなったり，設備やデザインが古くなった時に尽きる．構造的には，しっかりした建物が建て替えられることも多い．

防音力 空気を伝わって聞こえる音は間に重量のある物体を挟むことによって遮断できる．つまり，鉄筋コンクリート造は防音性において，木造

図14・5　住都公団の新しい中層団地

図14・6　高層団地

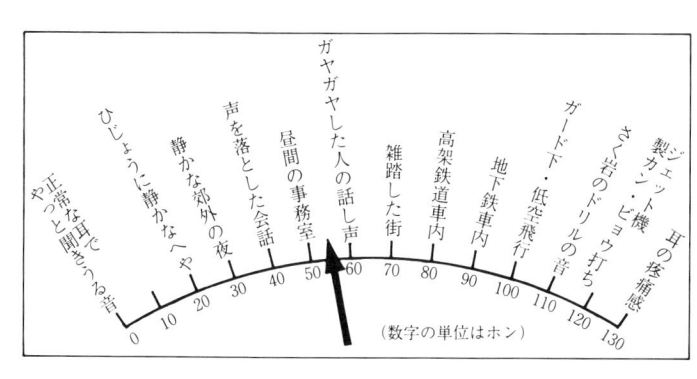

図14・7　いろいろな騒音レベル　耳に感じる音の大きさを近似的に示す装置が騒音計で、これで計った値をホンという単位で示す。住宅内では60ホン以上であってはならないといわれる

や軽量のプレハブ住宅に比べ格段に優れているといえよう．話し声や通常の TV，電話のベル程度なら完全に遮断できるのが普通の RC 造である．ただし，厚さ12 cm 程度の床兼天井で，天井裏がないという公営・公団，および一般のマンションによくある構法では，ピアノの音などははっきりと上下に伝わる．とくに下階への影響が大きい．RC 造の防音性能を過信してはいけない．

2. 欠　点

結露　RC 造に住んで最初に出会う厄介な問題が結露現象である．冬，大ぜいの人が乗り合わせた車内を暖房すると，すぐにガラスの内側に水滴がついて，くもってくる．これが結露で，冷たい外気で冷やされたガラス面に内部の水蒸気が触れて発生する．これと同じ現象がコンクリートの壁の内側で起こるのである．木材のように水分を吸収する材料が内側にあればよいのだが，塗装仕上げ程度で，コンクリートが直接室内に露出しているような場合や，タイル貼りなどではとくに目立ちやすい．ひどい場合は，雨漏りや，上階からの漏水と間違われて，ひと騒ぎ起こることもある．

しかし，生活条件や，微妙な住戸の位置関係によって，結露の程度は変わる．車内に人が少ない場合は，呼気に含まれる水蒸気の量が少なく，結露が起こりにくい．同様に，住宅の場合も人数が少なくて留守がちの家と，赤ん坊がいて常時室内でおむつをかわかしているような家とでは，発生する水蒸気量がずいぶん違う．また上下左右を，他の住戸に囲まれている所では，結露は起こりにくい．

一般には，浴室の天井，外壁に面した押入の中，へやの隅などに結露が発生しやすく，知らない間にかびが生えていたりするので長雨の季節にはと

共同の住まい

図14・8　階段状に退いて屋上庭園を造り出した新しい集合住宅のタイプ

> **タウンハウス**
>
> 長屋も共同住宅の,古くから存在する形である.最近人気のある低層の連続建ては,タウンハウスと呼ばれる団地形式の長屋である.昭和50年代以降タウンハウスとして登場したものは,20年代から30年代に建設されたテラスハウス terrace-house と,建物形式のうえでは同じだが,共用の庭や駐車スペースを取って,意識的に,小さなコミュニティとしてのまとまりをつくっている所に特徴がある.また,建物が四角い無味乾燥な兵舎のような長屋になることを避けて,平面に凹凸をつくり,各住戸の独立性が感じられるようにデザインに工夫を凝らしている.テラスハウスが1～2階建てであるのに対し,新しいタウンハウスは3階建てや4階建てのものも含んでいることがあり,バラエティに富む.

くに注意したい.根本的には断熱材を貼りめぐらす以外ないが,換気ファンをまめに使うことや,室内を乾燥させるように心掛けることで,かなりよくなる.

　壁に釘がきかない　コンクリート壁に吹きつけ塗装をしたり,クロスを直貼りした仕上げでは画鋲1本使えない.子どもべやや居間の壁面には画鋲やねじくぎの効く材料を内貼りした上に,クロス仕上げにしたい.もっとお手軽には,細い木製のつけ鴨居を貼りつけて,釘が打てる配慮をしていることが多い.これだけでも,ずっと住みやすくなる.

　四角くて大味　平面計画で複雑な出入りがつくりにくいし,屋根も傾斜のあるものがつくりにくいので,とかく単純で平板な形になって嫌われる.しかし,1戸建ての場合でも,2階に浴室やベランダ,屋上をとるには都合がいいし,四角く,す

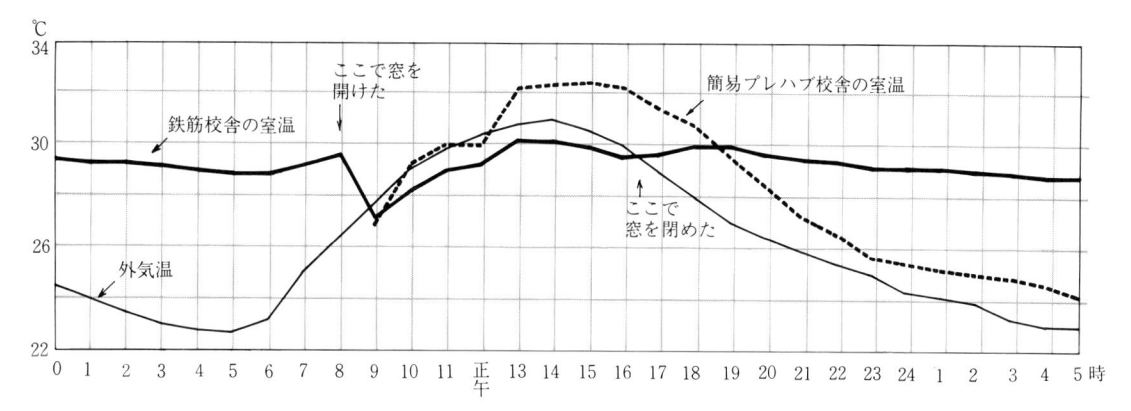

図14・9 鉄筋コンクリート造の室温変化（昭和52.7.20，長岡京市にて．測定：国嶋道子）

っきりした外観を好む人もある．太い柱で広い空間をつくることが簡単にできるので，広い洋間をつくるには適している．また，コンクリート住宅でも傾斜屋根のあるデザインがふえてきた．

この問題はデザイン的な工夫によって，ある程度解決可能であるが，木造住宅のきめこまかさには太刀打ちできないし，増改築の自在さなどではやはり木造にかなわない．

柱や梁が太くて邪魔 太い柱を上手に隠すのにひと工夫いる．柱のために凸凹のへやができて，不細工な和室になった例などがある．梁がへやの隅などに出っ張っていると，入る予定のたんすや食器戸棚の頭がつかえて，入らないということが出てくる．こういうことからみると，太い柱と梁で支えるラーメン構造より，厚い壁で支える壁式構造の方が住宅向きといえよう．

工費が高い その耐久性を考えれば，初期投資が大きくても結局得だということは，個人住宅以外の建築物では常識である．しかし，個人の持家の場合は工費の絶対額が問題であり，当事者のふところ具合の限度によって，RC造には手がとどかないことが多い．賃貸住宅や分譲アパートに鉄筋コンクリート住宅が多いのはそういう事情によるところが多い．木造との差は年を追うごとに縮まっていくだろうが，現在のところは，まだまだ高くつくのが，RC造である．

3．その他の特性（長所・短所の両面性がある）

気密性 気密性が高いことは，暖冷房の効率がよいということである．だが，換気に注意しないとガス中毒や酸欠状態を起こしかねない．最近の木造住宅やプレハブ住宅の場合も，アルミ・サッシや新建材の普及で気密性が高くなってきたが，必ず換気口を開けておくという配慮はコンクリート住宅ではたいせつなことである．

熱容量が大きい 平たくいえば，温まりにくく冷めにくいという意味である．コンクリートは夏の強い日差しを防ぐ力はあるのだが，日中に熱したコンクリート壁が夜間にじわじわ放熱する．外が涼しくなっても中はいっこうに涼しくならない．つまり，24時間の温度変化が少ないのである（図14・9）．

一方，冬季には，寒さしらずのとてもよい住まいである．しかし，留守がちの家では，家へ帰って暖房をつけてもなかなか暖まらず，冷えびえした感じがする．この反対が車のように鉄板でできている場合や，急ごしらえのプレハブ校舎のような場合で，外気温が高ければ温度は急上昇し，冷えるとすぐに涼しくなる．

熱容量が大きいということは，シェルターとしての性能において優れているということにはなるのだが，夏の夜，冷房なしでは寝苦しい状況をつくりだす，という特性は，知っておく方がよいだろう．

共同の住まい　133

> **区分所有**
> マンションのように，1棟の建物が多数の区画に分かれ，各部が構造上独立的に使うことができる場合，その区分された部分には，それぞれ別々の所有権が成立する（建物の区分所有等に関する法律）．この場合，建物全体は専有部分と，それ以外の共用部分に分けられる．専有部分の所有権を区分所有権という．共用部分は原則として区分所有者全体で所有し，持分は，専有部分の床面積の割合に従う．

図14・10 道行く人の目をたのしませるためにフラワーボックスを設けた集合住宅

集合住宅の住まい方

積み重なった集合住宅では，1戸建てや長屋とは異なったエチケットや，住まい方の技術が必要になる．意識的によその家の中をのぞき込もうとすれば，ずいぶんよく見えるものである．また，共同の郵便受けのプライバシーもいい加減なものである．集合住宅では，おたがいに，他人の生活に首を突っ込まないように，遠慮する気持ちがなければ，くらしていけない．

1．音の問題

RC造の特性の所で述べたように，たがいの迷惑を考えて，とくに音や振動の伝わる行為には気を使いたい．子どもがイスや机の上から跳び下りるような遊びは普通によくあることだが，そういうドシンという音，ドアをバターンと閉める音などは要注意である．子どもたちには外で十分に遊んで来てもらう必要がある．夜中の洗濯なども問題になる．

ピアノを専門的に弾く人や，長時間に及ぶ場合には，床壁天井と窓に防音工事を施さないと無理だろう．工事のできない場合は床の薄い洋間でなく畳のへやに置いたり，防音板を敷いたうえ，ピアノの足に防振ゴムをはかせる．夜は8時までなどと，時間制限を取り決めている管理組合もあるが，取り決めがなくても自粛することが必要である．みかけは似ていても，軽量鉄骨造やブロック壁では音の遮断力がまったく違うので注意したい．

2．動物の飼育

動物嫌いの人が同じ屋根の下に住んでいる場合を考慮して，日本では原則的に動物飼育は禁止されるのがふつうである．国民全体が犬好きで，ちょっとした熊ぐらいある犬が，当然のように家の中で同居しているモスクワなどとは大違いである．犬猫については，これまで飼っていたものの寿命が尽きるまで，という条件つきのところはいい方で，小鳥や小さな魚類くらいしかダメというところが多い．逆手に取って，最近では「ペット飼えます」をセールス・ポイントに売り出すマンションがあるぐらいである．

3．水漏れの注意

コンクリートだから，少々水をこぼしても漏らないだろうと思ったら，大間違いである．とくに，組立て工法をとっている場合など，継目からどんどん漏ると考えて間違いない．浴室の防水はしっかりしているが，洗濯場やキッチンは普通の居室と同じと考えて注意したい．洗濯機のホースが外れたり，バケツをひっくり返したりという場合，

漏るおそれがある．

　ベランダの植物に水をやる時は，下階がふとんを干していないのを確かめてからやることである．上下の人間関係はこういう場合，非常にたいせつで，知らん顔をしていたために，気まずい関係が続くというケースもある．最近は漏水のための保険もあり，団体で加入できる．

マンション選び

　下宿生活や新婚生活をマンションと呼ばれる鉄筋コンクリート・アパートで過ごす人がふえている．大都市では，'一生の家'としてマンションを考える人も多くなった．1住戸の面積が小さいものでは賃貸もあるが，多くは分譲であり，その売買は驚くほど気軽に行なわれている．しかし，けっして安い買物ではない．しかも，工業製品と異なり，かなり幅の広い選択の余地があるものである．マンションを選ぶには，どんな目安で判断したらよいのだろうか．必要な面積・室数や，予算を基礎として選択するのだが，とくに，次のような事項を検討する必要があろう．

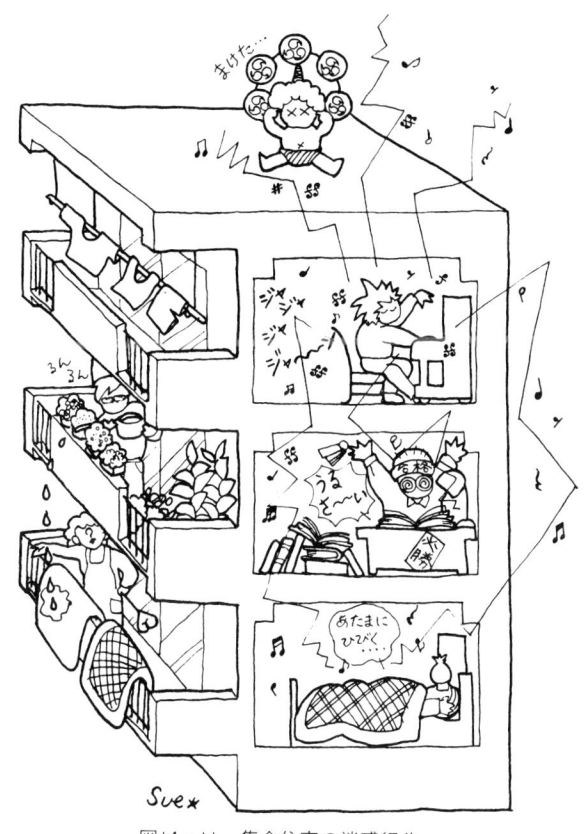

図14・11　集合住宅の迷惑行為

1．住環境

　先に述べた環境条件が，総合的に考慮されることになる．しかしながら，いろいろな条件の中で，交通の便利さが，一般住宅以上に，問題にされるのがマンションである．交通至便な位置にある物件は価格が高いが，人気があり，転売需要も大きい．賃貸マンションの場合，広さと交通条件で賃貸料が決められるようなものである．もっとも，一般的基準では不便な場所でも，自分の通勤条件にさえ合致すれば，割安な買物になるわけである．

　一般的な住環境のほかに，マンションの場合は，入居者がいろいろな意味で自分と同質の人々かどうかに注目したい．別荘的利用や事務所など，住宅でない住戸が多いのはよくない．価格が高すぎたり，便利すぎる立地の場合，住宅以外の用途になりやすい．

　高層居住の問題点の項で述べるように，防犯的な設計かどうかにも関心をもちたい．この問題については，屈強の男性にはなかなか分かりにくいのだが，女性はとても敏感で，雰囲気を感じとることができる．現地を何度か訪れることで確かめよう．

　売れ行き好調であるかどうかも，たいせつな条件である．空室の多いマンションは用心が悪いことにつながる．不人気の物件は後で売りたくなっても，値が思うように上がらなかったり，ひどい場合は値下がりしたり，なかなか売れなかったりということがある．

2．住戸の間取り

　室数や間取りが，自分の必要とする条件に合っているかどうかを検討する．新築の場合には，当の建物の完成を待たずに，別の場所にモデル・ルームをつくって展示したり，本体工事が進行中の

図14・12 市街地型のマンション

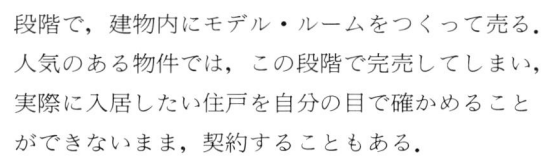

図14・13 1階にある集合郵便受け箱

図14・14 美しく飾られたモデル・ルーム

段階で，建物内にモデル・ルームをつくって売る．人気のある物件では，この段階で完売してしまい，実際に入居したい住戸を自分の目で確かめることができないまま，契約することもある．

モデル・ルームは，実際に使われる状態とはほど遠い，ゆったりした家具配置で展示されている．必要な家具が入るかどうか，実際の住まい方を予想して，冷静にみておきたい．室内の梁の出っ張りがつかえて，タンスが壁際に置けないケースもよくある．また，モデル・ルームは全部の住戸型についてつくられるのではないことにも注意したい．

結局は，図面に頼ることしかできないのだが，不親切な図面が多い．パンフレットの図面の縮尺は業者によって，まちまちであり，図の書き込み寸法に注意しないと判断を誤るおそれがある．壁の厚みを除いた内法寸法か，壁の中心から中心までの寸法かでへやの大きさは異なるので，数種の業者を比較検討する時には注意する（この本の平面図は2～4章を除き1/100と1/200に統一している．広さの感覚をみがいてほしい）．住戸の方位もベランダがあるのが南だろうと，勝手に思い込んで，失敗することがある．

3．管理状態

'マンションは管理を買う'のだということばがある．中古マンションを買う場合には，とくに，管理状態に注意する必要がある．個々ばらばらの居住者が，管理組合をつくり，多くは管理会社に委託して，建物の管理をするわけである．居住者の意見が一致して，所定の管理予算を計上して，しっかり管理運営している所と，ほったらかしのまま日を過ごしているものとの差が出てくる．その差は年を経るごとに大きく開いていくから，建築後，5～6年以上経たマンションを買う時には管理状態に目を配りたい．判断材料として，外観

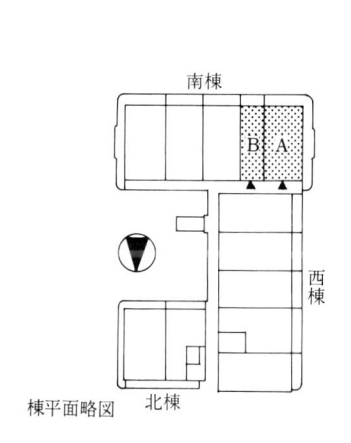

図14・15　市街地型マンションの間取り例（1/200）　住戸の方位は南向きとはかぎらないことに注意

が汚いかどうか，共用部分が荒れた感じかどうかが1つの目安になる．大修繕に備えて必要な長期積立金をきちんとしているような所は，比較的安心であろう．

　マンションを希望する人の中には，建物の維持管理に気を配ったり，近所づきあいをするのがめんどうだという人がいる．しかし，マンション居住者や所有者となるには，当然その管理責任を分担しなければならない．1戸建ての持家のわずらわしさほどではないが，当番制の係をつとめたり，交代で管理組合の理事会メンバーとなって運営に参加する義務がある．

引用文献
(1) 梶浦恒男他『マンション管理を問う』（都市文化社，昭58，p.71）

瑕疵（かし）

　建物の引き渡しを受けた後に，当然，備えているはずの品質や性能を備えていないとわかった場合の，売り主の責任期間をかし担保責任期間という．宅地建物取引業法によれば，「引渡しの日から2年以上」となっているが，分譲契約によってこれより短期の特約が入っていることがある．

　売り主の信用において，かしは無償補修されるのが普通だが，明らかに，売り主に責任のあるかしであるかどうかの判断をめぐって，トラブルが発生しやすい．これを避ける意味で，アフター・サービスということばで，一定期間の無償補修に応じる会社が多い[1]．

第15章
高層居住

住宅建築にも，高層，超高層の建物がふえてきた．現に，6階以上の高層階に住んでいる人は200万世帯に近い．高い建物は上からの眺めが素晴らしいということで人気を集め，新規募集の時には，最上階から詰まっていくといわれる．しかし，大地から離れ，自然と隔絶した住まいに不安はないのだろうか？　おとなの仮住まいならともかく，子どもたちを育てるためには，どうなのだろうか？　今までの経験にない住まいがどんどん登場してきている現在，住む立場からの情報をもっと蓄える必要があろう．

高層の魅力

1．高層の経済性

なぜ高層住宅がふえてきたか？　という問いに対する第1の答えは，地価の高騰である．大都市周辺では，立地条件のよい用地が妥当な価格で求められなくなってきた．そのため，土地を高度利用して，1戸当たりの地価負担を少なくしようとするのである．分譲マンションなどでは，価格設定が売れ行きに重大な関わりをもつため，高層化によって，安くすることがたいせつな要件となる．

公的な住宅においても，用地難のために，予算を消化することすら困難な状況に直面して，高層化によって，収容力のアップをはかることが必然性をもってくる．老朽住宅の建替えによって，用地を生みだすことも試みられている．

たとえば，昭和30年代に建てられた初期の公団住宅の多くは，交通至便な立地条件をもつ，2K型など狭小住戸の中層団地である．住宅・都市整備公団（もと日本住宅公団）は，15〜20年の計画でこれらを取り壊して高層化し，入居希望にこたえようとする方針を打ち出した．まだまだ住める鉄筋コンクリート造の資産を取り壊すのはもったいないが，条件のよい土地を低密度にしか利用しないのは，もっともったいないという理屈である．

もちろん，高層化するについては，地盤整備や，エレベーターなどの設備面に相当な費用がかかる．そうした建設コストを吸収してもなお，高層化したほうが安くつく，高地価の用地が多いということになろう．日本の工業技術・建設技術の進歩は，こうした現代的な高層住宅を安上がりにつくり出すうえでは大きな助けとなっており，高層住宅増加の一端を担っているのである．

2．高層は高級？

戦後の公的な住宅や社宅などで，もっともよくみかけるタイプが階段室型の中層団地である．きちんと隣棟間隔を保ち，日当り・採光・通風の環境条件は理想的ともいえる鉄筋コンクリート住宅

図15・1 そびえたつ超高層住宅

である。少し狭いという不満はあっても、機能的には申し分のない住まいなのだが、団地型といえば誰でも思い浮かべる中層住宅は、あまりにもワンパターン化してしまった。実質的に過ぎてデザインに工夫がなく、「豆腐を切ったような」と評される、白い四角い箱に詰め込まれるイメージが飽きられてきたおもむきがある。

それに対して、高層住宅は一棟だけが独立して建てられることが多く、外観がワンパターン化するにはいたっていない。威風堂々として立派にそびえ立ち、エレベーターという都会的なフィーリングの機械を利用して、住戸に達する。うす汚い日本の都市の雑踏から隔絶された高い所に、文字どおり、ハイカラな生活が現出されそうなイメージがある。脱農村、都会生活の匿名的な雰囲気が、新しい高層住宅には漂っている。

高層居住の問題点

高層住宅はその外観のかっこ良さに比べて、住戸内のみすぼらしさにがっかりさせられることが多い。多くは廊下型で、狭い間口が並んでおり、どれも同じような細長い間取りの住戸は、へやの配列や使い勝手に制約が多い。たいていは昼でも電燈が必要なほどに薄暗い。

しかしながら、こうした狭さや間取りなどの問題は、設定価格や設計しだいで良くなりうるものである。現に、広大な高級マンションも出現している。ここでは、高層であること自体が、どんな問題をはらんでいるのか、地面に足のついた生活とどう違うのか、ということにしぼって考えることにしよう。

高層居住 139

図15・2 放水ポンプが届かない高層

1. エレベーター依存の生活

　高層居住はエレベーターという機械が頼りの生活である．呼ぶための待ち時間のこともあり，接地型の住宅と比べると，外へ出るのがとてもめんどうくさくなるようだ．いったん，故障や停電で機械がストップした場合には，悲惨な生活が待っている．ある高層団地の話だが，子どものいたずらで，押しボタンの回路がライターの火で焼き切られたことがある．すっかり取り替えるのに1週間以上の間，足で10階までの上り下りを強いられたという．

　6人乗り程度の小型では引越し荷物のすべてがOKというわけにはいかない．大型の家具やピアノが乗らない大きさである．棺桶は縦にしないと乗らないという情けないことが起こる．最新型ではこの点の改良がみられ，棺桶用にスペースが拡張できるタイプもできている．ただし，そのことを知っている居住者は少ないし，いざという時どうすれば拡張できるのかも知らされていない．新型では改良が進んでいるが，古いエレベーターでは子どもや車イスの人には手の届かない高い位置に押しボタンがある．これでは移動の自由を大幅に奪われる人々がでることになる．また，エレベーターつきであっても郵便配達は1階の郵便受けまでときめられており，不便である．

2. 火災の場合

　ちょっと考えると木造の古家より，不燃耐火の高層住宅ならば火事にも安心なように思われる．しかし，骨組が耐火構造であっても中に詰まっているものは燃える物である．各住戸がコンクリート壁で区画され，それぞれの家庭が責任をもって管理している住宅の場合は，一般の高層建築に比べて格段に火事には強いはずであるが，それでもなお，高層住宅での火災発生の際どうなるかという不安は否定できない．

　消防の態勢がビルの高さに追いつかず，放水は13階，はしご車があってもせいぜい10階までしか届かないということは知っておいていい．もちろん電気は切られ，エレベーターは使えないから階段を利用することになる．火の手に追われて上へ上へと逃げても犯罪や墜落事故の防止対策として，屋上への入口は閉鎖されているのが普通である．これでは階段からも脱出不能となる．避難階段が外階段となっている建物がよくある．高いところから煙が立ち込める中を歩いて下りるのは目のまわるような恐ろしさであろう．

　密閉度の高いコンクリート住宅の中でのガス爆

140　現代の住まい

図15・3　地下駐車場の上に設けられた遊び場．照り返しが暑い

図15・4　超高層の中間階にある避難所を兼ねた遊び場　子どもには，魅力ある遊び場ではないようだ

> **コンロ熱源の電化**
> 　欧米では，キッチンの熱源に電力を使うことが普及しており，配電方式も200ボルトが主流である．わが国においても，将来の家電のパワーアップを見越して，資源エネルギー庁が200ボルト配電の試案を出している．安くて強力な電気コンロを使える日が近いかもしれない．ただし，電気コンロは弱火にした時，赤熱した色がなくなって，一見，消えている時と区別しにくい．そのためガスより空だきの危険性が高い．オール電化ならまったく安全だと一概にはいえないのである．

発も問題となる．ガス自殺の巻き添えとなって，爆発が起きる可能性もあるので，熱源は電力だけにして，都市ガスを引き込まない建物も多くなっている．これで爆発の危険はなくなるが，オール電化によって生活費の大幅アップは避けがたい．火力が弱いことにも不満が残る．

　高層住宅の火事で，高性能の放水ポンプによって，上まで水が届いたとすると，次は放水のためにたいへんな水害が起こる．1戸分の火事を消し止めるために，その周囲とその下階ほとんど全部が水浸しになり，どうかすると火事の被害より，水害の方が大きいぐらいである．

　火災に関して安全性の高い高層住宅をつくろうとしても，発生してからではどうにもならない．火災の予防に重点をかけるより仕方がないということになる．したがって，ある程度温度が上昇したら，自動的に放水するスプリンクラーの設備や，煙探知器の設置によって，火災が拡がらないように押さえ込むことが必要となる．

3．子どもの生活への影響

　大地から離れ，自然から遠い空中に生活するということが，わたしたちの生活にどういう影響を与えるのだろうか．雨が降っているのがわかりにくいとか，小鳥の声も届かないという自然離れも問題ではある．しかし，高層住宅にはもっと深刻な危険がある．

　その第一にあげるべき問題点は，落下の危険である．低層階ならケガですむところが，高層階からの落下事故は確実に死亡事故となる．高い所で日常生活を送る子どもたちは，高所恐怖という感覚がない．集団遊びとしてよくやるような，手すり渡りの曲芸などは，簡単に死へつながっていく．よちよち歩きの幼児がいる場合，ベランダや窓辺に足がかりになる家具や台があると，下をのぞき込んだはずみに落っこちる可能性は大きい．これ

> **水爆弾**
> 大阪のニュータウンで，ある時期，ビニール袋に水を入れたものを上から落とす遊びが流行した．地上20 m の 7 階から落とすと，地表付近では時速72 km，高さ30 m の10階からとなると，時速86 km の猛スピードとなる．水爆弾となって直撃されると大けがになると騒がれた．まして石やおもちゃなどではとんでもない事故につながる．

図15・5 見下ろすと目がくらむような高層も，住み馴れるとゆだんが……

を防ぐのには全部の窓やベランダに網を張るか，柵をつけるしかない．大きな費用がかかるし，建物のデザインや眺望を著しく損なうことなしには不可能なので，ほとんど実行されていない．

小さい子がよくやるように，手当たりしだいに物をポイと投げるような遊びをして，それが窓から外へ飛びだすと，加速度がついて，下へ到達した時には思いもかけぬ凶器となってしまう．

子どものいたずらと見過ごせない大問題になり，どこの高層団地でも頭を痛めているようである．

エレベーターの押しボタンに手の届かない年頃や，届いても自分の住棟や住戸番号が読めない年頃では，1人で遊びに出かけることができない．母親が意識的に時間をつくって，外遊びに連れ出す必要がある．上の方の階から，下で遊ぶ子どもを見下ろすと豆粒のように見える．そんな所に，1人放置しておくわけにもいかないから，子どもの外遊びの時間いっぱい，母親が付き添わなければならない．これをめんどうがると，家の中や廊下でどたばたすることになり，不完全な遮音力しかない住宅では，とんでもない近所迷惑となる．

やっと歩き始めるぐらいから縁先の庭や，家の前の安全な路地で遊ぶことのできる昔型の住宅の子どもとは，外で自由に遊べる時間がまったく変わってくる．児童学や住居学の最近の研究では，6 階以上に住む子どもと，接地型住宅に住む子どもとの間には，外遊びの量において明らかに差があることが立証されている．家の中に閉じ籠もるタイプの遊び（パソコンなど）に興味が集中し，身体を使い，自然に親しむような遊びからは遠去かっていく．幼稚園や保育園へ入って，そこでの集団遊びができるようになる年齢までの，2～3歳の幼児にとっては，もっとも不向きな環境だということができよう．おとなにとって何でもない事かもしれないが，子どもにとってはたいせつな問題であり，接地型住宅のよさは簡単には捨てきれないものがある．

4．風の強さ

隣棟間隔の大きい高層住宅はとくに夏が涼しいといわれる．風通しがいいということに他ならない．しかし，これもよいことばかりではなく，風が強すぎて，玄関ドアが強い力であおられて危険だったり，子どもの力では開けられないこともあるという．海浜を埋立てて建てられた超高層住宅などではとくにひどいようである．窓をあけると風が強すぎるとか，干したふとんや洗濯物が吹き飛ばされるということも起こる．またビル風と名

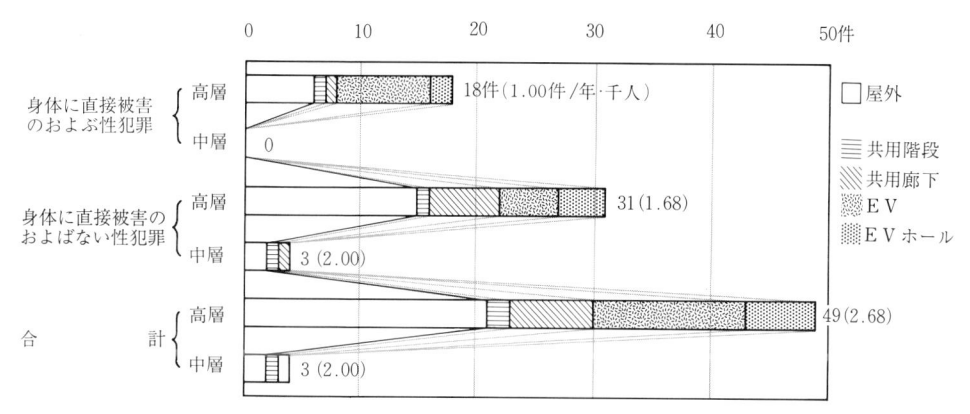

図15・6 性犯罪の発生場所（奈良女子大学湯川研究室による．東京都下T団地4年間の件数）

（凡例：屋外／共用階段／共用廊下／EV／EVホール）

身体に直接被害のおよぶ性犯罪：高層 18件（1.00件/年・千人），中層 0
身体に直接被害のおよばない性犯罪：高層 31（1.68），中層 3（2.00）
合計：高層 49（2.68），中層 3（2.00）

図15・7 防犯上，人目につきやすい場所に設置した洗濯室

づけられるつむじ風が棟の間を吹きすさび，砂やほこりが舞い上がる．棟と棟の間の空間にある遊び場は，必ずしも静穏な環境とはならない．

上階ほど，壁面の冷やされ方が著しいため，冬場の結露がひどいともいわれる．コンクリート住宅一般の問題ではあるが，高層，超高層で問題になる．

5．犯罪の多発

高層住宅については，一般の常識とは異なる面がいろいろある．とくに，犯罪に関連して注意したい．ふつう，わたしたちは，わが家に近づくとホッとして安心感をおぼえるものである．わが家に近くなるほど，安全度が高いのが常識なのである．しかし，高層住宅の場合，必ずしもそうとはいえない．夜道，ずっと後をつけてきた悪者がいるとすると，高層住宅に入ってから獲物に襲いかかる方が犯罪の成功率が高い．人っ気のないロビー，密室になってしまうエレベーター，その付近の絶対に誰も上り下りしない階段室など，わが家の玄関口にたどりつくまでには，危険な個所がいっぱいなのである．（図15・6）．

階段の最上階部分や，屋上は，めったに誰もやって来ないし，外部から自由に誰でも入り込める，犯罪の仕上げ場所としてかっこうのスペースを提供する．事実，多くの住棟の屋上は，当初，洗濯物干し場に計画されるなど，オープンになっていた．その後，小中学生のシンナー遊びの場となって荒らされた結果，閉鎖に踏みきった所が多い．

エレベーターについていえば，女の子のしつけとして，「見知らぬ他人とふたりだけで乗ってはいけません」と教えるのが，高層団地の常識のようである．高層の直通運転になると，人目のない，まとまった時間ができるため，危険度が高まる．

天下の公道のように誰でもが入り込める場所となれば，いったん悪化が始まると自分の住戸の前の廊下すら気の許せない場所となる．廊下型住宅の間取りの特性から，常時人のいる居間やキッチンは廊下側からは遠いベランダ側にある場合が多い．廊下で何が起こっても，住戸内からはわかりにくくなっているので，人が住んでいても，廊下がまるで無人地帯のようになる．

高層居住 143

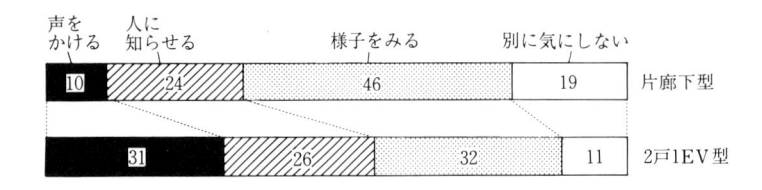

図15・8 EV内で不審者をみかけた時の対処のしかた（単位：％）（奈良女子大学湯川研究室による）

声をかける / 人に知らせる / 様子をみる / 別に気にしない

片廊下型: 10 / 24 / 46 / 19
2戸1EV型: 31 / 26 / 32 / 11

図15・9 入口に警備員室のあるマンション

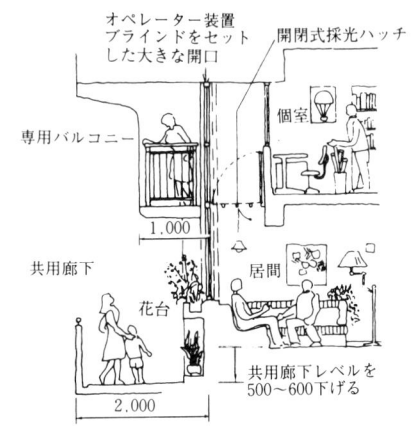

図15・10 居間を共用廊下側にとって，外を見通せる設計の高層住宅（下高一雄による）

どんな高層住宅なら安全か

　現代の家族は昼間は女世帯になってしまうところが多い．高層住宅は犯罪，とくに性犯罪に弱いというのなら，いったい，どんな対策があるのだろうか．どんな条件を備えている高層住宅ならば，安心して住めるのだろうか．
　アメリカという国は，治安の悪さでは日本の比ではない．そのためこの問題には早くから取り組まれ[1]，建築物やその周辺の設計しだいで，犯罪の起こりやすさが変わることが立証されている．最近の日本の研究成果からも，犯罪の発生しにくい設計，最新の科学技術を駆使した設備，それに人間の目による監視態勢を整えることによって，高層住宅でも安全性の高いものがつくり得るといわれる．以下にその概要をまとめてみよう．

1．領域の画定

　団地設計の思想として，周辺環境との融和をはかり，地域の人が誰でも自由に出入りできる団地が理想的であると考えられていたことがある．そのため，塀や柵がなく，公園のように誰でもが出入りし，建物にはドアもない入口がたくさんあって，エレベーターでの昇降も自由自在となる．つまり，この方式では各住戸の前までが公道となるのである．そのため，その建物とは無関係の人でも臆することなく侵入できる．
　それに対して，内外の区別をつけて領域を明確にし，他人が入りにくいイメージをつくるという設計思想が登場してきた．無用の人がみだりに入り込めないように柵や塀，門を設けて境をはっきりさせる．建物の入り口は数少なくしぼって玄関らしくデザインする．もちろん，公的領域，私的領域がいきなり接するのでなく，その中間領域を段階的に設定する．住戸の前にもその住戸だけか，隣戸とだけ共用する空間をつくって，他人が立ちどまりにくい雰囲気をつくる．子どものいたずらの類ならこれだけでずいぶん変わるはずである．

2．エレベーターの防犯設計

　もっとも危険性の高いエレベーターについての

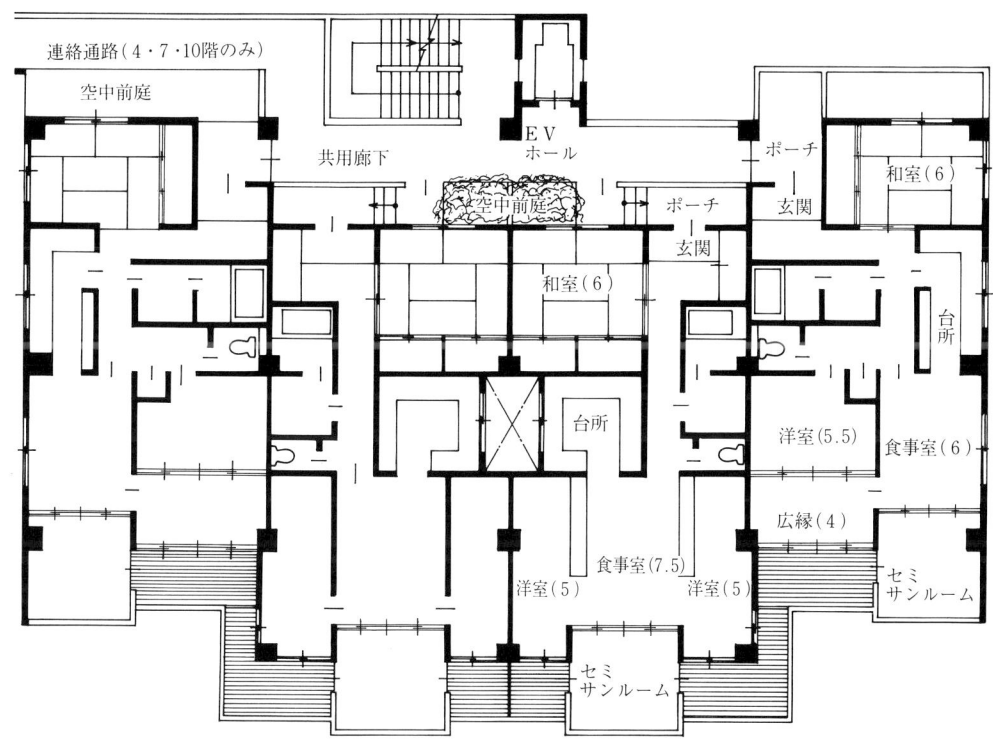

図15・11 4戸1型のEVと住戸の位置関係（1/200）（奈良女子大学湯川研究室による） 北側の居室から，空中前庭を通してEVホールとEVが自然監視される

安全化対策も，いくつか考えられている．基本的には1台当りの戸数を少なくする（50戸程度）ことである．つまり顔見知りの家族の範囲で利用するなら不審者が気軽に入り込むことはできないし，入って来た時にも，すぐに怪しい人物だと見分けがつく．階段室型にエレベーターをつけたような型（2戸1EV型）のように，1台のサービス範囲を狭く限定して，領域感を明確にしたものは，入居者自身の自衛力が発揮されて（図15・8），不審者が入り込みにくい．

では，すでに住んでいるところは，どう改善すればよいのだろうか．エレベーターの扉にガラス窓を設けて，中が見通せるようにすることは効果がある．非常時の押しボタンはついているが，その他に，内部監視用のテレビカメラを設置して，管理人室から常時監視する方法がある．ただ，管理人が，非常に低い確率で発生する事故に備えて，必ず監視しているという保証はない．しかし，事故が起こった時にはビデオ画像として記録が残るだろうし，カメラがそこにあり，監視装置のあることを宣伝するだけでも犯罪を牽制する大きな力になるだろう．

最新の設備として，深夜の防犯運行方式というものがある．これは一定の時間帯になると，防犯運行ボタンを押すと2人以上乗れず，'1人満員'になり，途中階には停止せずに，目的階に直行する方式である．

3．管理人とオートロック

厳しく防犯態勢を敷くには，住棟入り口を1カ所にしぼり，24時間管理人が常駐して，玄関口を監視するほかない．当然これには相当の費用がかかる．そこで，管理人に代わる電子装置として，1戸当り，6～7万円（昭和62年現在）でつけられるオートロック・システムを採用する所がふえている．これはインターホンや秘密番号で，居住者か，居住者の許しを得た者だけに解錠される方式である．オートロック・システムは，犯罪者や

押し売り防止に一応の効果はあるが，万全ではない．つまり，入居者が出入りする時に続いて入ってしまったり，内部に犯罪者がいる場合には防ぎようがない．こういうことは，匿名性の高い巨大高層棟に起こりやすい問題点である．また，オートロックは出たり入ったりして遊びたい幼児のいる家庭には，とても不便なものとなる．幼児などのいない単身者か，シニア向けということになろう．多くのマンションでは昼間だけ管理人を置いて，夜間をオートロックにするという併用型をとっている．

4．居住者による自然的監視

費用的に常駐管理人をおけない団地の場合はどうするか？居住者自身が監視の役割を果たせるように，住棟の入り口付近にベンチや遊び場を設けて，人がたむろし，にぎやかな井戸端会議が発生するように仕向ける．そこでじろりとみられたり，'どこをお訪ねですか'と声をかけられたりすることによって，犯罪者は侵入しにくくなる．また，廊下が無人地帯とならないように，居室の中で，比較的家人のいる時間の長い居間が，廊下に面するような間取りにして，ざわめきが外に伝わり，何気ない監視の目が届くように意図した設計にすることがたいせつである．これらも，主婦の不在が多い場合には，あまり効果は期待できない．

どんな防止対策にも限界があり，巨大な高層住宅には不安が残る．非人間的なまでの大規模な建築は匿名性が高く，犯罪には極めて弱い存在であることを知ってほしい．

高層建築による環境破壊

以上に述べてきたことは高層住宅に住む立場からの問題点であった．しかし，最近の市街地では続々と高層の建物が建設され，ある日突然わが家に隣接して巨大な建造物が出現し，生活環境が一変する可能性だってあるのだ．はじめて高層住宅に住んだ人が，一転して加害者の立場に立つこともある．いったい，近くに高層建築が建った場合，周囲にどんな影響を及ぼすのか？　また，それに対して，どんな解決が可能なのだろうか．

1．日照障害

冬季を中心に日当りが悪くなることが日照障害である．昔ながらの路地奥や密集地域では，窓から日がささない場合でも，建物自体や路地には日が当たっていた．しかし，相手が高層建築となると，場合によっては，一年中，屋根の上にも日がささない，永久日影といわれる中に入ってしまうことがある．

ふとんや洗濯物の乾燥，家屋内外の乾燥，紫外線による消毒効果，暖房効果などの日照による生活上の利益が失われ，湿気や冷え込みにより，家の寿命が縮み，健康状態にも影響が及ぶ．園芸にも大きな影響がある．日照障害はたいへん影響が大きいため，昭和30年代後半から，各所で激しい高層建築反対運動や，訴訟が起こった．そのような運動の結果，近年では，日照権として被害者の権利がある程度守られ，建築計画を変更させたり，条件をつけたりすることが可能になってきた．

2．採光障害・通風障害

日照障害とは関係のない南側や東西側の住宅でも，近くに高層建築が建つことによって薄暗くなったり，風通しが悪くなるということがある．今まではいらなかった電燈を，一日中つけっぱなしにせざるを得なかったりする．夏には空気がよどんで蒸し暑く，クーラーが長期間必要になるということもある．

3．圧迫感・プライバシーの侵害・騒音

目の前に巨大な建物が立ちふさがって，眺望を損なわれるにとどまらず，圧迫感を受け，のぞきこまれる不愉快さを生じる．カーテンを閉めっぱなしの生活になる可能性もあるし，マンションなどで南にベランダがついている場合，日照障害を免れた南側の家の方がプライバシー侵害の度合は大きい．庭やベランダでは，上からの視線を防ぎようもない（図15・12）．どんな種類の建物かによ

図15・12　周囲が高層化していく町の住まい

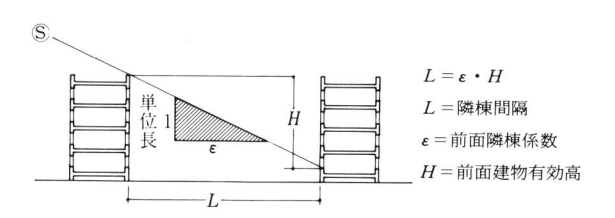

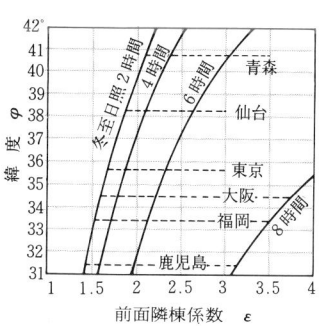

$L = \varepsilon \cdot H$
$L = $ 隣棟間隔
$\varepsilon = $ 前面隣棟係数
$H = $ 前面建物有効高

図15・13　隣棟間隔と隣棟係数（日本建築学会による）

って差があるが，高層化して居住密度が高くなるのであるから，内部の騒音は従来より大きくなる可能性は十分にあり，開口部の大きい南側に対して，被害はより大きいと考えられる．

4．工事中の被害

大規模な工事が行なわれることから，長期間にわたる振動，騒音，交通混雑，交通事故の危険がある．地下工事などの影響で，地盤沈下，地下水の枯渇，老朽住宅などにはとくに影響の大きい建物の歪みなどが起こる可能性もある．地盤沈下の結果，水道管やガス管の折損がよく起こるが，こういう故障が工事終了後，半年以上たって発生することもよくある．心労も加わり，病床にある老人の命を縮めた実例もあるといわれる．

5．電波障害

さまざまな被害の中で，簡単に解決のつくのはテレビが見えにくくなる電波障害である．これは，共同アンテナをビル上に立てることで，簡単に解決できる．それ以外の問題については非常に解決はむずかしく，後に問題を残しつつ建設が強行されている現状であろう．古くからのコミュニティを破壊して，異質な居住者が入居する建物は，近隣との関係が長期にわたって気まずい状態になりやすい．新たにマンションを探す時には，こうした点にも注目しておきたい．

引用文献
(1) オスカー・ニューマン『まもりやすい住空間』（鹿島出版会，昭51）

冬至4時間日照

日影がもっとも長くなる冬至（12月22日ころ）に，「1階居室に4時間以上日が当たること」がわが国の公的な住宅のメドとされてきた．そのためには，南側に立つ建物の高さの約1.8倍の隣棟間隔が必要となる．昭和30年代の高度成長期以後，この原則は崩れ，大都市部では高密化していく．日照条件は新しいものほど悪くなっているといえる（図15・13）．

高層居住　147

第16章
高齢化時代の住政策

　発展途上国には，いわゆる老人問題はない．長生きする人が少ない場合，むしろ長老の智慧は珍重されてきた．儒教の影響の強い東洋の国々（中国・朝鮮・日本など）では，とりわけ年長者は尊敬され，その経験に敬意が払われた．棄老政策に反してかくまわれた高齢者の智慧が国難を救った話は象徴的である．経済社会の発展に伴って，かつては家族の中にあった高齢者の保護が，社会の責任へと移行してくると，高齢者の多くなること自体が社会的な問題となる．社会問題を解決するための高齢者福祉の3本柱"経済問題（年金），医療問題（医療と介護）および住宅問題"が政策的に解決されることが求められる．この基本が確保できればだれもが安んじて「人生の収穫のとき」としての老年期を楽しめるのである．

高齢社会

1．日本型高齢社会

　社会が高齢化するのは基本的には出生率と死亡率が共に低下することによる．近代化の過程で多産多死型から多産少死型の人口増加時代を経て，少産少死型に落ち着く．その結果，人口に占める高齢人口の絶対数および比率が高くなり，社会全体の人口構成が変わるのが社会の高齢化である．

　これは世界的な趨勢であるが，とくに日本ではかつてどこの国も経験したことのないスピードでこの現象が進行しているところが注目される．高齢先進国で100年以上かかった人口構造変化を24年で実行してしまう勢いである（表16・1）．このまま進むと，2005年には世界一の超高齢国となり，2020年には25％の高齢人口比率（国民4人に1人が高齢者）に到達しようとしている（図16・1）．スピードが早いということは，社会のあらゆる場

> **おばすて伝説**
> 　ある年齢に達した老人を捨てる伝説は各国に散見されるが，典型的なパターンのひとつに次の話がある．ある国で掟にそむいて孝行息子が親を隠して養っていた．隣国から三つの難題を出されて国家存亡の危機にある時，隠していた老人の智慧でこの若者が難題を次々に解いて，国難を救った．これを知った国王が以後この棄老の掟を廃したというもの．

表16・1　高齢化先進国の65歳以上の人口比率が7％から14％に到達するに要する年数

国名	高齢人口比率の到達年次		所要年数
	7％	14％	
アメリカ	1942年	2012年	70年
統一ドイツ	1932	1972	40
スウェーデン	1887	1972	85
イギリス	1929	1976	47
フランス	1864	1992	128
日　本	1970	1994	24

資料：『高齢化社会基礎資料年鑑1994年版』

表16・2　都道府県別65歳以上人口比率
（総務省による）　（％）

府県名	2000	2018
全国	17.3	28.1
北海道	18.2	31.3
宮城県	17.3	27.8
秋田県	23.5	36.4 *
埼玉県	12.8	26.4
東京都	15.8	23.1
神奈川県	13.8	25.1
富山県	20.8	32.0
長野県	21.4	31.5
愛知県	14.5	24.9
京都府	17.4	28.9
大阪府	14.9	27.5
奈良県	16.6	30.9
島根県	24.8	34.0
岡山県	20.2	30.1
徳島県	21.9	33.1
福岡県	17.4	27.6
長崎県	20.8	32.0
鹿児島県	22.6	31.4
沖縄県	13.9	21.6 **

＊最も高い秋田県で36.4％、
＊＊最も低い沖縄県で21.6％

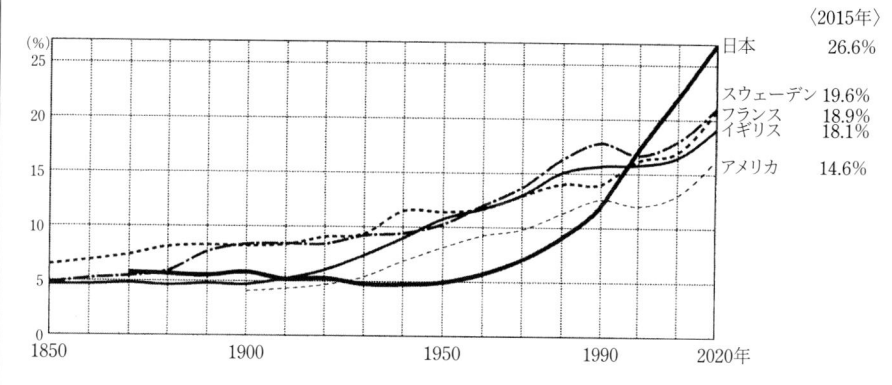

図16・1　高齢者人口比率の推移と国際比較（総務省統計局による）
資料：日本—「国勢調査」，国立社会保障・人口問題研究所「日本の将来推計人口—平成14年1月推計」（中位推計）
その他—各国の統計年鑑及び国連資料，「World Population Prospects (2000)」

高齢社会とは
人口のうち65歳以上の比率が7％を越えると高齢化社会，14％を越えると高齢社会，20％を越えると超高齢社会と名づけて，国連が統一呼称にしている．

面での対応が遅れていたところを，大急ぎで整える必要に迫られていることを意味する．年金，福祉制度のみならず，労働慣行や生活環境の見直しが進むことになろうし，若者本位の社会，文化は大きく転換することを求められよう．社会の高齢化は，若年人口の移動が大きな要因となることもある．わが国の各地における高齢化の進行は主として人口移動によって生じている．高齢化する日本の中でも過疎化の著しい地方では，その人口に占める高齢者比率が高く（表16・2），独居世帯や高齢夫婦世帯の比率も高い．

2．後期高齢者の増加

65歳以上を一律に高齢者として取り扱うのではなく，長い老年期をふたつに分けて，75歳未満を前期高齢者（ヤングオールド），75歳以後を後期高齢者（オールドオールド）として区分することがある．現状では前期高齢者の方が多いが，2010年以降の将来推計ではほぼ半々になる．本当に深刻な高齢者問題の発生は，この後期高齢者においてであろう．この年齢では次第に女性の比率が高くなり，夫婦の一方が欠ける（多くは女性が残される）ケースも増える．

加齢とともに医療機関にかかることも多くなり，60歳代では14％の受療率が，80歳以上では23％に増える[1]．寝たきり老人は約70万人[2]，高齢者全体の4.6％と推計されているが，80歳以上だけを取り出すと比率は3倍に増える．将来，後期高齢者の人口比率が高まるに従い，これらの介護の対象となる人は実数も比率も高まることになろう．

在宅ケアの体制

子や孫との同居はしあわせな日本的な老後の理想像であった．いつも子どもや孫といっしょに生活できるのが良いという人は，アメリカやイギリスでは3％前後[3]であるが，日本では過半数に達する．老後の介護を期待する相手として，アメリカやデンマークでは民間有料サービスや公的サービスへの期待が半数に達するのに，日本では家族・親族以外には，ほとんど期待していない．今

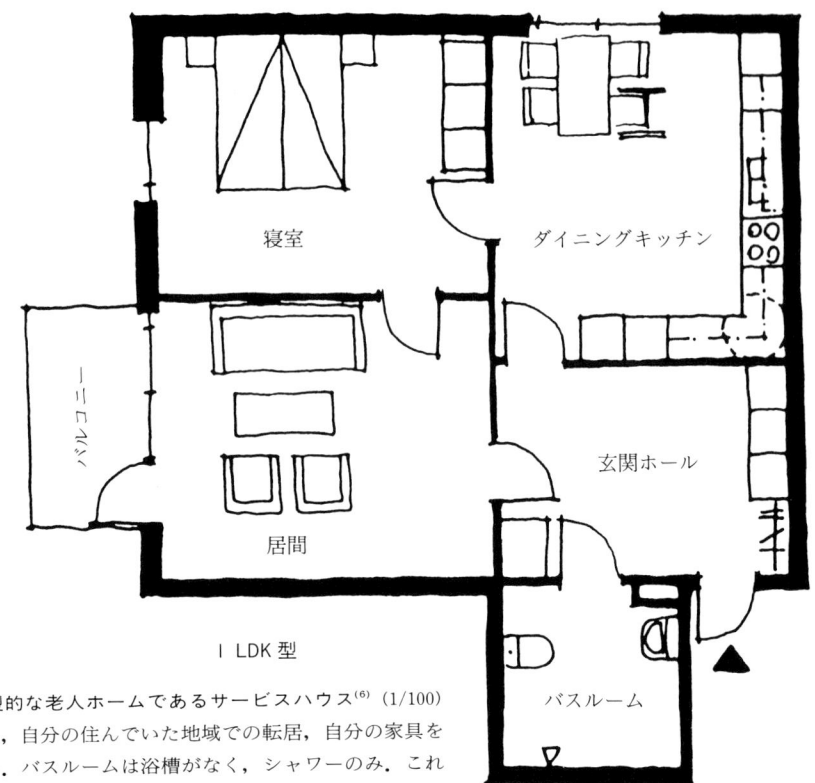

図16・2　スウェーデンの典型的な老人ホームであるサービスハウス[6]（1/100）
小規模な集合住宅を分散配置し，自分の住んでいた地域での転居，自分の家具を
持ち込んだ住生活が基本となる．バスルームは浴槽がなく，シャワーのみ．これ
は車イスが使いやすい空間を確保する意味と，自力で浴槽への出入りが困難なた
めであるが，習慣の違いも大きい

後，客観情勢の変化による変化はあろうが，その間の隔たりは大きいといえる．老若世代の合意がある場合，同居・近居の住まい方は将来も老後の過ごし方の選択肢のひとつとして残るだろう．

1．多世代居住のユメと限界

しかし，しあわせそうな二世帯住宅も老後問題を解決する一般解ではない．容積率にゆとりのある持家をもっており，建て替え資金の手当てができるか，新規に2軒分の土地建物を購入できる資力のあることが前提だからである．また，たとえ経済的余力があったとしても，職業生活上の制約が大きな障害となる．過去の高度成長期には，急激な人口移動が発生して，職を求める若い世代が大都市に吸収されていった．今後の経済構造の変化がどのような人口移動を促すのかは定かではないが，家族のいる故郷から通勤不能な遠隔地に職場のある場合や，転勤の多い会社勤務などが，減少する見込みがあるとはいえない．さらに，少子化が進行する中で，1組の夫婦に対して2組の高齢者夫婦が同居する多世帯住宅を，普遍的な形態と考えるのは無理があろう．

2．在宅居住とケア体制

以上のように考えると，多世代同居は非常に幸運な条件がそろった場合のユメであるといえる．しかし，同居や近居でなくても，なじみのコミュニティにあって，できる限り在宅で好みの生活スタイルを維持していくこと，在宅居住の老後生活を続けることは可能である．その鍵は地域のケアサービスシステムの充実である．独居であれ，同居・近居であれ，行政サイドのケアシステムの援護があれば，親孝行を強いて，若い世代の女性に犠牲を負わせなくても，相当長期間の在宅生活が可能となるし，老若関係ももっと明るいものになるはずである．

スウェーデンでは，老親の扶養責任は子ではなく，社会にあることが1957年以来法的に明言され

表16・3　各種老人ホームなどの利用者数（2017年厚労省調査による）

施設・事業		利用者数（人）	高齢者人口に対する比率*
養護老人ホーム	931	55,678	0.16
特別養護老人ホーム	9,318	536,027	1.52
軽費老人ホーム	2,198	84,495	0.24
有料老人ホーム	11,522	377,134	1.07
各種老人ホーム合計	23,969	1,053,334	3.00
通所介護総計	41,980	1,514,359	4.31
通所介護	20,439	1,081,266	3.08
地域密着型通所介護（18人以下）	17,761	378,352	1.08
認知症対応型通所介護	3,780	54,741	0.16
短期入所生活介護（ショートステイ）	9,036	302,094	0.86

＊高齢者人口に対する利用者率を計算したもの

〈種別の説明〉　特別養護老人ホーム：経済的事由に関わらず心身上の障害が著しい老人を対象
　　　　　　　養護老人ホーム　　：経済的事由に限定した措置型ホーム
　　　　　　　軽費老人ホーム　　：低額料金のホーム．A型，B型（自炊可能）および1989年
　　　　　　　　　　　　　　　　　からは措置型の外に契約型も入居するケアハウスがある
　　　　　　　有料老人ホーム　　：老人福祉法にいう老人福祉施設ではない民間施設

ており[4]，徹底的な在宅サービスのシステムが実行されている．施設入居を中心にしていたその他の国でも，近年は在宅での自立生活の援助を強化する方針に転換しているところが増えている．

　厚生労働省は平成2年度から始まる「高齢者保健福祉推進10ヶ年戦略」（ゴールドプラン）に始まり，予想以上に急速に進む高齢化に対応する施策に追われてきた．2000年の介護保険制度の出発後，2006年の改革によって，増大する介護需要へ向けて，制度の持続可能性を探っている．人的資源と多額の資金の裏付けが必要なこの計画が，どれだけの成功を収めるかは未知数である．

　家庭内での旧態依然とした女性の無償労働を基盤にする安上がり行政では，矛盾の解決にはいたらないであろう．旧民法下の家制度からの解放・女性解放の流れと高齢者介護の問題をどう調和させるのかが，肉親に対する愛情も絡んで今後に残された国民的な課題である．

高齢者施設

1．施設の必要性

　住宅改造に加えて，ケアサービスの支援があれば，自宅での生活は相当程度，長期化が可能である．しかしながら，独居が不適切あるいは危険な状況にあったり，住宅事情が問題な場合，ある限度以上に心身が弱って，家庭での介護が困難な場合，あるいは遠隔地に孤立している場合など，いろいろなケースにおいて，在宅居住の限界が生じる．社会の高齢化が進行するにつれて，種々なレベルでの高齢者の入所施設（老人ホームなど）の増設は不可欠である．アメリカでは，特別養護老人ホームに相当するナーシングホームの入居者は約5％であるが[5]，高齢者の一層の高齢化が進行していて，施設数は不足しているという．日本の場合，入居者1％という数値（表16・3）は，現在のみならず将来的にも大きな施設不足に陥ることが予測される．まず，待機者の多い特別養護老人ホームの増設が最優先課題であるが，ケアハウスや，介護老人保健施設などの増設が並行して進められ，老老介護や，認知症高齢者の増大に対応しようとしている．

　施設の現状は個室を増やすなど，次第に改善されてはいるが，未だに不幸な貧困老人の収容施設としての伝統を引きずっている．プライバシィを無視した大部屋や，ひとり当りスペースを切り下げた環境下で，人間の尊厳を無視した扱いを受けるのを我慢しなくてはならない．家庭で介護不能なほどに衰弱したり，痴呆状態であっても，快不快の感覚や，喜怒哀楽の感性は保たれているのが

図16・3 スウェーデン，平家のサービスハウスの内部
自分の家具を持込み，インテリアは自由に改装できる

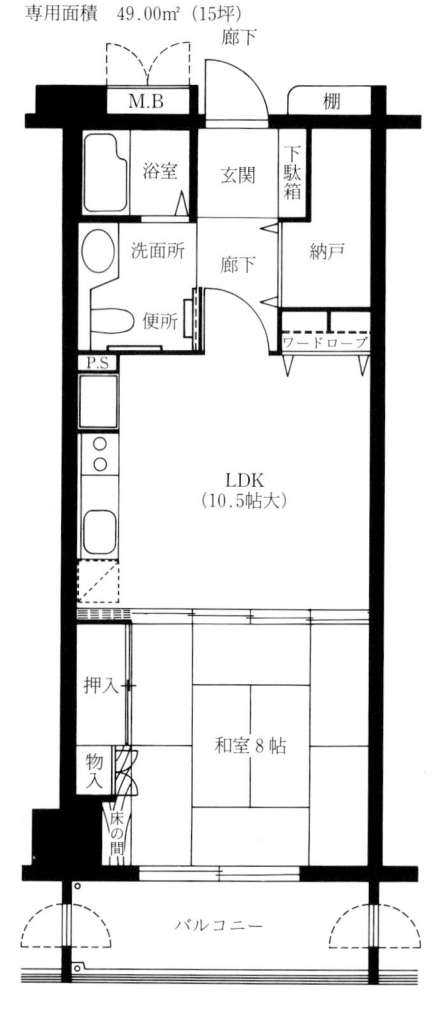

図16・4 日本の有料老人ホームの一例

普通である．人間らしい扱いを受けることができない現在の大部分の施設は，先進国の状況からみれば，大戦前のレベルにあるといってよい．

福祉国家といわれるスウェーデンも昔から制度が整っていたのではなく，19世紀には貧しい農業国であったことはよく知られている．1930年代以後の社会民主労働党の長期政権によって，第二次世界大戦後に本格的に，現在につながる福祉国家が形成されてきた．現状のわが国の高齢者施設は，国民大多数の老後を委ねる施設として本気で考えられたものとはなっていない．現状をみて施設を否定するのではなく，先進国の例をみて，取組み次第で大きく変わり得る可能性のあることを理解したい．改革はまだ緒についたばかりなのである．

2．高齢者の経済事情と有料ホーム

老いは貧者にも富者にも公平に訪れる．自由経済の国日本では，アメリカがそうであるように，営利事業としての老人ホームも経営可能である．事実，自己負担で入居する独立採算の有料老人ホームは急増しており（表16・3），平成16年現在で約6万人の入居者（高齢者の0.2％）が居住している．こうしたホームの入居権利金は新築マンションの分譲価格より高い支出を必要とするものが多いのだが（図16・4），果たしてこれらは一般の高

ノーマライゼーション

一般の人が行なっている通常の生活行動を，高齢者や身心に障害をもつ人もそれなりに自立して行なえるように，人間らしいプライバシィを保持した生活環境を保証しようという思想．デンマークに発し，北欧諸国の高齢者ケアの基本思想であり，施設の改善や，在宅ケアの本格的な取組みにつながる．

図16・5　アメリカの退職者ホームの昼食風景　各室にフル装備の台所をつける一方，気軽に食事のできるレストランを附属させている

齢者には無縁の高嶺の花なのであろうか．

一般に，高齢者は弱者であり，貧者であるというイメージが行き渡り，その実像が誤解されている面がある．退職後の高齢者は現金収入に関しては人生の最盛期ではないが，70歳代でも30歳代の世帯と同程度の収入を確保し，貯蓄高においてはその5倍以上を保有している．また，住宅・宅地の資産保有の状況をみれば，もっとも資産額の高いのが70歳代であり，高齢夫婦世帯では，持家率は84％以上を示している[7]．バブル期の平成元年の家計資産をみると，世帯主年齢70歳以上の世帯では，宅地および住宅資産と金融資産を含めたものが，1億円近くに達し，どの年代よりも保有資産は大きい．仮にこれが不況下で半分にしぼんだとしても，高齢者が大きな資産保有階層であることには変わりない．

わが国の過去には，救貧対策や孤老救済的な老人ホームだけしかモデルがなかったから，本人も子ども達も，ホームを忌避してきたのは当然の成り行きである．しかし，前述の高齢者の資産状況からみる限り，質の高い民間ベースの有料ホームへの入居希望者も相当程度見込むことができる．良質的な老人ホームへの関心が高まって，老後の生活見通しが大きく変更される可能性がある．先進国並みの快適な老人ホームが現実のものとなれば，親族と公的福祉以外のアメリカ流の自力解決の道も，有力な選択肢となっていくであろう．そこでは，現状のアメリカがそうであるように，人気を保持するためのサービス競争と快適な建築環境の競争が発生し，そのモデル効果によって，公的福祉の水準をも押上げる役割を果たすだろう．

引用文献
(1) 厚生省平成2年患者調査．エイジング総合研究センター編『高齢化社会基礎資料年鑑1994年版』p.200による．
(2) 厚生省推計．同上 p.201．
(3) 総務庁老人対策室「老人の生活と意識に関する国際比較調査」．同上，p.756-757．
(4) 木下康仁著『福祉社会スウェーデンと老人ケア』(勁草書房，1992) p.175．
(5) 全米建築家協会著，湯川聰子・湯川利和訳『高齢者のための建築設計ガイド』(学芸出版社，1992) p.15．
(6) Swedish Council for Building Research, *Housing Research and Design in Sweden*, 1990, p.129．
(7) 総務庁統計局，平成元年全国消費実態調査報告第6巻特定世帯編，p.29．

―― 演習問題 ――

1. 自家の南側に高さ12mの建物が建つ計画がある．わが家に，冬至の頃，2時間の日照を確保するためには，少なくとも何mの隣棟間隔が必要か．図15・13を参照して計算せよ．

2. 次の文章に○×をつけよ．
   （　）プレハブ住宅は木造よりも価格が安く，現代的なデザインで好評であるが，耐久性や防音性に問題がある．
   （　）鉄筋コンクリート造は熱しやすく，冷めやすい．
   （　）オート・ロックは外部からの不審者の侵入を完全に防ぐことができるが，子どもの遊びには不都合である．
   （　）キッチンの熱源を電気にすれば，料金は高いが火事の心配はなくなる．
   （　）第1種住居専用地域には，マンションなどの高い建物は建てられない．

3. 次の語句を簡単に説明せよ．
   かし補修
   タウンハウス
   スプリンクラー
   容積率
   高層住宅

4. 鉄筋コンクリート造住宅の欠点について述べよ．

5. 結露について説明せよ．また，どうすれば防ぐことができるか．

6. 都市における借家住まいの利点を，個条書きにして述べよ．

7. 分譲マンションにおける管理組合とはどんなものか．その役割について述べよ．

8. 高層住宅にはどんな問題点があるか，個条書きにして述べよ．

9. （入手できるマンション広告を利用して具体例として考える）
   大都市では超高層の大型マンションが増えている．単身赴任の父親が（東京都心勤務のサラリーマン）一家の引越し先として分譲マンションの購入を検討している．家族は専業主婦の妻と，東京の大学に進学が決定している女子および祖母の計4人．このようなマンション購入計画に際して，どんな点を考慮すべきか．また，一家の選択肢として他にどんな方法が考えられるか．

10. わが家の南側に隣接して高層建築が建つ場合，予想される被害を箇条書きにして述べよ．

―― 読書案内 ――

1（A）『子どもはどこで犯罪にあっているか』中村攻（晶文社）
2（B）『まもりやすい集合住宅』湯川利和（学芸出版社）
3（B）『まもりやすい住空間』O・ニューマン著，湯川利和・聰子訳（鹿島出版会）
4（B）『不安な高層・安心な高層』湯川利和（学芸出版社）
5（A）『マンション管理組合テキスト』住生活研究所（学芸出版社）
6（C）『分譲マンションの管理』梶浦恒男編（彰国社）
7（B）『コレクティブハウジングの勧め』小谷部育子（丸善）
8（B）『居住福祉』早川和男（岩波新書）
9（C）『少子高齢時代の都市住宅学』広原盛明他（ミネルヴァ書房）
10（C）『住居学ノート』西山夘三編著（勁草書房）

（A：気楽な読物，B：一般書，C：専門書）

索引

ゴシックはとくに重要なページ

ア
アイランド型	75
I型配置	73
ILO労働者住宅勧告	117
明障子（あかりそうじ）	24, 26
網代（あじろ）	17, 22
遊び場	50, 91
アコーディオン・カーテン	64
後片づけ	62, 63, 71
洗い流し方式	79
アルコーブ	64, 65
RC造	133
安全	91, 92, 104, 122
安全柵	92

イ
家形はにわ	16
いぐさ	6, 10
池辺陽	47
イスザ	11, 55, 59
板葺	21, 29, 32
出文机（いだしふづくえ）	27
1間（いっけん）	9
1世帯当たり畳数	10
1戸建	53, 56, 120〜127
「一遍上人絵伝」	23
田舎間	9
居間	11, 50, 54〜57, 87
居間中心形住宅	39
入母屋造（いりもやづくり）	16, 17
インテリア	36, 56, 59

ウ
ウォーク・イン・クロゼット	84, 85
wall to wall	59
卯建（うだつ）	23, 31
埋込み式浴槽	106

エ
エアコン	12
「絵師草紙」	39
「江戸図屏風」	32
江戸間	9
L字型配置	55, 57, 59, 75, 76
エレベーター	102, 129, 130, 138, 144, 145

オ
オートロック	145, 146
オープン・キッチン	65, 71, 74
応接間	54〜57
置き畳	26, 29
押板	27
押入	97, 103
押しボタン	104
オルト邸	35

カ
介助	104
階段	50, 52, 102, 103
階段昇降機	103
階段室型	129
カウンター	65
「家屋雑考」	18
家屋文鏡	15
輝やける都市	113
かし（瑕疵）	137
家事コーナー	87
春日局邸	28
片廊下型	51, 128, 130
合掌造	30
勝手口	77
カーテン	64, 83
かび	131
カーペット	59, 60, 64, 83, 93, 97
簡易耐火構造	126
換気（ファン）	63, 69
乾式工法	126
関東間	9, 82
管理組合	136, 137

キ
規格化	9
企画住宅	123
起居様式	8, 47, 50, 103
基準尺	9
キチネット	64, 107
キッチン	44, 50, 52, 54, 62, 64, 70〜77, 105, 106, 107
几帳（きちょう）	20
機能（へやの）	46, 47, 54
機能主義	49
基本組織図	47
客間	46
給与住宅	116, 117
京間	9
切妻屋根	17, 21, 23
禁止領域	91

ク
くど造	30
グラバー邸	35
車イス	72, 104, 105, 106, 108

ケ
ケ	9
ケア	119, 150, 151
蛍光灯	11, 86
軽量鉄骨造	125
結露	131
玄関	8, 9, 53, 56
建ぺい率（制限）	113, 114

コ
更衣室	85
公室	47
公私室分離	47
公営住宅	42, 118
公社住宅	118
公団住宅	118
勾配	102
高温多湿	7
高層住宅	50, 76, 128, 129, 138〜146
高齢者世帯	99
個室	46, 47, 94〜98, 151
腰掛便器	89, 102, 104
コタツ	11, 56, 61, 69
子ども	50, 72, 90〜98
個別暖房	56
古墳時代	15
コープ住宅	118
コンロ台	70, 74, 76, 78

サ
採光障害	146
最低居住水準	119
在来工法	120〜123
作業台（一スペース）	70
（一配列）	70
作業面の高さ	71, 72
座敷	9, 23, 28, 29, 31, 32, 37, 42, 53
座敷飾り	27
サニタリー	88
佐味田古墳	15
3世代同居	84
3DK	52

シ
敷詰め方式	59
軸組真壁工法	127
仕事の3角形	75
私室	8, 10, 47
JIS規格	71
システム・キッチン	63, 65, 72, 76〜79
自然換気	126
自然的監視	146
蔀戸（しとみど）	20, 26
遮音性	51
社会圏	47
借家	10, 33, 41, 114〜116
遮光カーテン	83
シャンデリア	51
集合住宅	40, 128〜137

就寝分離	47	ソ		ツーバイフォー	120, 127
自由エリア	91, 93	騒音	63, 64, 146, 147	吊り戸棚	66, 73
収納	72, 73, 96, 97, 103	総2階	50, 51	テ	
収納壁	83	組積造	35	低層	128
住環境	112, 135	ソファ・ベッド	89	出入り口	50, 56
住居基本組織図	47	タ		ＴＶ	12, 56, 61, 63, 64
住宅金融公庫	42, 115, 123	耐久消費財	11	ＤＫタイプ	64
住居専用地域	113	大工	10, 120〜122	手すりの高さ	104
住宅改良会	39	対談型	57	鉄筋コンクリート造	120, 130〜133
住宅建設5箇年計画	119	台所	21〜23, 28, 31, 36, 38,	天井の高さ	51, 56
住宅・都市整備公団	118		39, 40, 43, 71	天窓	51, 56
住宅統計調査	10	台所改善	63, 71	デン	87
主殿(造)	24, 27	ダイニング・キッチン	12, 42, 43, 52, 62,	伝統(的な住まい)	6, 7, 46, 52
書院造	23, 27, 30, 36		63, 64, 66, 67, 74	ト	
書院(窓)	23, 27, 28	対屋(たいのや)	18, 25, 26	冬至4時間日照	147
照明	86, 103, インテリアのⅧ	対代廊(たいだいろう)	21	東京間	9
上下足分離	8	台盤所	20	東求堂同仁斎(とうぐどうどうじんさい)	
縄文時代	14	対面型キッチン	65		27
食器洗い(機)	71, 78	平清盛邸(泉殿)	23, 24	通り庭	22
食事スペース	52〜56, 62〜64, 69	タウンハウス	132	同居	99
食寝分離	15, 46, 52	高床倉庫	16	同潤会	39
書斎	87	畳	8, 20, 29, 60	動線	51, 54, 56, 62, 64
白木(しらき)	6	脱衣室	85	銅鐸	16
寝室	25, 26, 28, 31, 35, 39, 50, 85〜87,	竪穴住居	14, 29, 31	動物飼育	134
	90, 103	建売分譲住宅	122	床の間	8, 9, 23, 25, 27, 28, 31, 34
身体障害者	50	ダニ	88	都市住宅	41
心々	10	田字型	31	共働き	64, 87, 107
人体寸法	16, 99	ダブル(ベッド)	82, 83	登呂遺跡	15
寝殿(造)	18, 20, 23	ダブル(シンク)	79	ナ	
ス		多目的室	13	中庭	8, 48
水洗便所	12, 102	段差	103, 106	中廊下型	51, 129, 130
透渡殿(すきわたどの)	18	チ		中廊下形住宅	35, 38, 40
スキップ停止方式	129	地価(高騰)	115, 117, 118, 120	流し	65, 70, 71, 75, 76
スキップ・フロア型	51	違い棚	23, 25, 27	長屋	28, 33, 34, 132
厨子棚(ずしだな)	20	茶臼山古墳	16	長押(なげし)	19
厨子二階	31	茶の間	52, 55, 69	納戸(なんど)	31
簾(すだれ)	20, 26	茶の間型	52, 69	ニ	
ステンレス(流し)	11, 70, 79	中層	128	新島襄邸	36
セ		中2階	51	2階建て	50
正座	11, 60	注文住宅	120, 121	二階棚	20, 27, 29
生活改善同盟会	39	中門廊(ちゅうもんろう)	18, 23	2階リビング	52
制限エリア	91	中流住宅	35, 37	2DK	52
軟障(ぜじょう)	20	朝食テーブル	69	日照権	129
接客	27, 28, 31, 35〜38, 54	帳台(構)(ちょうだい(がまえ))	19, 26,	日照障害	146, 147
(——本位)	9		28	日本住宅公団	42, 118
(——構え)	9, 12	調理台	70, 71, 72	にわ(土間)	31, 32
設計料	121	ツ		ヌ	
全般照明	86, インテリアのⅧ	築地塀(ついじべい)	19	布基礎	121
洗濯場	50	ツインベッド	82, 83	塗籠(ぬりごめ)	19, 26
千本格子	32	通勤時間	114	ネ	
専用便所	106	続き間	9, 13, 21, 38	寝たきり(老人)	99, 149
		妻戸	20	熱容量	133

「年中行事絵巻」	21	戸主(へぬし)	21	洋風	47, 50, 51, 61, 64, 66, 67, 127
ノ		ベッド	47, 82〜86, 96	（――バス）	89
農家	41, 43, 46	ベッドルーム	82, 83	浴室	49, 88, 104
軒裏	8	ベッドメイキング	85, 86	寄棟造(よせむねづくり)	17
軒の出	7	ペニンシュラ型	75	予備寝室	84, 88
ハ		ベランダ	35, 36, 53, 56, 85, 92, 93, 105	夜御殿(よるのおとど)	19
配膳(台)	65, 71, 75	便所	49, 50	ラ	
白熱灯	86	ホ		来客	54, 55, 64, 66
バスルーム	88, 89	坊	21	「洛中洛外図」	31
パーティ・シンク	71	防音(――性)	98, 126, 134	リ	
ハッチ	64, 73	「法然上人絵伝」	23	リビング・キッチン	62, 66
破風板(はふいた)	17	防犯	135, 145	リビング・ダイニング	62, 66, 67
バリアフリー	107	ホームパーティ	52, 55, 67	領域の画定	144
バルコニー	50, 77	マ		領域の分離	50
ハレ	9	曲屋(まがりや)	30	隣棟間隔	147
半階食い違い	51	間仕切（壁）	15, 26, 37, 38	レ	
半間	10	町家	21, 22, 31, 32, 33, 46	レンジ	65, 75
半硬質床材	93	松本家住宅	36, 37	ロ	
ヒ		間取り	46, 50, 69	炉跡	15
引き違い戸	7	マンション	49, 51, 64, 66, 135〜137	廊下型	51, 118
庇	19	ミ		老人(室)	50, 53, 72, 99〜105
標準建設費	118	水切り台	71	老人ホーム	150, 151, 153
開き戸	7	水漏れ	131, 134	路地	33
平地住居	14, 16	源頼朝邸	24	ワ	
平屋	50, 102	見晴らし	53, 56	ワークトップ	78, 79
ピロティ	51	民家	29, 30	ワークトライアングル	75
広間型	30, 31	ム		ワードローブ	83, 85, 97
檜皮葺(ひわだぶき)	21	棟木(むなぎ)	16, 17	枠組壁工法	127
フ		メ		和室	52, 56, 59, 60, 69, 82, 103, 104
ファミリー・ルーム	54, 91	メンテナンス	76, 93	渡殿(わたどの)	18
夫婦寝室	47, 53, 82〜89	モ		和風(――住宅)	12, 23, 37, 46, 47, 50, 51, 61, 89
吹き抜け	13, 51, 56	木造	6, 10, 120〜123	和洋折衷方式	35, 36, 37, 59
輻射熱	56	持家	10, 114, 115	ワンルーム	7, 55, 66
武家屋敷	33, 46	モデュール	9	（――バス）	89
襖障子(ふすまそうじ)	26, 28, 29	モデルルーム	67, 135, 136		
二棟廊(ふたむねろう)	18	母屋(もや)	19		
文机(ふづくえ)	20	ヤ			
ふとん(――寝)	83, 85, 96, 104	弥生時代	15		
踏み面(ふみづら)	103	遣戸(やりど)	26, 29		
フラット	50	ユ			
プライバシー	8, 10, 11, 37, 38, 42, 46, 66, 82, 146	U型	75, 76		
		ユーティリティ	84		
フランス窓	36	ユカザ	8, 11, 55, 60, 61, 69		
プランニング	47, 56	床暖房	51, 56		
プレハブ住宅	10, 66, 120, 123〜126	床仕上げ	58, 59, 66, 92, 93, 98		
分離就寝	94	湯殿	20		
ヘ		ユニット工法	123, 126		
平安京	20	ヨ			
平均気温	7	幼児	47, 64, 65, 90〜93		
平均湿度	7	容積率(制限)	51, 113, 115		
平均寿命	99	用途地域	112, 113		
並行型配置	75				

付録：平成3年度より始まる第六期住宅建設五箇年計画の抜粋

建設省は5年ごとに住宅建設の目標を設定し直して，わが国の住宅対策を推進している．平成7年度を最終年度とする'六期五計'では，住宅1戸当たりの平均床面積は95 m² とすることを目標に，良質な住宅ストックおよび良好な住環境の形成を図ることを定めている．このうち，すべての世帯が確保すべき水準とされている最低居住水準については全文を，都市居住型誘導居住水準と誘導居住水準については住戸規模のみを以下に記す．

最低居住水準

（1） 居住室について

① 寝室は，次の条件を満たすものとする．
　イ　夫婦の独立の寝室を確保すること．ただし，満5歳以下の子供（就学前児童）1人までは同室とする．
　ロ　満6歳以上17歳以下の子供（小学生から高校生まで）については，夫婦と別の寝室を確保すること．ただし，1室2人までとし，満12歳以上の子供（中学生以上）については，性別就寝とする．
　ハ　成人については，個室を確保すること．
　ニ　寝室の規模は，主寝室10 m²（6畳），副寝室7.5 m²（4.5畳）とすること．

② 食事室は，次の条件を満たすものとする．
　イ　食事のための場所を食事室兼台所として確保すること．ただし，単身世帯については，台所のみとする．
　ロ　食事室の規模は，世帯人員に応じ，7.5 m²（4.5畳）又は10 m²（6畳）とすること．
　ハ　以上の規定にかかわらず，中高齢単身世帯については，食事のための場所を食事室兼台所として確保するとともに，その規模は，7.5 m²（4.5畳）とすること．

（2） 性能・設備について

① 2人以上の世帯については，専用の便所，洗面所及び浴室を確保する．
② 単身世帯については，専用の便所及び洗面所を確保する．ただし，中高齢単身世帯にあっては，これに加えて専用の浴室を確保する．
③ 暖房及び給湯のための設備を確保する．また，中高層住宅にあっては，必要に応じてエレベーターを設置すること等により，住戸へのアクセスの容易性について適正な水準を確保する．
④ 換気，採光，結露防止及び遮音に関して適正な水準を確保する．
⑤ 防火・避難，構造強度，転落・落下物の防止，転倒・衝突の防止，ガス漏れ・燃焼排ガスによる事故の防止及び防犯に関して適正な水準を確保する．
⑥ 耐久性，防水性及び部材等の交換・保守の容易性に関して適正な水準を確保する．
⑦ 高齢者が居住する場合にあっては，住戸へのアクセス及び住戸内の通路，建具，設備等について高齢者の安全性及び利便性を配慮したものとする．

最低居住水準（平成3年度〜7年度）の住戸規模
（上記の条件を満たす住戸の規模は，標準世帯の場合，世帯人員に応じて，次のとおりとする）

世帯人員	室構成	居住室面積 m²(畳)	住戸専用面積 m²
1人	1K	7.5(4.5)	16
1人（中高齢単身）	1DK	15.0(9.0)	25
2人	1DK	17.5(10.5)	29
3人	2DK	25.0(15.0)	39
4人	3DK	32.5(19.5)	50
5人	3DK	37.5(22.5)	56
6人	4DK	45.0(27.0)	66

注　1）標準世帯とは，この場合，夫婦と分離就寝すべき子供により構成される世帯をいう．ただし，5人以上の世帯の子供については，そのうち2人は同室に就寝するものとしている．
　2）居住室面積には，寝室及び食事室兼台所のみを含む．
　3）住戸専用面積には，寝室，食事室兼台所，便所，浴室，収納スペース等を含むが，バルコニーは含まない．なお，住戸専用面積（壁厚補正後）は，鉄筋コンクリート造を想定した壁厚補正を行っている．
　4）室構成の記号は，数字は寝室数，Kは台所，DKは食事室兼台所である．

都市居住型誘導居住水準（平成３年度〜７年度）の住戸規模
（都市の中心及びその周辺における共同住宅居住の場合）

世帯人員	室構成	居住室面積 m²（畳）	住戸専用面積 m²
１人	1DK	20.0(12.0)	37
１人（中高齢単身）	1DK	23.0(14.0)	43
２人	1LDK	33.0(20.0)	55
３人	2LDK	46.0(28.0)	75
４人	3LDK	59.0(36.0)	91
５人	4LDK	69.0(42.0)	104
５人（高齢単身を含む）	4LLDK	79.0(48.0)	122
６人	4LDK	74.5(45.5)	112
６人（高齢夫婦を含む）	4LLDK	84.5(51.5)	129

一般型誘導居住水準（平成３年度〜７年度）の住戸規模
（郊外及び地方における戸建住宅居住の場合）

世帯人員	室構成	居住室面積 m²（畳）	住戸専用面積 m²
１人	1DKS	27.5(16.5)	50
１人（中高齢単身）	1DKS	30.5(18.5)	55
２人	1LDKS	43.0(26.0)	72
３人	2LDKS	58.5(35.5)	98
４人	3LDKS	77.0(47.0)	123
５人	4LDKS	89.0(54.5)	141
５人（高齢単身を含む）	4LLDKS	99.5(60.5)	158
６人	4LDKS	92.5(56.5)	147
６人（高齢夫婦を含む）	4LLDKS	102.5(62.5)	164

注　Sは余裕室を示す．

図版出典一覧

図2・1　平井聖『図説日本住宅の歴史』（学芸出版社，昭55，p. 5）
図2・3　福岡県教育委員会『福岡南バイパス関係埋蔵文化財調査報告第１集』（昭45，p. 41）
図2・5　鳥越憲三郎・若林弘子『家屋文鏡が語る古代日本』（新人物往来社，昭62，pp. 71〜72）の図に若林が加筆
図2・6　後藤守一編『上野国佐波郡赤堀村今井茶臼山古墳』（東京堂出版，昭55（復刻版））
図2・8　太田静六『寝殿造の研究』（吉川弘文館，昭62，p. 163）
図2・9　平井聖，前掲書（p. 33）
図2・13　稲葉和也・中山繁信『建築の絵本・日本人のすまい』（彰国社，昭58，p. 37）
図3・2　太田，前掲書（p. 695）
図3・3　太田，前掲書（p. 613）
図3・9　太田博太郎『新訂図説日本住宅史』（彰国社，昭46，p. 44）
図3・12　川島宙次『民家のなりたち』（小峰書店，昭57，p. 83）
図3・13,14　川島宙次『滅びゆく民家』（主婦と生活社，昭48，p. 43）
図3・17　伊藤ていじ『民家』（平凡社，昭40，p. 148 折込み）
図3・19　伊藤，前書（p. 108 折込み）
図4・4　鈴木啓之『台所文化史（前編）』（東京図書出版部，昭34，p. 57）
図4・5　遠藤於菟『日本住宅百圖』（大倉書店，大9）
図4・6　『平和記念東京博覧会審査報告下巻』
図4・8　木村徳国「昭和初期における中廊下形・居間中心形住宅様式の展開と融合」（北大工学部研究報告 No.20，昭33 所収，p. 55）
図4・12　商品科学研究所＋CDI『生活財生態学』（リブロポート，p. 63）
図5・1　池辺陽『すまい』（昭29，p. 36）
図5・3　日本建築学会編『建築設計資料集成（昭和35年版）A』（丸善，p. 99）
図5・9　玉置伸伍「北陸地方における農家住宅の変容過程に関する研究」（『住宅建築研究所報』昭59，No.11，p. 128）
図6・2　初見学「住戸計画における個別性対応に関する研究」（『住宅建築研究所報』昭59，No.11，p. 136）
図6・3　江上徹「集合住宅の公室構成に関する研究」（『住宅建築研究所報』昭58，No. 10，p. 111）
図8・4　（社）日本建築学会編『建築設計資料集成3』（丸善，p. 23）
図8・5　同上
図9・6　初見学，前掲論文（p. 139，p. 136）
図10・2　宇野英隆・直井英雄『住まいの安全学』（講談社ブルーバックス，p. 50）
図10・3　宇野・直井，前書（p. 112）
図10・4　宇野・直井，前掲書（p. 53）
図10・7　初見学，前掲論文（p. 139）
図10・9　伊藤高光『住まいの図集　間取りの上手なまとめ方』（彰国社，昭59，p. 99）
図15・6　湯川利和『不安な高層・安心な高層』（学芸出版社，昭62，p. 11）
図15・10　下高一雄論文（『日経アーキテクチュア』昭57.3.1，p. 61）
図15・13　（社）日本建築学会編『建築設計資料集成（昭和35年版）A』（丸善，p. 146）

新訂版によせて

「住居学入門」の初版発行後12年,大幅に改訂した新版発行後6年が経過しました.この書物を教科書として使っていただいている先生方の声を反映した前回の改訂によって,かなり分かりやすくなり,ミスもゼロに近くなっていたと思います.しかし,この書物は統計数値が図表としてたくさん入っているため,5〜6年に1度は改訂する必要があります.今回はこうした図表数値の刷新を中心に改訂いたしました.また,自分が授業をする上でどうしても提示したい図面が「居間を通らないと2階の子どもべやへ上がれない間取り」であったため,図10・9を差し替えることにしました.図9・3の家と比較してその違いを考えてみると面白いでしょう.この書物に掲載した平面図は1/100を中心に1/200または1/50に縮尺を揃え,理解し易く,相互比較がし易いようにしています.住宅広告などをみる時には縮尺に注意して,この本の図と比較してみて下さい.

この6年間には,住宅関係者として看過することのできない大きな出来事,阪神・淡路大震災がありました.私の平素の講義では,追加プリントやビデオで,地震の話をしているのですが,その部分を入れた改訂をという思いを今回は実現できませんでした.日常の忙しさに追われて十分な準備時間を取れなかったのが残念です.

編集部ではこの本の初版からおつきあいいただいた前田裕資氏の他,中木保代さんが担当に加わって下さいました.新鮮な眼で隅々まで読み直して疑問点を発見していただき,リフレッシュ出来ました.改めて深く感謝いたします.

2000年3月　　　　　　　　　　　　　湯川聰子

湯川聰子（ゆかわ としこ）
1章,5〜16章,インテリアのページ執筆.1959年お茶の水女子大卒,京大西山研究室を経て,女子短大・教育大の住居学教育に携わる.
元 奈良教育大学教授
著書『住居学ノート』（共著,勁草書房）他.
訳書『高齢者のための建築設計ガイド』（共訳,学芸出版社）他.

井上洋子（いのうえ ようこ）
2章〜4章執筆.
1960年九州大学大学院文学研究科（西洋史専攻）修士課程修了.住居史,住居学を専門とする.
元,精華女子短期大学教授.
訳書『リビング・ルーム』（鹿島出版会）

とくに断り書きのない写真は各章の執筆者が撮影.I部,III部の扉の写真は湯川撮影

新訂版　住居学入門

1988年1月10日　第1版第1刷発行
1994年1月20日　新版第1刷発行
2000年3月20日　新訂版第1刷発行
2003年2月20日　新訂2版第1刷発行
2007年3月20日　新訂3版第1刷発行
2020年2月20日　新訂4版第1刷発行

著　者　湯川聰子・井上洋子
発行者　前田裕資
発行所　株式会社 学芸出版社
　　　　京都市下京区木津屋橋通西洞院東入
　　　　〒600-8216　TEL 075-343-0811
印　刷　創栄図書印刷
製　本　山崎紙工

©湯川聰子・井上洋子 2000　Printed in Japan
ISBN 978-4-7615-2237-7

JCOPY 〈(社)出版者著作権管理機構委託出版物〉

本書の無断複写（電子化を含む）は著作権法上での例外を除き禁じられています.複写される場合は,そのつど事前に,(社)出版者著作権管理機構（電話 03-5244-5088,FAX 03-5244-5089,e-mail: info@jcopy.or.jp）の許諾を得てください.
また本書を代行業者等の第三者に依頼してスキャンやデジタル化することは,たとえ個人や家庭内での利用でも著作権法違反です.

1/50のときの
畳1枚の大きさ

1/100のときの
畳1枚の大きさ

学年（　　年）　学科（　　　　　　）
No.（　）　名前（　　　　　　　　）

1マス＝9㎜